政策論叢13

台灣制憲之路
——邁向正常國家

Taiwan

主　編｜許志雄　李明峻
出　版｜新台灣國策智庫

出版序

吳榮義　新台灣國策智庫董事長

　　台灣的民主化運動已有久遠的歷史與傳統，建立正常國家一直是民主先進們的理想與目標。台灣的民主發展從解嚴、終止《動員戡亂時期臨時條款》、中央民意代表全面改選至正副總統直選與政黨輪替，在長達20餘年的時間裡，其發展過程坎坷，無時面臨舊有保守勢力的抵抗，更有來自中國的干擾與恫嚇。然而，由於台灣民眾對民主的追求與堅持，使台灣的民主發展不致停滯，讓對於建立美好國家的討論不曾消失。

　　在台灣已有20年以上的民主化歷史中，「憲政改造」實為重要的民主成果之一。自1991年總統李登輝終結《動員戡亂時期臨時條款》以來，台灣歷經共計七次的修憲，每一次皆與台灣的民主發展相互牽引。換句話說，修憲描繪台灣民主發展的藍圖，而民主化提供台灣憲政改造的能量與契機。遺憾的是，台灣在多次憲政改革工程後，迄今尚未達成建立正常國家的目標，現行憲政體制還處於紊亂、發展的階段。雖然台灣社會對於民主的堅持是不容質疑的，但是不合時宜的憲政體制正在阻撓國家的發展。

　　基本上，《中華民國憲法》制定於半個多世紀前的中國，當時制憲的對象實為針對全中國4億民眾與其廣大的疆域來設計，其完全缺乏台灣民眾的參與，更遑論是否得到台灣民眾的同意。此外，1946年的制憲國民大會代表更有九成非由中國人民所選出，其合法性與代表性的缺乏不言可喻；事實上，台灣代表更無

參與制憲的過程,僅在表決時參與投票。在頒布憲法後的半年內,中國國民黨政府遂在台灣實施動員戡亂體制與軍事戒嚴,使《中華民國憲法》在中國未曾實施遂於中國消失,並於台灣實施60餘年弔詭的憲政制度。

再者,《中華民國憲法》的設計,自中央政府到地方政府的架構與體制皆根據過去的中國作為設計對象,強行施加於台灣的結果,導致台灣的政府組織疊床架屋、功能不彰。《中華民國憲法》中的五權分立背離憲法學理,權力分立制度紊亂。同時,《中華民國憲法》偏離當代憲政發展思潮,與民主人權發展嚴重脫節,除憲法修正、領土變更之外,並未將重要事項的公投明文入憲,無法彰顯台灣人民是國家真正的主人。此外,雖然一般民主國家鮮少在憲法當中提及政黨,但因台灣情況特殊,故憲法應特別明定組黨自由、政黨民主原則,並禁止政黨參與事業、不明黨產歸國庫、財務透明等重要原則,以使政黨運作能更廉能與公開,促進各政黨的公平發展與合理競爭。綜言之,《中華民國憲法》完全不符合台灣的現狀以及國家發展的需要。

有鑑於此,台灣社會須思考如何使台灣朝正常國家的方向邁進,不應再施行抱殘守缺的《中華民國憲法》,而應凝聚台灣人民共識,制定以台灣為主體,符合台灣民情的新憲法。唯有制定自己的憲法,建造自己的國家,在這樣的基礎上積極參與國際社會,且與中國維持和平的關係,才能使台灣人民幸福發展,國家和諧的進步,也才能讓未來的台灣人民為自己的國家感到驕傲。是故,新台灣國策智庫邀請熟知國內外憲政發展與憲政問題的專家學者,分別從《中華民國憲法》的問題與過去台灣修憲的經驗,以及其他國家的制憲經驗之角度分析,並出版成冊,希望為

台灣未來的制憲提供學理與經驗上的資訊。

　　本書將充分為台灣人民介紹憲政發展的經驗以及重要性，不論從理論上的討論，抑或是回顧與檢討過去台灣修憲的經驗，更介紹其他與台灣發展歷史相近的國家之制憲經驗，為台灣的制憲之路提供助力。在這個關鍵的時刻，我們台灣人民應嚴肅、認真思考這個國家的未來。

　　最後，我要特別感謝參與撰寫本書的學者專家，貢獻他們的智慧和知識，為台灣制憲成為正常國家的努力，並期待各界專家不吝賜正。

作者介紹

主編

許志雄

　　日本東京大學法政研究所研究。現為國立嘉義大學教授，曾任財政部賦稅法令研審會研究員、行政院經濟建設委員會研究員、國家政策中心研究員兼法政組召集人、淡江大學公共行政學系教授與系主任、民主進步黨仲裁委員、臺灣法學會理事長、行政院政務委員、蒙藏委員會委員長等職。研究專長為憲法、行政法。著有《憲法秩序之變動》、《現代憲法論》、《地方自治之研究》等書。

李明峻

　　日本京都大學國際法學博士課程。現為新台灣國策智庫副執行長兼研究部主任，曾任政治大學國際關係研究中心助理研究員、日本國立岡山大學法學部副教授。著有《現代國際法》、《國際法概論》（與許慶雄合著），以及譯作《台灣國際政治史》等。

作者群（以下依篇章順序排列）

許慶雄

日本近畿大學法學博士。現任淡江大學亞洲研究所教授，曾任臺灣教授協會法律政治組召集人、東吳大學政治系教授、台灣經濟研究院研究員、政治大學國際關係研究中心研究員、淡江大學日本研究所所長。研究專長為日本國憲法、比較憲法、國際法、日本政治。近期著作有《中華民國如何成為國家》、《現代國際法》與《國際法概論》（與李明峻合著）等。

曾建元

台灣大學國家發展研究所博士。現任中華大學行政管理學系副教授、台灣大學國家發展研究所兼任副教授、台灣北社法政組召集人、台灣智庫諮詢委員。曾任台灣教授協會法政組召集人。研究專長為憲法、政治學與行政法。著有〈地方政府層級與跨域府際關係的安排〉，收於《中華行政學報》、〈青春戰鬥曲——戰後國立臺灣大學政治事件之研究（1945-1955）〉、〈修憲與制憲的辯證〉，收於《現代憲法的理論與現實：李鴻禧教授七秩華誕祝壽論文集》等。

李俊俋

美國喬治華盛頓政治研究所博士班結業。2012年嘉義市立委當選人、電台主持人、嘉義大學講師。曾任嘉義市副市長、行政院人事行政局參事、銓敘部政務次長、總統府憲改辦公室主任、總統府國策顧問、淡江大學兼任講師等職。近期著作為〈台灣憲

政改造的歷程與未來發展〉。

王思為

　　法國巴黎第五大學（Université René Descartes – Paris V）政治學博士。現任南華大學非營利事業管理學系與歐洲研究所合聘專任助理教授、台灣社副秘書長、台灣國際法學會監事、台灣智庫諮詢委員、台灣歐盟研究協會副秘書長，曾任總統府諮議、財團法人國家實驗研究院科技政策研究與資料中心副研究員、法國工商會媒體經理。著有法文著作《La souveraineé de l'Etat et le crime contre l'humanité, 2008》。

陳耀祥

　　德國海德堡大學法學博士。現為台北大學公共行政暨政策學系助理教授。曾任銘傳大學法律系專任助理教授、海洋大學海洋法律研究所兼任助理教授、輔仁大學法律學系兼任助理教授、律師。專長為憲法、行政法、媒體法、經濟行政法，著有〈論政黨經營事業之法律限制〉，收於《民主、人權、正義—蘇俊雄教授七秩華誕祝壽論文集》、〈論廣播電視中犯罪事實之報導與人格權保障之衝突—以德國聯邦憲法法院之雷巴赫裁判為討論核心〉，收於《當代公法新論（上），翁岳生教授七秩華誕祝壽論文集》、〈論廣播電視的節目自由與人性尊嚴的保護—以德國的窺視性電視節目 Big Brother 為例〉，收於《黃宗樂教授六秩祝賀—公法學篇（一）》。

林雍昇

德國科隆大學博士候選人。現為新台灣國策智庫研究員、台灣國際法學會季刊副執行編輯。曾任東吳大學、稻江科技暨管理學院專任講師，雲林科技大學科法所、政治大學法學院專案講師。

洪茂雄

德國慕尼黑大學哲學博士。曾任世新專校副教授、政大國際關係研究中心研究員、第一所所長、淡江大學歐洲研究所、南華大學歐洲研究所教授等職。研究專長為東歐和德國事務。著有《德國統一後所衍生問題及其對策之研究》、《「社會主義國際」之研究：組織與政策》、《戈巴契夫評傳》、《東歐變貌：劃時代的民主化變革》、《東歐國情分析與我國對外關係》、《歐洲聯盟人權外交執行方式及其成效之探討—兼論對臺灣人權外交的啟示》等書。

吳志中

法國巴黎第一大學政治學博士。現為東吳大學政治學系副教授、東吳大學政治學系歐盟研究中心主任、台灣歐洲聯盟研究協會秘書長、台灣社秘書長，曾任台灣法國文化協會理事長、哈佛大學費正清東亞研究中心訪問研究員、法國里昂政治學院訪問教授、美國國務院國際訪問領袖（IVLP）、國策研究院綜合企劃部副主任。研究專長為地緣政治學、外交政策、法國政府與政治、區域主義、台灣政府與政治。近期著作為〈國會在外交政策之角色扮演：以法國為例〉、〈重新思考國家之發展：以走向分裂之比利時為例〉、〈從歐盟看ECFA之簽署〉、〈歐洲整合與公民投

導論

許志雄、李明峻

　　憲法是國家根本大法，所有法律命令都以憲法為基礎，因此憲法的制定除應遵循憲政主義的原理外，並應符合國家的風土人情與時空背景，方能建構因應實際需要的法令制度。但目前施行於台灣的這部中華民國憲法乃六十餘年前於中國誕生，本質為中國舊憲法，不但在制憲權力方面存在合法性問題，在內容方面也因不符時代潮流而有正當性問題，迄今為止，中華民國的七次修憲僅是在憲法本文後面增補增修條文，並未完全解決這部憲法於制定程序及內容正當性的問題。因此，台灣的憲政改革可說是刻不容緩。

　　現行中華民國憲法存在極大的問題。首先，這部中華民國憲法制定於半個多世紀前的中國，係以當時全中國及其4億人口為對象，完全缺乏台灣人民的同意。何況這部憲法連表面上都不是由中國人民的代表所制定，1946年的制憲國民大會代表，事實上有90％以上不是由中國人民選出，而是由中國國民黨恣意指派，操控在中國國民黨手中。這部憲法前言所謂「受全體國民之付託」純屬虛構，連在當時都不具有代表全中國人民的民意基礎。

　　其次，中華民國憲法不但無法代表台灣人民的意志與情感，甚至連中國國民黨政權自己都不尊重。這部憲法公布實施不到半年，中國國民黨政權就制定《動員戡亂時期臨時條款》，實施動員戡亂體制與軍事戒嚴，建構中國國民黨在台灣進行獨裁統治的

二大支柱，蔣介石父子在台灣成為終身制的統治者，萬年國會成為獨裁的幫兇。這部《中華民國憲法》在中國不曾真正實施即已經被宣告消滅，但這部從未經台灣人民同意，且絕大多數台灣人民對其毫無感情可言的憲法，卻又強加在台灣人民身上超過六十年，迄今仍束縛著台灣人民的命運與前途，讓台灣人民不能享有真正而完整的民主與自由。

再者，在動員戡亂時期結束之後，台灣雖然走向民主化，但卻是回歸中華民國憲法，而不是制訂台灣人民自己的憲法。同時，在這段期間內進行的七次修憲工程，只能在中華民國憲法框架下進行修補，無法完全回應台灣人民的期待與需求。更何況由於這部憲法的名稱與原有政治期待，讓台灣與中國的關係混淆不清，成為戕害台灣民主憲政發展最主要的障礙。

1991年以後，以增修條文方式處理修憲，結果是約有四分之一條文凍結且無恢復的可能，但卻仍然保留於本文中，導致整部憲法前後不協調。尤其在中國國民黨主導下的憲改，焦點都集中在政府體制的修改調整，以滿足短期政治發展上的需要。不但未對政府體制問題進行通盤的檢討與修正，整部憲法的完整性與合宜性也無法建立，並衍生出許多憲政運作上的扞格與僵局。

如在人權條款方面，近年隨著民主化發展的腳步，台灣社會在人權保障方面有相當的進展，但在憲法人權保障的規定上卻是顯得落後。中華民國憲法對第一代基本人權，也就是自由權的保障，固然有比較一定的著墨，但對於第二代基本人權，也就是社會權的保障，卻已經跟不上時代，更遑論1970年後增加的第三代基本人權，這部憲法全都付之闕如。另外，有關人權限制規定部分，中華民國憲法雖明文保障人民的各項基本人權，但憲法第

23 條也同時規定若是為「防止妨礙他人自由、避免緊急危難、維持社會秩序或增進公共利益」所必要者，得以法律限制人民受憲法所保障的自由權利。由於「妨礙他人自由、緊急危難、社會秩序、公共利益」等四種概念本身是高度不確定的法律概念，其結果往往使得人民在憲法上的基本權利被法律限制掏空，此種現象與強化人權保障的現代思潮脫節甚遠。由此觀之，這部憲法的基本人權規定已經到非通盤改革不可的時刻。

再如這部憲法的權力分立制度紊亂，無法防範國家權力過度集中而侵犯人權。民主憲政國家強調建立權力分立制度，憲法體制必須設立讓行政、立法、司法三權互相分離、分立又互相制衡的體系，但中華民國憲法的最大特色是孫文引以為傲的五權分立的制度，這是孫文拼湊「歐美學說事蹟」與「中國固有思想」再加上其「獨見而創獲」，所打造出舉世無雙的「拼裝式憲法理論」。基本上是將政府權力分屬五院，但另外又有總統與國民大會，等於是七權分立或七院制，權力分立制度相當複雜。五權憲法、萬能政府的設計違背憲政理論上「權力分立」、「權責相符」的最基本原則，成為「非內閣制，又非總統制，既像總統制，又像內閣制」的非法國式的「雙首長制」，導致行政權權責不明、國會制衡權限不完整、司法功能設計不彰。

此外，中華民國憲法本文規定司法院設置大法官解釋憲法，但並未明定設置憲法法院，使大法官解釋憲法仍採會議形式，不易呈現司法權的審判功能。更何況現行憲法對於大法官解釋的程序、效力都未規定，而是委由立法院制定相關法律，此種方式容易開啟立法權不當干預違憲審查權的窗口。

尤其甚者，這部憲法在政治上更預設台灣與中國的統一為前

提，宣稱係以「為因應國家統一前之需要」，徹底剝奪台灣人民決定自己命運的權利。國際法院曾指出：「是人民決定土地的命運，而非土地決定人民的命運」，而《中華民國憲法》預設台灣與中國的統一，等於剝奪台灣人民自己決定命運的權利，在國際法上將台灣矮化為中國的一部分，成為讓中國（中華人民共和國）有理由主張台灣是其一部分的最佳藉口。

台灣身為全球新興民主國家的一員，今日的現狀就是台灣獨立於中華人民共和國之外，且毫無隸屬關係，但由於台灣一直背負著「中華民國」這塊以外來武力與政治神話強掛的招牌，使得台灣不能依民意自由制定新憲法。這標示著台灣民主化尚未完成，還不是一個正常而完整的民主國家。

憲政體制是國家運作的基礎規範。不管誰當選總統，縱使有滿腹治國理念，在劣質的憲政體制束縛羈絆下，恐難以順利落實。中華民國憲法體制問題重重，即便經過多次增修縫補，依然破綻百出。至於如何解決，從來大致可歸納「制憲」以及「修憲」兩條路線，但由過去歷年修憲經驗可以驗證，修憲路線不但無法通盤解決憲政缺陷，甚至反而會讓國際社會誤認台灣自我主張是中國的一部分，形同自我否認台灣國家主權，因此只有制定新憲法才是唯一出路。

如上所述，制定新憲法的重要性不言可喻，但在台灣民主化的發展過程中，憲政改革的發展一直無法順利進行。台灣社會的共識普遍認為我國應該制定一部真正契合台灣地位以及國家發展的憲法，在歷經多次改革之後，新台灣國策智庫有感於當前憲政發展的困境，因此廣邀專家學者特別撰寫《台灣制憲之路──邁向正常國家》一書，目的是從各種角度為國人介紹憲政發展的經

驗以及重要性，以累積下一波制憲能量，為催生一部真正的台灣
憲法而努力。

本書共分十二章，首先就憲法制定權力、憲法正當性與中華
民國憲法地位切入，討論台灣憲法秩序的問題與挑戰。其次，就
中華民國過去的修憲經驗以及新憲法可能提出程序以及 7 次修憲
之後，第二階段憲改探討回顧與檢討及各國新舊憲法交替的比
較，探討未來新憲法的途徑與方向。最後，本書將介紹其他國家
的憲改歷程，其中包括位居第三波民主國家之林的中東歐諸國、
傳統的民主國家法國，以及民主化歷程與我國相近的韓國以及東
南亞的泰國與菲律賓。

第一章由新台灣國策智庫副執行長兼研究部主任**李明峻**助理
教授所撰寫的〈**中華民國憲法與台灣法律地位**〉，就國際法的角
度分析中華民國憲法在台灣施行的法律意涵，並就施行《中華民
國憲法》對台灣國際地位的影響做出精闢分析。其中，作者分別
就中華民國究竟是政府還是國家、邦交國對中華民國的承認是政
府承認還是國家承認以及中華民國官方自我主張分析，推論出施
行《中華民國憲法》可能帶來的嚴重後果。此外，文中同樣也就
《中華民國憲法》中的台灣歸屬做出概要的分析，最後，文中亦
批評馬政府的政策與主張並無法對於台灣前途的正常化努力做出
貢獻，反而可能限縮我國的國際地位。

第二章為國立嘉義大學公共政策研究所**許志雄**教授的〈**憲法
的正當性問題**〉一文，首先就 J. L. Austin 的理論評斷《中華民國
憲法》的本質性格，且詳述憲法構成的要件，分別以國民制憲
權理論、立憲民主主義與正當性要件切入。此外，就中國內戰的
意涵強調《中華民國憲法》在實體上與程序上的荒謬性，最後

就《中華民國憲法》在台灣實行的正當性做出分析。作者分別將《中華民國憲法》在台灣的狀況分成四點分析，分別為外來憲法、虛幻憲法、失根憲法、拼裝憲法。最後，作者強調制憲正名的重要性，並指陳新憲應該包含的要件為何。

第三章為淡江大學國際學院亞洲研究所**許慶雄**教授所撰寫的〈**憲法制定權力與制憲、修憲——兼論建立憲法新秩序**〉，文中首先就憲法的意義做出定義，並分析憲法研究的發展與要素為何，其中就「傳統意義之憲法」與「立憲意義之憲法」、「形式意義之憲法」與「實質意義之憲法」做出比較與概念釐清。其次，作者就憲法制定權的意義與本質做出歸納與分析，為下一部分要談的制憲與修憲型態之差異打下基礎。第三，作者就制憲與修憲型態的差異做出區別，其中分別以憲法制定權力區隔與國家定位、國家性質區隔，最後兼論《中華民國憲法》的修憲方式嚴重違反憲法原理。第四，作者主張台灣必須拋棄中華民國方可建立新的國家憲法，同樣分別就國家主權與憲法秩序之關聯性、中華民國與中華人民共和國承認問題、與國際社會如何認定中華民國與中華人民共和國地位的層面進行推論。最後，作者為台灣建立憲法新秩序提出展望，希望台灣能夠制定一套合乎憲法原理以及世界潮流的新憲法。

第四章為中華大學行政管理學系**曾建元**副教授所撰寫的〈**中華民國過去的修憲經驗**〉，文中就中華民國的修憲程序規定變革進行詳細的歸納與整理，分別歸納成國民大會集中修憲、國民大會複決修憲。其次，作者討論憲法政治生態的變化與其影響。第三，文中就歷次修憲模式的觀察與其所建立的形式做出歸納與整理。最後，作者認為必須記取修憲之經驗教訓，改善國家重大爭

議決策之品質。作者指出修憲終究不能迴避修憲程序、不能不與在野黨和社會各界之異議者進行合作，認清此一事實，竭誠以對，化解歧異，憲改始能奏功，憲法之實效性始能可長可久，憲法也才能成為台灣政治共同體團結的誓約。

第五章為前總統府憲改辦公室主任**李俊俋**立法委員與南華大學非營利事業管理學系**王思為**助理教授合著的〈**第二階段憲政改造之回顧與檢討**〉，文中首先詳述「第二階段憲政改造」的推動背景，其中由於現有《中華民國憲法》缺乏代表性，實行《中華民國憲法》將阻礙國家正常發展，以及第七次修憲仍未完全達成憲改目標等因素做出分析。第二，討論第二階段憲改的途徑與版本，分別就憲改應採制憲或修憲提出意見，並蒐集與比較各版本的憲法草案，以還原當時第二階段憲改的背景。第三，作者延續之前的討論，就第二階段憲改的推動過程與策略進行說明，分別就推動原則、架構、憲改內涵、時程規劃、外部影響等層面切入。最後，作者期待從回顧與檢討第二次憲改的過程，能夠為未來制定新憲法做出貢獻。

第六章為國立台北大學公共行政暨政治學系**陳耀祥**助理教授撰寫的〈**憲法的制定程序**〉，文中指出台灣制定新憲法的重要性，其次作者指出建立新憲法應有的正確觀念，其中談到要符合民主程序制定新憲法應該創造有利的政治環境、整合各項憲法草案、確立憲法基本內容、召開人民制憲會議、選擇適當時機提交公民投票、過渡程序的準備等。作者認為憲法提出的各種程序準備是關係制憲運動能否成功的重要關鍵，任何完備的憲法草案，沒有經過民主、自決的程序，都無法成為完整有效的最高規範。

　　第七章為新台灣國策智庫**林雍昇**研究員所撰寫的〈**新舊憲法交替的經驗與比較**〉，文中介紹世界各國的憲改模式和制憲及修憲的差異。作者強調憲改模式並無優劣，重要是憲改機制的啟動及憲改程序的決定。作者表示台灣歷次的修憲並非徒然無功之事，而是憲法在台灣社會適用中非常重要的歷程及發展條件。

　　第八至十二章開始為各國制憲與憲改的跨國比較經驗介紹。首先，第八章為南華大學歐洲研究所**洪茂雄**兼任教授所撰寫的〈**中東歐國家制憲經驗**〉，詳盡歸納多達17個國家的制憲歷程，台灣和中東歐國家都屬於世界第三波民主化浪潮行列，兩者之間有諸多相似之處，值得我國借鏡。

　　其次，第九章為東吳大學政治學系**吳志中**副教授的〈**制憲與憲改的跨國比較經驗：法國**〉，詳盡介紹法國制憲過程，其修憲與公投之經驗。最後，作者認為任何政權或者外來力量，都不能反對台灣建立一個適合自己國家發展之憲法。這是歷史發展的結果，也是21世紀的趨勢，更是人類文明發展之偉大展現。

　　第十章為「知韓苑」**朱立熙**執行長與華梵大學人文教育中心**林正順**教授合著的〈**韓國1987年民主化和憲政改革**〉，文中詳盡介紹韓國的憲政體制歷史沿革以及1987年韓國民主化憲政的歷程，由於韓國的民主化歷程與台灣多有相似之處，故最後作者亦對韓國民主化做出檢討，並闡述韓國憲改的特點以及值得台灣借鏡之處。

　　第十一章為國立暨南國際大學東南亞研究所**陳佩修**教授的〈**泰國憲法變遷之研究**〉，文中以憲法變遷的類型以及憲改實踐的普遍性規則，檢視泰國憲法變遷的動因、路徑與影響，並探討憲法變遷當時的泰國政治演變意涵，希望對台灣未來的憲法變遷提

壹、前言

　　台灣四面臨海，地處世界最大海洋和地球最大陸塊之間，亦為亞太花彩列島之軸心位置，加以美、日、中等主要國家環伺周邊，更顯其戰略樞紐的地位。因此，台灣自大航海時代以來即在國際政治史留下重要的一頁❶。然而，正由於在地理位置的重要性，台灣這塊土地先後為多國所殖民，甚至在二次大戰後因捲入中國內戰與冷戰，而無法如其他殖民地般以自決權建立由本地人民組成的國家，因此「福爾摩莎國」、「台灣國」或「台灣共和國」並未出現，台灣迄今仍只是地理名詞。

　　另一方面，因為中華民國政府統治台灣，雖實質上無異於世界任何獨立國家，但法律上卻一直未能釐清與中國的關係，使台灣的國家定位更形複雜。由於台灣這塊土地的歸屬問題與中華民國這個政府的法律問題同時存在，使「中華民國（台灣）」的國家定位問題雙重混淆，導致目前爭論不休的狀況。然而，若要從國際法理論探討台灣的國家定位，首先必須將台灣這塊土地的歸屬問題與中華民國的法律地位問題加以區分，因為前者是關於國際法的領土紛爭，而後者是國家論或政府論的問題，二者完全屬於不同層次的討論。

　　值得注意的是，原本代表中國的中華民國政府統治台灣，雖然失去世界主要國家的承認，但仍使用「中華民國」國號為正朔，並主張包括中華人民共和國統治的中國大陸及廣為世界承認

---

❶ 關於台灣自大航海時代以來在國際政治的重要性，請參照戴天昭著，李明峻譯，
　《台灣國際政治史》，台北：前衛出版社，2002 年。

的蒙古國在內的領土 ❷，迄今仍適用在中國並由中國政府制定的《中華民國憲法》，而台灣多數人民短期內似乎亦無加以改變的強烈主張，這對台灣的法律地位究竟有無影響？

本章將藉由對施行《中華民國憲法》的法律意涵進行研析，探討施行《中華民國憲法》對台灣地位的影響，從而釐清今日台灣的法律地位問題。

貳、施行《中華民國憲法》的法律意涵

《中華民國憲法》是中華民國最基礎之法律，1946年12月25日經制憲國民大會於南京議決通過，於1947年1月1日由國民政府公布，同年12月25日施行。其後，由於國共內戰的爆發，導致中華民國在1949年後的治權僅及於台灣、澎湖、金門、馬祖等地，故國民大會於1991年在憲法本文之外，另增訂《中華民國憲法增修條文》，以因應當前國情。然而，台灣施行《中華民國憲法》的事實，其法律意涵即使得台灣與中國難以擺脫法律關係，導致台灣與中國在法律上無法成為兩國。

此點可從《中華民國憲法》的沿革談起。中華民國政府成立時，一切法律制度都還沒有健全，中國這個國家仍然處於動亂之中，於是孫中山於民國元（1912）年3月11日公布《中華民國臨時約法》，作為中國這個國家的臨時基本法。1913年，中華民國第1屆國會提出《中華民國憲法草案》，❸ 但當時掌權的袁世凱不讓國會討論這部草案，且於1914年解散國會，同年5月1日公布

---

❷ 參見中華民國政府官方網站的疆域圖，以及官訂地理教科書。

❸ 這部草案的基礎是臨時約法，因在北京的天壇草擬，故又稱〈天壇草案〉。

自己的《中華民國約法》（袁記約法）。1919年，段祺瑞執政期間又提出一部《中華民國憲法草案》（八年草案），其後曹錕任中華民國大總統期間又於1923年公布一部《中華民國憲法》（曹錕憲法），1925年段祺瑞再次執政時又提出一部《中華民國憲法草案》（十四年草案）❹。

　　1928年，中國國民黨於10月3日由中國國民黨中央常務委員會通過〈訓政綱領〉，並在1931年5月5日召開國民大會，通過《中華民國訓政時期約法》，同年6月1日開始施行。1936年5月5日，國民政府公布《中華民國憲法草案》（五五憲草），這是目前《中華民國憲法》的雛形，原本預定在同年召開之制憲國民大會通過，但因抗日戰爭爆發而未能如期召開。1938年秋，國民政府在武漢成立政治協商機關國民參政會，其下組成「憲政期成會」修改五五憲草，修正後的憲法草案名為期成憲草❺。

　　1943年，因國民黨五屆十一中全會決定戰爭勝利後立即召開制憲國民大會，國防最高委員會決定成立「憲政實施協進會」，再度修改〈五五憲草〉。1945年二次大戰結束後，國民政府依據《國民政府建國大綱》著手推進憲政的實施。同年10月10日，中國國民黨與中國共產黨在重慶協商，並簽署「雙十協定」，同意儘速召開政治協商會議，商討制憲事宜。1946年1月，各黨派代表在重慶召開政治協商會議，決議通過政協憲法草案，但因對〈五五憲草〉修改幅度問題發生歧見，釀成國共之間的嚴重政治摩擦❻。

---

❹ 楊敏華，《中華民國憲法釋論》，台北：五南出版公司，2002。
❺ 荊知仁，《中國立憲史》，台北：聯經事業出版公司，1984，頁436。
❻ 蔣勻田，《中國近代史轉捩點》，香港：友聯出版公司，1976。

　　1946年10月，國共軍事衝突擴大，國民政府決定片面召集國民大會。11月15日，制憲國民大會在中國共產黨缺席的情況下，以制憲國大代表仍超過法定人數而於南京召開。11月28日，國民政府主席蔣介石向大會提出基於政協憲草為藍本的《中華民國憲法草案》，由大會主席團主席胡適接受，於1946年12月25日經國大三讀通過，且於當天由大會主席遞交國府主席 ❼，並諮請於1947年元旦公布，於同年12月25日施行，是為《中華民國憲法》。

　　但這部在中國內戰炮火聲中誕生的憲法，只在1947年11月21日舉行國大代表選舉，翌（1948）年1月舉行立法委員直接選舉和監察委員省議會間接選舉，並於1948年3月29日在南京召開行憲後第1屆國民大會第1次會議，選舉首屆總統與副總統，正式組建中華民國政府。其後不到一個月，由於內戰擴大，為適應形勢，第1屆國民大會第1次會議經由修憲程序，在1948年4月18日議決通過《動員戡亂時期臨時條款》作為臨時憲法修正案 ❽，同年5月10日由國民政府公布施行。

　　1949年10月1日，中華人民共和國政府成立後，這部憲法在絕大部分的中國大陸地區現實上失效。1949年12月，國民政府撤退至台北，從而在台灣至今維持中華民國的法統，保持著在台澎金馬的法律效力。《動員戡亂時期臨時條款》其後歷經4次修訂，但都是在台灣進行 ❾。直至1991年4月22日，第1屆國民大

<hr>

❼ 最終憲法幾乎為政協憲草原本，除了有兩點與政協憲草明顯不同，一是國民大會恢復為有形組織，二是取消省憲，同前註 ❺。

❽ 李炳南、曾建元、林子玄，〈動員戡亂時期臨時條款之制度經驗及其影響〉，《台灣民主季刊》，第1卷第2期，2004年，頁95-129。

❾《臨時條款》在不改動憲法原文的情況下，以增修條文的方式凍結憲法部分條

成。此說的前提要件是台灣必須先由中華民國取得，而由於中華人民共和國繼承中華民國，從而使其擁有取得台灣的法源依據。

　　亦即，中華人民共和國並未主張其為新國家，而是堅持其與舊有中華民國的繼承關係為政府繼承，因此關於台灣究竟是不是中華人民共和國領土的關鍵理由，在於台灣究竟是不是中華民國的領土，也就是中華民國是否取得台灣？如果台灣已由中華民國取得，中華人民共和國依政府繼承原則，繼承舊中華民國政府所領有過的台灣，才能取得其領有台灣主權之法理依據。亦即，只要中華民國繼續存在台灣，即使中華人民共和國目前無法實際有效統治台灣，但在一個中國的前提下，北京政權均可主張依據繼承理論主張擁有台灣主權。

　　雖然目前世界各國為因應實際需要，只得依「政府不完全繼承原則」[27]，暫且否定中華人民共和國實質上對台灣的主權，承認台灣存在著有效統治的「事實上政府」，與台灣維持著「視同」國家的關係，出售武器及從事各種實質往來[28]。然而，如果我們承認台灣已由中華民國取得，則除非形成分裂國家型態的兩個中國，否則無法排除中華人民共和國對台灣的領土野心。然而，在目前的國際社會中，兩個中國共存的任何空間在法律上已不可能出現，現階段國際社會已形成一個中國的共識，並承認北京政權才是合法的中國政府，因此台灣執政者迄今仍沿用「中華民國」此一名稱，主張台灣屬於中國舊政府的中華民國所有，則等於為

[27] 政府不完全繼承原則是日本光華寮訴訟中鑑定人安藤仁介教授所提出之新理論。詳見李明峻，〈光華寮訴訟的國際法意義〉，《現代學術專刊6》，台北：現代學術基金會，1994年，頁118-119。

[28] 參見台灣關係法相關規定。詳見陳隆志總策畫，許慶雄主編，《當代國際法文獻選集》，台北：前衛出版社，1998年，頁655-62。

北京政權製造可以當然繼承的理由。換言之，中華民國是中華人民共和國取得臺灣主權的可能媒介，台灣唯有成為新國家才能免於中國的併吞，在國際社會尋求生存空間 **❷** 。

伍、結語

　　台灣人在戒嚴時期猶可視中華民國為外來政權，台灣人民在軍事占領下不能表明自己的主張，以此做為否定中華民國取得台灣的依據。然而，在民主化、總統直選之後，台灣人民已可發出自己的聲音，但卻仍然堅持中華民國體制，結果將使被取消承認的中國舊政府「中華民國」漸能以實效統治取得對台灣的領土權。

　　亦即，在能自由表達自身見解的情況下，台灣人民已經排除行使自決權的障礙，若仍欲繼續主張台灣法律地位未定論已有困難。同時，台灣法律地位未定論實際上亦不能確保台灣獨立於中國之外，只是消極、被動地指出台灣不一定屬於中國。台灣仍然只是等著被中國及國際社會處分的標的物，而且最後以中國最有可能加以取得。如果台灣人民希望獨立建國，即應以自決權直接或間接表達獨立建國的意願，如果一再延宕而不敢公開表達獨立建國的意願，結果將可能被國際社會誤認為台灣人民不反對成為中國的一部分 **❸** 。

　　就此而言，中國之所以可以向國際社會主張台灣是中國的叛亂一省，要求各國不可以介入中國內政，封鎖台灣以國家身分

---

❷ 同前註 **⑬** 。

❸ 參見李明峻，〈台灣外交困境的原因與聯合國 2758 號決議的內涵〉，台灣獨立建國聯盟主編，《共和國雜誌》，2006 年。

加入國際組織，最主要的原因是台灣繼續維持中華民國體制的前提，這些都是北京依據國際法理的合法主張，絕非世界各國「怕」中國或者因為中國是強國等原因。

如前所述，目前外交政策仍然是以維持「一個中國」為最高指導原則，每年外交部的龐大預算仍繼續用在要求各國承認中華民國政府是中國合法政府的政府承認。相反地，任何可能形成台灣為獨立國家，或是主張中華民國是不同於中華人民共和國的獨立國家的外交行動完全不存在 ❸❶。這種維持二十幾個政府承認的邦交國、推動以觀察員加入國際組織、支持民間參與非政府組織（NGO）、推展國民對外活動等外交部的例行工作，完全無助於確立國家地位或突破外交困境 ❸❷。

綜言之，繼續抱持中華民國憲法體制，不但使台灣無法邁入國際社會，甚至會使台灣被視為中國的一部分，因此台灣如果不想與中國統一，或是希望擁有正常的國際地位，就必須廢除中華民國憲法，重新制定屬於台灣人民的新憲法。但如果不想成為獨立主權國家，想成為中國的一部份，那就無妨繼續適用中華民國憲法。

---

❸❶ 英國劍橋大學國際法學者James Crawford教授在其著述中指出：「雖然台灣事實上已滿足除了國家承認外的其他一切國家成立要件，但因為台灣政府從來沒有對外明確表示『台灣是一個有別於中華人民共和國的獨立國家』（宣布獨立），造成世界各國也普遍不能承認台灣是一個主權獨立的國家，所以台灣並不是一個國家。」同前註 ❶❺。

❸❷ 同前註 ❸❶。

第二章

憲法的正當性問題

國立嘉義大學公共政策研究所教授

許志雄

壹、前言

《中華民國憲法》前言表明：「中華民國國民大會受全體國民之付託，依據孫中山先生創立中華民國之遺教，為鞏固國權，保障民權，奠定社會安寧，增進人民福利，制定本憲法，頒行全國，永矢咸遵。」參照 J. L. Austin 的理論，這似乎是一種「行為完成式的說法」（performative utterance），用意不在陳述事實，而是藉由該說法確定新憲法的誕生，傳達中華民國已有新的憲法，全國皆應永遠遵守，而且有應予尊重的理由之意旨；亦即，昭告天下，新憲法取得妥當性（validity, Gültigkeit，即有效性），並具備正當性（legitimacy, Legitimität）❶。該前言揭示中華民國國民的制憲權、憲法的基本精神，以及憲法的地域與時間效力範圍。然而，此一「行為完成式的說法」根據何在？確切意涵為何？能否經得起憲法理論及歷史發展的檢驗？特別是，對台灣有何意義？

戰後中國國民黨政府統治台灣，並以《中華民國憲法》做為統治的正當性基礎。表面上，《中華民國憲法》一直施行於台灣，即使經歷多次憲改及兩度政黨輪替後，一般認知亦未改變。問題是，台灣與中華民國究竟處於何種關係？中華民國國民基於制憲權制定的憲法能否適用於台灣？換句話，對台灣而言，《中華民國憲法》是否具備正當性與妥當性？抑有進者，從現代實質

---

❶ 長谷部恭男，〈われら日本国民は、国会における代表者を通じて行動し、この憲法を確定する〉，《公法研究》第 70 號，2008 年，頁 1；同氏著，《憲法の境界》，羽鳥書店，2009 年，頁 3。

憲法論的觀點檢視，《中華民國憲法》本身的正當性是否經得起考驗？台灣現行憲法與1947年公布施行的《中華民國憲法》名稱固然相同，但實質上是否為同一部憲法？要解答此等問題，必須兼從國家定位、制憲權及憲法的效力等角度探討。

由於憲法的正當性理論可以涵蓋上述各個問題面向，因此下文先予論述。其次，擬以該理論為基礎，評斷《中華民國憲法》的本質性格。權且就結論言之，無論程序上或實體上，《中華民國憲法》原本即問題重重，加以制定後不久，中國共產黨革命成功，中國的國家體制幡然改貌，對《中華民國憲法》造成致命性的打擊，因此該憲法即使形式上存續至今，實質上卻充滿虛偽性格。不幸的是，戰後台灣一直未能擺脫《中華民國憲法》的糾纏，在「外來憲法」、「虛幻憲法」、「失根憲法」與「拼裝憲法」的影響下，無法建立穩定的憲法秩序。本章將藉由此等特徵的呈現，突顯現行憲法的正當性問題，進而強調制憲正名的必要性與重要性。

貳、憲法正當性的理論基礎與要件

憲法為取得妥當性，提供全體法秩序的適法性基礎，並確保人民的服從與忠誠，防範可能的顛覆或挑戰，必須具備一定的正當性。1789年法國人權宣言第16條明定：「權利之保障未臻確實，權力分立制度未予釐定之社會，不得謂為有憲法之社會。」一語道破近代立憲主義對憲法正當性的基本要求。惟憲法的正當性屬於近代憲法學課題，有關考察允宜從制憲權的角度切入。換言之，於探討憲法的正當性問題時，制憲權法理乃最重要的準

繩。

一、國民制憲權理論

　　制憲權法理相當複雜，牽涉層面十分廣泛，向來是憲法學上的棘手問題，自從希葉斯（Emmanuel Joseph Sieyés, 1748-1836）在《何謂第三階級？》一書中建立制憲權的理論體系後，經過二百多年發展，出現各種學說，彼此分庭抗禮，論辯不斷。吾人基於現代實質憲法論的立場，對於制憲權大致採取如下見解：制憲權屬於國民，是具體決定國家政治存在樣態的權力，位於政治與法的交叉點上；制憲權係制定憲法、創造法秩序的權力，與憲法所創設的權力，諸如立法權、行政權及司法權不同；制憲權不受實定法的拘束，但仍應服膺人權理念、個人尊嚴原理及國民主權原理的制約；憲法制定後，制憲權內化為主權及修憲權，但並未消滅，只是進入冬眠狀態，在特殊例外情況，譬如發生政治大變局，既有的憲法無法因應，修憲亦無濟於事時，將會復甦 ❷。

　　從上述觀點出發，憲法既源於制憲權，則憲法的正當性與制憲權法理呼應，其概念的理解應自程序與實體兩個面向切入。理論上，憲法須以民主方式成立，且內容須符合立憲民主主義的基本原理，方能建立其正當性。有關問題，以下將陸續討論之。

---

❷ 關於制憲權的法理，參照許志雄著，《憲法秩序之變動》，台北：元照出版社，2010 年 2 版 1 刷，頁 43 以下。

二、立憲民主主義

　　近代立憲主義源於西歐，乃國民國家（nation state）的價值原理，以國家主權為自明的前提。如1789年法國人權宣言所示，近代立憲主義包含國民主權、人權保障及權力分立三大原理 ❸。一般認為，這三大原理在維護個人尊嚴的前提下相互整合，並行不悖；其中，人權保障係近代立憲主義的終極價值，屬於目的性原理，而國民主權與權力分立則在追求人權保障，屬於手段或方法性原理。

　　蓋立憲主義以個人主義為出發點，秉持人格不可侵犯原則，重視個人尊嚴的維護。個人既應受到重視，則個人的自由與生存自應受到保障，從而基本人權原理亦必屹立不搖。再者，遵照立憲主義的精神，個人乃一切價值的根源；政治權力既為人類社會的產物，其根源自非求諸個人不可。而且，個人之間相互平等，依理亦必同屬政治權力的根源，據此以論，「國民主權」原理乃應運而生。要之，從個人尊嚴導出人權及主權的原理，係立憲主義的基本推論，這些原理構成憲法的根本規範，無可置疑 ❹。

　　過去立憲主義曾遭到絕對君主主義、法西斯主義及共產主義的挑戰，惟冷戰結束，21世紀來臨的前夕，立憲主義終於出現全球化現象，而且與民主結合，成為普世價值。的確，民主與立憲主義的發展未必同步，彼此之間甚至存有某種緊張關係。儘管如此，二者仍須結合起來，方能維護個人尊嚴，落實人權保障，並

---

❸ 法國人權宣言除前引第16條外，另於第3條規定：「所有主權之根源，本質上皆存於國民。任何團體或個人，不得行使任何未經國民明確授予之權力。」
❹ 同前註❷，頁83。

確保人民的最大福祉❺。當代國家普遍標榜立憲民主主義，將立憲主義與民主合冶一爐，不但具備理論基礎，而且也有實踐上的需要。現代立憲民主主義強調，憲政體制的建構除了應以人權保障為目的外，同時必須符合權力分立、民意政治及責任政治的要求，而違憲審查一樣屬於不可或缺的制度。

三、正當性的要件

　　基於國民制憲權理論及立憲民主主義，憲法正當性的建立必須符合下列兩個要件：（1）程序方面，憲法係以民主方式成立；（2）實體或實質方面，憲法符合現代立憲主義的基本原理。1956年西德聯邦憲法法院判決表明同一意旨，指出憲法正當性的要件為：（1）憲法以民主方式產生，且施行後經常藉自由選舉加以確認；（2）尤其，憲法內容以自由法治的發展傳統為基礎，而融入社會國家的要素（BVerfGE 5, 379）。該判決認為，德意志聯邦共和國基本法雖然未盡完善，但合乎上述兩大要件，應承認其正當性❻。此外，戰後實質憲法論以個人尊嚴為出發點，重視人權保障、權力分立及民主價值，顯然蘊含憲法正當性的要求。

　　申言之，憲法係國民發動制憲權後的結果，為國民意思的最高表現，當然應循民主方式制定。惟國民人數眾多，不可能所有國民皆參與整個制憲過程，並將其意思如實納入憲法中。實際上，從憲法草案的研擬、討論到通過，真正積極行動或發揮主導作用者，通常僅有少數人。國民最大程度的參與，充其量只是透

---

❺ 關於立憲主義與民主的辯證關係，參照許志雄著，〈現代立憲主義與民主的對話〉，法學叢刊雜誌社主編，《跨世紀法學新思維——法學叢刊創刊五十週年》，台北：元照出版社，2006年，頁49以下。
❻ 同前註❷，頁17。

過公民投票承認新憲法的誕生。不過，既然標榜國民制憲權，則該少數人必須一方面主張新憲法是人民意思的體現，另一方面採取某種與其主張相應的程序 ❼。而且，憲法為國家最高法規範，施行後基於現實需要，會呈現動態發展，國民經常藉由選舉或其他參政權的行使，參與憲法的運作，也是憲法保持民主正當性的不二法門。

在實體或實質方面，現代實質憲法論倡導憲法的立憲意義，主張憲法在內容上為保障人權的根本法，在性質上為一國的最高法規範。蓋立憲主義的終極目的係為保障人權，維護個人尊嚴。這種觀念源自超實定法的自然權思想，與國民的制憲權密不可分。因此，將其實定化的憲法規範無異是「實定化的超實定法」，在所有憲法規範中扼守樞紐地位，堪稱憲法的「根本規範」。憲法內容除人權外，尚應包括國民主權、權力分立及違憲審查制度，兼含自由、民主、法治及社會國家的要素。過去數百年歷史發展出來的 " Freedom from State "、" Freedom to State " 及 " Freedom through State "，即自由權、參政權與社會權，已成為憲法必備的人權類目。實定憲法為確保正當性，自不可違反此等實質要件。

誠然，國民制憲權理論及立憲民主主義源於西方，有其一定的政治、社會及文化背景，各國條件不同，在移植時難免出現水土不服的疑慮。各國實定憲法考量國家的特殊情況，彼此會有若干不同的規定，毋寧是當然之事；惟立憲意義的憲法概念業已成為人類歷史經驗之結晶，因此憲法之內在或背後應該蘊含普遍的

❼ 高橋和之著，〈国家主権とフェデラシオン〉，中村睦男、高橋和之、辻村みよ子編，《歐洲統合とフランス憲法の変容》，有斐閣，2003年，頁6、7。

法理念或政治理念，也是不容懷疑的。運用上述立憲主義理論，檢視《中華民國憲法》及台灣現行憲法的正當性問題，應該既合適且必要。

參、《中華民國憲法》的虛偽性

一個國家的憲法必須具備正當性，方能發揮應有的效力；而正當性的有無或高低，取決於憲法制定程序的民主程度，以及實定憲法內容是否符合現代立憲主義的基本原理。平心而論，當年中國制定《中華民國憲法》時，制憲國民大會代表是否真正依循民主選舉方式產生，備受質疑；《中華民國憲法》摻雜議會統治制或社會主義民主集中制色彩，與現代立憲主義的權力分立原理格格不入；「行憲」後中央民意代表四十幾年未改選，出現荒謬絕倫的「老賊」現象；欠缺民意基礎的第一屆國民大會代表，過去不僅經常增修動員戡亂時期臨時條款，破壞憲法精神，而且在1991年第一階段憲改時越俎代庖，以憲法增修條文建立「分裂國家」模式。由此可見，《中華民國憲法》從本文、動員戡亂時期臨時條款到憲法增修條文，無論程序上或實體上，正當性都有問題 [8]。揆諸台灣戰後憲法的發展，始終與《中華民國憲法》牽絲扳藤，因此《中華民國憲法》蘊含的問題自然亦揮之不去。我國現行憲法背負如此沈重的歷史包袱，加上其他因素影響，導致正當性問題十分嚴重。有關剖析，擬於次節為之。惟不容否認的，現行憲法正當性問題的癥結主要在於《中華民國憲法》，因

---

[8] 同前註 [2]，頁36。

為《中華民國憲法》本身即已問題重重，施諸台灣，更是荒謬絕倫，充滿虛偽性，故以下先就此加以探討。

一、名存實亡，謬種流傳

　　制憲國民大會於1946年11月15日召開，同年12月25日通過《中華民國憲法》。制憲國大代表法定人數2,050人（1,701人，括弧內為報到人數，以下同），分別為區域選舉代表770人（735人）、職業選舉代表437人（406人）、特種選舉代表143人（142人）及遴選各黨派代表700人（418人）。其中，須選舉的代表大體皆產生於1936或1937年，多屬國民黨黨員，且選舉時間距制憲國大揭幕日近十年前，民意基礎成問題，甚至當時有無公正的選舉，亦遭質疑。約三分之一的代表未經人民選舉，係由遴選產生，大部分為政黨代表，而國民黨代表達220人（216人），獨居首位。就代表人數考量，中國國民黨於制憲國大可以說掌握著絕對的支配力量 ❾。中國共產黨及民主同盟拒絕參加制憲國大，姑且不論有無其他原因，單從制憲國大的組成方式就有十足的理由。由此可見，制憲國大的民主正當性不足，由其完成的《中華民國憲法》，當然正當性亦有問題。

　　法理上，法的效力包含妥當性與實效性兩個要素。妥當性屬於規範層面的效力，是一種「當為」，要求相對人必須服從。實效性屬於事實層面的效力，係於社會生活中實現的狀態。二者在現實中常有矛盾、不一致現象，但在理論上則保持統合。申言之，法規範雖然具有妥當性，但未必能完全實現；違法者可能成

---

❾ 荊知仁著，《中國立憲史》，台北：聯經出版，1984年，頁447～454。

為漏網之魚，未受到應有的制裁。不過，法規範至少須具備實現的「可能性」，方配享有法的效力之名。據此，妥當性與實效性統合，維持內在關聯性。反之，法規範若完全喪失實現可能性，即使未經改廢程序，亦已形同具文，不再是實定法，不再是現行有效的法規範。例如，德國於納粹革命後，並未特別明白宣示廢止憲法，但是威瑪憲法事實上完全空洞化，喪失適用的「可能性」，因此同時喪失實定法的效力。更且，憲法要獲得妥當性，必須具備正當性。一部欠缺正當性的憲法，殆無可能爭取到國民的認同，更無從落實於國民生活中，故終究不能取得妥當性。

準此，當發生革命，以致既有的憲法徹底崩壞，或者修憲逾越界限，而形成新的憲法秩序時，舊憲法既然遭破壞，完全沒有實效性，則妥當性不復存在，其效力當然喪失，應無疑義。問題是，對新憲法應如何予以評價，理論上可能出現兩種不同的結果。亦即，如果新憲法符合制憲權法理及憲法正當性要件，則不但具有實效性，且具有妥當性，其效力應予承認。反之，如果新憲法違背制憲權法理或欠缺憲法正當性要件，則為不正的憲法，縱使具有實效性，亦無妥當性，此際將出現人民行使抵抗權的契機❿。

《中華民國憲法》乃以中國為對象而制定，自從中國大陸變色，中華人民共和國成立後，已喪失適用的可能性；在完全沒有實效性的情況下，其妥當性應不復存在，而整部憲法即使未經正式廢止，實際亦已歸於消滅。如韓忠謨所稱，法律效力包含空間界限與時間界限，二者「常相俟而生，並且同其命運，每當法律

---

❿ 同前註❷，頁23-24。

喪失其適用之可能性時，空間界限也就失其意義。法律喪失了適用可能性，那就是廢止，以國家社會鼎革之際，最為常見，例如第二次世界大戰以前，德國納粹黨人當政，恣意獨裁，蔑視法治，著名之威瑪憲法，遂流為具文，無形中歸於廢止」[11]。此一理論用以說明中華民國憲法的命運，可謂相當切合。嚴格言之，1949年後在台灣運作的乃是另一套新的憲法秩序，舊憲法的部分規定雖然繼續適用，但只能視為由新憲法重新賦予效力，屬於新秩序對舊法規的承繼或繼受，非謂舊憲法以原來的身分繼續有效[12]。當然，新憲法秩序是否具備正當性，仍須進一步加以檢驗。

二、魚目混珠，雜湊成章

憲法如同有機體，必須依據一定的原理，規劃出環環相扣的制度，方能順利運行。《中華民國憲法》受到孫文思想的影響，標榜「五權憲法」與「權能區分」，獨異於其他立憲國家的體制。惟孫文的思想錯綜複雜，內在矛盾比比皆是，根本無法通過理論的檢證，如果據以制定憲法，不但無從實現「萬能政府」的夢想，而且必然窒礙難行，後患無窮。對此，當年制憲之際，識者業已多所指陳。實際上，《中華民國憲法》係經政治協商會議及政黨間的折衝妥協而成，並未將孫文的主張照單全收，故能紓解若干致命的毒素，但是殘留其中的弊病仍然相當嚴重，足以導致憲政的癱瘓，更遑論建立長治久安的憲政秩序。試觀過去「行憲」數十年的結果，政治運作亂無章法，人權保障乏善可陳，

---

[11] 韓忠謨，《法學緒論》，自刊本第4版，1972年，頁60～61。

[12] 同前註[2]，頁36。

就是最有力的證明。《中華民國憲法》本身的結構性問題極端嚴重[13]，自始注定失敗的命運，以下扼要說明之。

　　基本上，《中華民國憲法》受制於五權憲法的構造，「準據國」太多，東抄西湊，造成嚴重的內在矛盾，係其最大病灶。要言之，《中華民國憲法》模仿議會統治制的議會，或社會主義民主集中制的最高蘇維埃會議或全國人民代表大會，設置帶有權力集中色彩的國民大會；師法權力分立的總統制，規定覆議制度；因襲內閣制，採行副署制度；參酌中國君主時代的科舉及御史諫官制度，於立法、行政及司法之外，增添考試、監察兩權；擷取聯邦制法例，方枘圓鑿套在單一國的地方制度上。這種憲法七拼八湊，顯然不符立憲主義的要求。

　　析言之，五權憲法異於三權憲法，主要係受中國君主時代的科舉及御史諫官制度影響，於立法、行政及司法三權之外，增添考試、監察兩權。這種中西制度的結合原本期待收取截長補短的效果，詎知卻是弄巧成拙，不但破壞三權分立固有的完整性，而且造成統治機構的支離破碎，傾軋不安。因為，五權憲法將本質屬於行政權範疇的人事行政分出，獨立設置考試院，與立法及行政等院平起平坐，有過度膨脹考試權之嫌；而且，人事行政與其他行政不當切割，顯然違背行政一體原則，勢必窒礙難行。考試權不過是行政權的一部分，無法脫離行政而存在；反之，欠缺考試權的行政部門亦必常遭掣肘，不能順利運作。1967年所以利用動員戡亂時期臨時條款的授權，在行政院增設人事行政局，將考試院的許多職權移轉過去，理由寧非在此？1992年第二階段憲改

---

[13] 許志雄，〈憲政改革唯一可行的途徑—制憲〉，《台大法學基金會年刊》，1991年，頁7-9。

縮減考試院職權，而將大部分人事的執行權責移交行政機關，純屬亡羊補牢的作法。

　　再就監察院觀之，依據憲法本文規定，監察院掌理彈劾、糾舉、糾正、同意、審計及調查等職權，其中最重要的為彈劾權。當年孫文曾謂「監察權就是彈劾」，足為佐證。惟在先進國家中，彈劾權乃國會備而不用的權限。例如，最早實施彈劾制度的英國，自1805年之後就不曾出現彈劾的案例。美國二百餘年的憲政經驗裡，也僅彈劾過十幾位聯邦官員，而日本國會的彈劾案更是屈指可數，無足輕重。就整體言之，彈劾權普遍呈現式微的趨勢。究其原困，乃近代以還責任政治日漸發達，司法及文官制度臻於健全，凡公務員違法失職者，皆可循有關途徑追究其責任，而毋庸藉助於彈劾權的運用。相形之下，《中華民國憲法》竟為這種已經沒落的國會職權另設監察院掌理之，寧非怪事？

　　從另一個角度考量，彈劾制度之設，本為糾彈高官大臣，防其濫用權勢逃避法律責任。惟監察院彈劾的對象卻非常廣泛，網羅中央及地方一切大小公務員，實與彈劾制度的本意不符。同時，憲法規定的彈劾原因過於籠統，凡違法、失職皆在彈劾之列。若依實務的見解，公務「推諉稽延」或「不能潔身自好」，皆屬失職，則彈劾原因幾乎無所不包。而且，糾正權行使的範圍漫無邊際，監察院如果不知節制，政府各部門必定窮於應付，苦不堪言。因此，監察權一旦濫用，將嚴重侵犯行政權領域，導至行政部門動輒得咎，手足無措。相當諷刺的是，過去監察院在國民黨左右之下，黨同伐異，監察委員不但未能展現柏台御史的高風亮節，甚至往往淪為貪官污吏的保鑣護衛。監察院不時遭到「為虎作倀」、「只拍著蠅，不打老虎」的抨擊，所謂「存查

院」、「蚊子院」的譏諷不脛而走。又監察委員本由間接選舉產生，易生弊端，國民黨監委候選人買票賄選的傳聞不曾間斷，監察院甚至蒙受「金牛院」的汙名。1992年第二階段憲改後，監察院不再是民意機關，其角色益形曖昧，難以定位。

尤有甚者，依照權能區分理論，五院之外另設一個組織龐大的國民大會，更是離經叛道。蓋國民大會應屬議會統治制下的產物，性質特殊，與總統制或內閣制國家的國會迥然不同。就立憲國家統治機構的類型而言，一般國家非採內閣制，即採總統制，鮮有選擇議會統治制者。理由很簡單，在於後者對權力分立抱持否定態度，強調由議會總攬統治權，實施起來極易造成獨裁恐怖政治，所以學者給予的評價極低。法國革命時期（1793年）憲法一度嘗試採行該制度，結果搞得天翻地覆，不可收拾。從此議會統治制惡名昭彰，立憲國家避之唯恐不及。詎料20世紀初葉起，議會統治制借屍還魂，化身為民主集中制，再度橫行肆虐。社會主義國家無論設置最高蘇維埃會議或全國人民代表大會，莫不歸屬此一類型。表面上，議會統治制及民主集中制特別重視人民主權，帶有濃厚的民主色彩，故魅力十足，易於吸引理想型政治家的認同。孫文所以提倡權能區分理論，主張設置國民大會，諒係出於同一思考模式。然而，理論與事實皆證明，議會統治制及民主集中制隱藏專制獨裁的陷阱，屬於陳腐過時的統治機構類型；冷戰結束後，社會主義國家殆皆另起爐灶，改採某種形態的權力分立制。《中華民國憲法》制定時，多虧在野黨派努力，儘量削減國大職權，乃能減少許多弊病。儘管如此，國大存續期間所作所為荒腔走板，仍然令人心寒不已。國代個人爭權奪利，醜態畢露，乃有目共睹之事；而國大透過動員戡亂時期臨時條款的

制定與修正，破壞憲政秩序，助長個人獨裁，更是憲政史上永遠洗刷不掉的污點。

　　早在1948年5月，「行憲」不到半年，國民大會即依憲法第174條第1款的修憲程序，制定「動員戡亂時期臨時條款」，賦予總統強大的緊急處分權，開啟行政獨裁可能性。其後，臨時條款復經多次修正，不斷提升總統地位，擴充總統權力，諸如：總統副總統的連任次數不受限制；總統得設置動員戡亂機構，決定動員戡亂有關大政方針，並處理戰地政務；總統得調整中央政府的行政機構、人事機構及其組織；總統得訂頒辦法充實中央民意代表機構，不受憲法有關規定限制；這些對立憲主義的破壞更是變本加厲。1990年代台灣推動憲政改革，國大的表現也是乏善可陳，不待贅述。所幸國大於2000年第六階段憲改任務型化，2005年第七階段憲改廢止，終於走入歷史。其實，這是事理的必然，因為台灣要真正行憲，自非將國大此一「憲政亂源」、「憲法上的怪胎」剷除不可。

肆、台灣現行憲法的正當性問題

　　19世紀末台灣受日本殖民統治，開始接觸具有若干西方色彩的明治憲法體制。20世紀中葉第二次世界大戰結束後，中國國民黨政府利用軍事占領的機會，自行宣布台澎為中國的一省。初期實施「舊中國」的「訓政時期約法體制」，藉以黨領政、以黨治國，達到「黨國一體」。當時，蔣介石集黨政軍大權於一身，簡直成了台灣的新「天皇」，而「台灣行政長官」亦軍政權力一把抓，與日治時期的台灣總督如出一轍，令人有「總督復活」的感

覺 ❹。1947年12月25日台灣隨著中國改行《中華民國憲法》，這
是在台灣實施的第三部憲法。然而，蔣家國民黨政權卻是假「憲
政」之名，行專制集權的「訓政」之實 ❺。1948年5月10日公布
施行動員戡亂時期臨時條款，1949年5月20日起台灣實施戒嚴，
直到1987年7月15日解除戒嚴，1991年5月1日廢止動員戡亂時
期臨時條款止，長達數十年間，台灣始終實施國家緊急體制，
台灣人民生活在高壓的威權統治下，當然無緣享受「行憲」的
成果。1990年代推動的憲政改革，使台灣的憲政出現生機，而
2000年首度政黨輪替，更開創前所未有的民主發展。不過，以
「中華民國憲法增修條文」方式進行的憲改，仍然無法擺脫《中
華民國憲法》的糾纏。台灣現行憲法的正當性充滿問題，不難想
像，茲歸納成「外來憲法」、「虛幻憲法」、「失根憲法」及「拼
裝憲法」四點，說明如下。

一、外來憲法

1895年中國將台灣割讓給日本，台灣成為日本的領土。第
二次世界大戰結束，蔣介石政權依據太平洋盟軍最高統帥麥克阿
瑟第一號命令，對台實施軍事接管。而後，日本於「舊金山對
日和平條約」（1951年簽署、1952年生效）及「日華和平條約」
（1952年）放棄對台灣的主權。戰後台灣的地位或有爭議，但不
因戰爭結束而歸屬中國，毫無疑義。經歷數十年的發展，台灣具
備主權國家的要素，與中國分屬兩個不同國家，乃客觀存在的事

---

❹ 王泰升，《台灣法律史概論》，台北：元照出版社，2001年，頁152-155。
❺ 王泰升，〈台灣憲法的故事〉，收於李鴻禧等著《台灣憲法之縱剖橫切》，台北：
　元照出版社，2002年，頁497以下。

實。

眾所周知,《中華民國憲法》原係中國的憲法,應以中國領土為適用範圍。其於中國領土外的台灣實施,對台灣而言,難脫外來憲法之嫌。雖然戰前中國曾選出 1 名在台灣的制憲國大僑民代表,1946 年 10 月 31 日又匆匆忙忙由台灣省參議會間接選出 17 名制憲國大代表❶,形式上台灣確有代表參加中國的制憲國民大會,但此一事實不會改變《中華民國憲法》的屬性。因為台灣不屬於中國,彼等無權代表台灣參加中國的制憲會議,即使參加,人數亦僅占制憲代表總數的 1% 左右,根本無影響力可言。《中華民國憲法》實質上還是中國的憲法,地理的效力範圍應僅及於中國領土,不含域外的台灣。《中華民國憲法》實施後不久即見棄於中國,反而陰錯陽差在台灣適用,居於台灣的立場,該憲法既非台灣人民所制定,則係外來憲法,無以否認。

進一步分析,《中華民國憲法》係以中國為對象而制定,自從中國大陸變色,中華人民共和國成立後,已喪失適用的可能性;依據前揭法理,在完全欠缺實效性的情況下,其妥當性應不復存在。換言之,該憲法即使未經正式廢止,亦已完全失去效力,歸於消滅。形式上《中華民國憲法》原封不動帶到台灣,實質上此《中華民國憲法》已非彼《中華民國憲法》,在台灣形成的是另一套憲法秩序。在台灣的憲法秩序中,原《中華民國憲法》的規定,凡與台灣的國家地位不符者,應該皆無適用餘地。實際運作時,如果欠缺此一認識,勢必困惑無窮。遺憾的是,朝野普遍認知不足,又不能坦然面對現實,所以數十年來我國始終

---

❶ 薛化元主編,《台灣歷史年表終戰篇 I（1945~1965）》,台北:聯經出版,1990年,頁 22。

無法形成穩定的憲政秩序。

二、虛幻憲法

戰後數十年間，在外來政權、國家總動員法制、戒嚴及動員戡亂體制的宰制下，中國內戰結構始終陰魂不散，羈絆台灣。「萬年國會」與「老賊」現象，以及踐踏人權、用以整肅異己的叛亂犯法制，堪稱典型例子。1991年第一階段的憲改，宣稱係「為因應國家統一前之需要」，而以憲法增修條文建立「分裂國家」模式，其思維還是脫離不了中國內戰結構的窠臼。依照法理，這種全然背離事實的「虛擬規範」，根本只是具文，應無規範力可言。

詳言之，1991年第一屆國代循修憲程序訂定「中華民國憲法增修條文」，於前言及相關條文蘊含分裂國家模式的設計。蓋憲法增修條文前言開宗明義指出係「為因應國家統一前之需要」而訂，承認分裂國家的「事實」。憲法增修第1至第4條（現行第4條）明定應辦理「全國」不分區中央民意代表選舉，無異於正式確立分裂國家的法律地位。因為所謂「全國」選區，必以全國為範圍，由全國人民選舉，既然「全國」選舉在台灣地區辦理，完全由台灣人民參與，則顯然係採分裂國家概念，將台灣地區定位為國家。此外，憲法增修第10條（現行第11條）規定：「自由地區與大陸地區間人民權利義務關係及其他事務之處理，得以法律為特別之規定。」其授權立法機關得以特別方式處理兩岸人民關係，設非從分裂國家的立場出發，即難以站得住腳。若謂兩岸同屬一國，且憲法效力及於中國大陸，則該規定將明顯違反憲法的根本規範——平等原則，而形成憲法的內在矛盾。

　　然而，分裂國家的現狀固為兩個國家，前提卻是原本為一個國家，並以未來再度合併成一個國家為目標。如前所述，自1895年起台灣即不屬於中國，戰後亦然。換言之，台灣與中國大陸不是從一個國家分裂成兩個國家，所謂分裂國家的前提根本不存在。況且，第一階段憲改係由不具民意基礎的資深國代為之，其追求統一的目標欠缺民主正當性，純屬妄想。揆諸今日台灣民意，絕大多數不贊成統一，可見增修條文的分裂國家模式事後亦未獲得人民認同。

　　總之，分裂國家模式既無事實根據，又無民主正當性，理應不具規範力。關於此部分，現行憲法如同海市蜃樓，可稱之為「虛幻憲法」。將虛幻憲法奉為圭臬，或視為有效存在的國家最高法規範，皆非正確的態度與作法。

三、失根憲法

　　憲法為國家根本大法，與國家密不可分。一般國家的憲法，莫不冠以國號，而稱「××××憲法」，顯示憲法、國家與國號三位一體，無所扞格。因襲他國憲法，已是難以想像；使用他國舊國號，甚至自認為屬於他國的一部分，更加不可思議。無奈台灣做為一個國家，使用的國號「中華民國」卻是中國的舊國號，實施的憲法也是中國廢棄不用的《中華民國憲法》。試想，一個國家沒有自己國民制定的憲法，國號又有魚目混珠之嫌，亦即憲法、國家與國號呈現乖離現象，則如何能夠成為正常的國家？國家定位不明，國家認同錯亂，憲法喪失立足的基礎，難怪台灣數十年來憲政不彰，而且內憂外患，主權岌岌可危。

　　台灣人民選出的總統馬英九強調中華民國採行「一中憲

法」，堅持在「一個中國」原則下追求「終極統一」。其公開表
示兩岸是地區關係，並非兩國關係；簡直不顧元首地位，自甘
墮落為「區長」，所以在任何場合既不能也不敢以總統的身分堂
堂正正面對中國官員。這是馬英九的悲哀，更是台灣人民的悲
哀。其實，民進黨的重量級政治人物也曾說過「憲法一中」，認
為《中華民國憲法》是一中憲法，政府必須在此一憲法架構下運
作。由此可見，朝野同樣受制於一部「失根憲法」，進退失據。

四、拼裝憲法

如前所述，《中華民國憲法》係七拼八湊而成的產物，根本
窒礙難行。近年憲政改革業已解決部分問題，例如廢除國民大
會，消除權力集中制與權力分立制的矛盾；限縮考試院職權，稍
減行政權的割裂程度。但是，五權憲法的拼裝性格不變，甚至因
憲改而衍生其他問題。最為人詬病的是，1997年憲改引進法國
「雙首長制」色彩，使總統、行政院及立法院的關係益形複雜。
行政權二元化，總統與行政院長的權責不明，經常成為議論的焦
點。國會朝小野大時，「反對黨決策，執政黨執行並負責」的荒
誕現象不時出現。修憲方式東施效顰，模仿美國增補條款體例，
經歷七階段憲改後，憲法本文約有四分之一凍結，導致憲法前後
不一，殘破不堪。

另外值得一提的是，1994年憲改引進總統直選制，固然有
助於民主的深化，但同時規定可藉罷免方式令總統去職，不無商
榷餘地。因憲法增修條文對總統選舉採相對多數決，不要求得票
過半數才能當選，卻又設立罷免制度，明定立法院所提總統罷免
案，經選舉人總額過半數投票，有效票過半數同意罷免時，即為

通過，則顯然不合邏輯。揆諸世界各國，通常無罷免總統的制度，尤其總統經由直接選舉產生者，更少有罷免制度之設。所以如此，主要擔心罷免成為政爭的工具，而徒滋困擾。一般認為，與其設立罷免制度，增添社會不安的因素，毋寧以任期制作為追究總統政治責任的機制較妥。對照之下，我國受孫文主張影響，迷信罷免制度，對直選的總統亦可罷免，實有重新加以檢討的必要。退一步言之，若要設立罷免制度，亦須事先歸劃完整的配套措施。關於這方面，第一次大戰後制定的德國威瑪憲法可資借鏡。首先，依其法律規定，總統選舉採取絕對多數決，配以罷免制度，尚合邏輯。而且，國會以三分之二多數決提出罷免案，經公民投票，若有效票過半數贊成罷免，則總統當然解職。反之，公民投票結果，贊成罷免者未過半數，則罷免失敗，總統視同再度當選，任期更新，而國會因背離民意，必須受到立即解散的處罰（奧地利的制度相仿）。相形之下，我國立院發動總統罷免案，若未成功，憲法上並無類似的效果規定，致使在野黨立委可以肆無忌憚地發動罷免，形同變相鼓勵在野黨興風作浪。民進黨執政期間，在野黨於核四停建事件中揚言罷免新任總統，於紅衫軍事件中也一再提議罷免總統，導致政局不安、輿情沸騰，足為殷鑑。

　　立憲主義包含多種原理與要素，各國憲法制定時，因各種原理與要素組合方式的差異，而呈現不同風貌。惟無論如何，各種原理與要素的組合，必須保持論理的一貫性，方能建立合理的規範體系，進而形成穩定的憲法秩序。尤其，立憲主義的各種原理與要素之間，往往存有緊張關係，組合時非格外審慎不可。像《中華民國憲法》原本將水火不容的權力分立制（內閣制、總

統制）與權力集中制（民主集中制）摻雜在一起，顯然十分離譜 ❶ 。台灣近年來的憲改似乎並未深切記取教訓，因此時有荒腔走板的演出。

伍、制憲正名——憲法正當性重建之道

　　台灣擁有自己的人民、領土及主權，從憲法學與政治學的角度觀之，完全具備國家的要素，是一個不折不扣的國家。但是，台灣在國際社會形同孤兒，既非聯合國的會員國，而且遭到各種國際組織排斥，顯然欠缺一個國家應有的地位與尊嚴。由於中國施壓，加上台灣執政當局的顢頇，台灣甚至被當成中國的一省看待，而受盡屈辱。不可諱言的，台灣是一個國家，卻不是一個正常的國家，關鍵在於現行憲法正當性不足，朝野的國家認同錯亂；明顯的表徵就是，我們欠缺自己的憲法與國號。鑑於台灣需要一部合時、合身、合用的憲法，加上「中華民國」與「中華人民共和國」或「中國」容易混淆，因此對症下藥，藉由國民制憲權的發動，依據現代實質憲法論，遵循立憲民主主義，一舉完成制憲正名，毋寧是既符法理又切實際之事。

　　基本上，確立台灣的主權國家地位，充實人權保障，落實國民主權，依據三權分立原理建構行政、立法與司法的制衡關係，強化地方自治及明定政黨規範，都是新憲法必須包含的重點。新憲法以台灣為名，建構立憲國家為目標，既可收正名之效，培養

---

❶ 同前註 ❷ ，頁 39-40。

人民的「憲法愛國心」[18]，又有助於鞏固台灣的國家定位。無論如何，要確立憲法的正當性，確保長治久安的憲政秩序，讓台灣成為正常國家，制憲正名是最根本有效的作法。

---

[18]「憲法愛國心」理論可謂歐洲，特別是德國立憲主義文化的結晶體，主張以立憲主義憲法構成的國家，或構成立憲國家的憲法，作為「愛國心」的對象。在台灣，立憲主義的憲法理念及具體內容尚未真正實現，卻同時遭逢全球化的衝擊與中國的威脅，若能借鏡「憲法愛國心」理論，以立憲主義憲法凝聚人民的向心力，鞏固國家定位與認同，不失為一大良策。參照樋口陽一著，《転換期の憲法？》，敬文堂，1996年，頁29-34；井上典之著，〈立憲主義と憲法パトリオティズム―多元主義とコンセンサスの調和をめざして〉，《公法研究》第70號，2008年，頁87以下。

第三章

憲法制定權力與制憲、修憲
——兼論建立憲法新秩序

淡江大學國際學院亞洲研究所教授

許慶雄

壹、前言

　　大多數國家都有一部憲法典，規定一些憲法條文，這些憲法條文只是憲法研究的一部分而非全部。更重要的是憲法條文必須實際運作，產生各種效果，才有研究價值。因此憲法研究是針對「憲法現象」做全面性、體系性的研究，而不只是研究既有的條文。憲法研究應包括：憲法制定之前如何形成「憲法制定權力」制定憲法，憲法條文如何解釋，憲法內容如何隨著時代的變化而修改變遷，憲法如何解釋才能與現實生活狀態結合，憲法爭議如何判斷的判例研究等，這些都是憲法研究的範圍。同時，立憲主義的先進各國，其憲法學理都有共通之處及值得參考的部分。因此比較憲法之研究也是不可缺的，如此才能使一個國家的憲法體制不斷的改革發展，更有效的保障人權。

貳、憲法之意義

一、有「憲法」的國家不一定有「憲法」

　　「憲法」這一個名詞經常被廣泛使用，但是憲法具備多重意義的本質，卻很少被充分理解。同時，憲法與國家是密不可分的一整體。「主權國家」的最高法規範，才可稱之為憲法。沒有主權不是國家的任何國、州、縣、市，或一些政治實體，即使用「憲法」為名稱制定一部法典，也不是憲法。以下，我們用「有憲法的國家不一定有憲法」這一句話來分析「憲法」在不同的情況或位置下，所顯示出的各種意義。

　　第一，「有憲法的國家不一定有憲法」這一句話，可以用來說明「憲法典」與「憲法」是不同意義。眾所周知，英國被各國的憲法學者形容為憲法的母國，立憲主義各國的憲法制度都或多或少模仿英國的憲法體制。然而，英國從來沒有制定過一部白紙寫黑字的憲法典，沒有任何憲法條文存在。❶ 英國的憲法是由1215年的大憲章（ Magna Carta）、1628年的權利請願書（ Petition of Right）、1689年的權利章典（ Bill of Right）等法案，以及各種憲法判例、憲法慣習所構成。所以英國是有憲法在運作的國家，但是並沒有也不需要一部憲法典。由此可知，一個國家是否有憲法秩序在運作，與有沒有一部憲法典並無必然關聯性。憲法典只是一國憲法秩序的一部分或重要部分，但是沒有憲法典，國家仍然可以依照各種憲法秩序運作，基本上不受影響。反之，如果擁抱的所謂法統憲法已喪失其正當性、合法性基礎，則反而是沒有憲法的國家。所以我們可以說，英國是有憲法秩序運作的國家，但是英國並沒有一部憲法典。如此，「有憲法的國家不一定有憲法」，就可以說得通而不至於有矛盾。由此可知，被形容為憲法母國的英國，實際上並未制定過一部憲法典，但是絕不可能被認定為是「沒有」憲法的國家。

　　第二，「有憲法的國家不一定有憲法」，這一句話也可以用來說明，憲法的內容必須具備現代立憲主義的基本原理，否則就不配稱之為憲法。現代立憲主義要求憲法必須以國民主權、權力分立為基礎，以追求保障人權為目的，才具備合法性、正當性。世界上仍有不少國家，其憲法內容規定主權屬於君主，或屬於農

---

❶ 世界上與英國同樣沒有一部憲法典的國家並不多，沙烏地阿拉伯、安曼、以色列、利比亞、聖馬利諾、不丹、紐西蘭、梵蒂崗。

工階級，或屬於無產階級政黨；其內容規定政府體制採用權力集中型或民主集中制；其內容並未明確保障人權，或規定人權只有在統治者施恩同意之下才能享有。這些國家的憲法，其目的只是為維護統治者的權力，其內容只是為實行專制獨裁而制定。因此，我們稱之為，雖然有一部憲法，但只是成為專制統制的工具，並不能保障國民的基本人權，所以可以認定這個國家並不是有憲法的國家。二百多年前，法國大革命之後的人權宣言就指出，一個國家即使有憲法體制，但是如果不能實施權力分立，無法確保人權，就是一個沒有憲法的國家。❷由此可知，國家雖然有一部憲法，但是其內容若不符合立憲主義的國民主權與權力分立等基本原理，並未以保障人權為目的，仍然不是一個有憲法的國家。

　　第三，「有憲法的國家不一定有憲法」這一句話也可以用來說明，**憲法最重要的是實施，並具體產生作用及效果**。憲法並非擺設提供觀覽的古董或被供奉膜拜的神祇、法統。憲法最重要的是實施，使其效力真正能保障基本人權、落實民主法治的權力制衡體制。憲法的內容規定得如何理想，人權保障的條項再怎麼完善，如果不能實施運作，結果還是一個沒有憲法的國家。何況，一般法律規範被破壞時，可以由國家權力對違法者制裁，即可維護法律秩序；然而，憲法是規範國家機關相互之間權力運作的法，也是規範國家機關不可侵犯人民權利的法，如何保障憲法依據其內容實際運作，不受掌控國家權力者惡用，雖然是極為困難的工作，卻必定要達成，否則空有一部憲法，也是沒有憲法的國

---

❷ 1789 年 8 月 26 日法國《人權宣言》第 16 條：「凡是不能確實保障人權、未規定權力分立的社會，就不能說是有憲法。」

家。因此，國家即使有一部憲法，其內容規定的很理想，然而卻束之高閣，根本未實施或不能產生保障人權的實際效果及作用，仍然是沒有憲法的國家。過去在戒嚴時期，國民黨政權制定「動員戡亂時期臨時條款」，凍結《中華民國憲法》，卻仍然在慶祝行憲紀念日，就是一個活生生的實例。由此可知，憲法貴在實施及產生具體保障人權的作用，如果只是有名無實，即使其內容再理想完美，也是沒有憲法的國家。

二、「傳統意義之憲法」與「立憲意義之憲法」

傳統（固有）意義之憲法是指，國家實行統治的組織型態及體制，國家權力運作的基本規範。因此，其意義不一定有現代的憲法學觀念或用語。人類的歷史上有國家這一統治組織出現，就必然有權力作用的基本體制，傳統意義就稱此為「憲法」（國家權力作用的基本法制度）。因此，傳統古老的國家（相對於現代國家），例如古代羅馬帝國、希臘城邦國、蒙古大帝國等，都有它的權力運作型態與基本統治架構存在，這就是「傳統意義的憲法」（國家的根本法）。

立憲（現代）意義之憲法（Constitutionalism）是指，以現代立憲主義理論為基礎所架構而成的國家統治制度，及明確規定保障人權的基本規範。因此，其內容必然包括國民主權、權力分立、法治主義、保障人權等立憲主義基本原理。由歷史演變亦可說明，現代立憲意義之憲法乃是為了排除傳統國家權力被濫用及壓制人權，確保個人的生命、自由、財產及幸福，所發展形成的憲法原理。故立憲意義之憲法與傳統意義之憲法，是兩個相對的意義。

三、「形式意義之憲法」與「實質意義之憲法」

「形式意義之憲法」是指，將有關國家的基本規範、人權保障等，以條文形式集成一部名稱為「憲法」之具體、形式化法典。英國就是沒有形式意義之憲法的國家，雖然英國有大憲章、權利請願書、王位繼承法、國會法等與憲法秩序有關的「成文法」，但是並未將其集成一部法典，以憲法稱之，其制定、執行、審查也與一般法無區別，故被歸類為沒有形式意義之憲法的「不成典憲法國」。更嚴密的說，形式意義之憲法是指，有一部以憲法為標題的法典，其制定、執行、審查都與其他法律不同，其內容涵蓋國家統治結構、基本人權保障等。

「實質意義之憲法」是指，有關人權保障及國家基本法秩序、政府組織之全面性、廣泛性規範與作用效力。依此定義，則有國家就有其憲法存在，即使在國家未制定憲法典之前，國家仍有各種權力運作的型態或政府組織法產生作用，這就是實質拘束國家權力運作、實際產生效力的實質意義之憲法。實質意義之憲法存在於憲法典、憲法習慣、憲法判例、憲法學理及各種憲法事實現象之中，是最廣義、普遍的憲法定義。故形式意義之憲法與實質意義之憲法，是互相對比的意義，前者只限定於憲法典之文字條文，後者則涵蓋憲法典、憲法的相關事項、憲法精神與生命。因此，要把實質意義之憲法完全納入形式意義之憲法之中是不可能的。同時，只單純的研究形式意義的憲法條文，是不可能完整探討或正確理解憲法。

四、憲法意義之總結

「有憲法的國家不一定有憲法」，這一句話若以憲法四種意義來說明，其第一種解釋是，前面的「憲法」指傳統、立憲、實質意義之憲法，後面的「憲法」專指形式意義之憲法。第二種解釋是，前面的「憲法」指形式意義之憲法，後面的「憲法」指立憲意義之憲法。第三種解釋是，前面的「憲法」指形式意義之憲法，後面的「憲法」指實質意義之憲法再加上立憲意義之憲法。

參、憲法制定權力之意義及本質

憲法制定權力（constituent power）是指，創造憲法秩序，制定憲法之權力。每一部憲法必然有一個制定它的權力，憲法學稱之為憲法制定權力。憲法制定權力是，創造國家最高法秩序、創設國家機關、規範國家權力作用的權力。❸ 因此，憲法制定權力是超越憲法而存在的權力。反之，政府、國會等都是由憲法創設的國家機關，是依據憲法而擁有其權力。所以對於憲法的制定及修改，都不是受憲法拘束的國會或其他政府機關所能擁有的權限，而必須是由憲法之上，擁有主權、憲法制定權力的國民才能行使之權力。❹

---

❸ 蘆部信喜，《憲法制定權力》，東京：東京大學出版會，1983年，頁3。

❹ 制憲權、修憲權與立法權必須區分的思想，在法國大革命之後就已經形成。國會同時擁有立法權與制修憲權，不但違反憲法理念，亦否定國民主權原理。因為，經由憲法所創作出來的國會，只擁有憲法中受委任的權力，不可能擁有變更其委任來源（憲法）的權力。國會或任何憲法下機關不能擁有制修憲權，是憲法最基本之原則，國民擁有制修憲權也是現代立憲主義法的合法性泉源。同前註，頁16-21。

一方面，憲法學界對於憲法制定權力是否有界限、受「法」的拘束，或是屬於一種自由自在不受拘束的政治力，一直有各種論議。由學理觀之，憲法制定權力是創造最高法秩序的權力，因此，必然是在任何法秩序之前而存在的權力，要探究其法界限與性質，理論上不可行。然而，立憲主義國家的憲法，皆有其必須具備的基本原理，所以並非單以政治力所能任意決定其內容。例如，依自然法原理，人的尊嚴與存在是任何實定法所不能否定的，因此人權保障必然成為憲法的核心；依民主潮流，國民必然是國家的主權者、制憲權者，這是憲法不能否定的原理；依歷史的經驗，權力集中必然會腐化，所以權力必須分立互相制衡，三權分立原理應納入中央政府體制，地方自治權限也必須明定，使之成為制衡中央的依據。由此可知，唯有明定基本人權保障，確立權力分立體制，並由國民行使憲法制定權力所制定的憲法，才是具備正當性基礎的立憲主義憲法。同時，面臨 21 世紀的今天，人權除了必須保障思想、表現、人身、經濟等自由權，防止國家權力侵犯個人自由自在的生活領域之外，人權更必須保障能使每一位國民可以過著最起碼的、有尊嚴、有品質生活的社會權。❺

因此，若憲法制定權力所制定的是現代立憲主義憲法，則必然受以上所述的基本價值理念、憲法基本原理與歷史發展經驗的拘束。憲法的制定雖無手續面的限制，卻無法避免理論面的限制。憲法制定權力必須受自然法與立憲主義根本原理的拘束，並非可以任由政治實力決定、不受拘束的「絕對權力」。事實上，

---

❺ 許慶雄，《社會權論》，台北：眾文圖書公司，1992 年，頁 13-18。

憲法的制定若僅憑藉著政治實力，為所欲為地制定出一部違反立
憲主義原理、違反民主精神的憲法，則該憲法本身是否為「憲
法」都有疑問，其存在價值及意義也將被否定。除此之外，憲法
制定權力在制定一部憲法之後，並不因而消失，反而必須繼續存
在，監督憲法的運作，當憲法有問題則修改之，當憲法與現實脫
節，已無法用修改處理時，則必須制定新憲法。因此，憲法制定
權力是與憲法共存，經常在自然狀態下運作的權力。❻ 如果憲法
制定權力消失，則憲法自然失去生命力，就像某一國家滅亡，則
其憲法也不再是憲法，而是一堆歷史文件而已。如果憲法制定權
力制定新憲法，則舊憲法立即被廢棄，將不再是憲法而是一堆歷
史文件。

　　一方面，如果憲法制定權力「變動」，即使一部分條文或大
部分條文是引用自舊憲法，或依舊憲法所規定程序來修改舊憲
法，其後所產生的憲法必然是新憲法，是制憲而非修改原來的憲
法。例如，過去君主主權國家是由君主欽定的憲法，憲法制定權
力掌握在君主手中。然而如果發生革命或其他原因，轉變成主權
在民的國民主權國家，則憲法制定權力由君主變更為國民。❼ 此
時，由國民行使憲法制定權力所制定的憲法必然是新憲法，即使

❻ Carl Schmitt 著，阿部照哉、材上義弘共譯，《憲法論》，みすず書房，1974 年，
　 頁 117-118。
❼ 日本新憲法是依照舊明治憲法 73 條之修憲程序制定，73 條之修憲發案權在天皇
　 手中，由天皇以敕命發案，程序最後亦由天皇裁可，同時非民選之樞密院、貴
　 族院也參與表決，程序上是屬於修憲型態。但是日本在戰後，天皇主權已轉變
　 為國民主權，乃主權、憲法基本原理、國體之重大變動，故主流學說都認定已非
　 修憲而是制憲。事實上是由主權的擁有者「國民」，以其憲法制定權力所制定的
　 「新」憲法。當時在異常狀態之下，為使新的憲法秩序順利建立，在不牴觸國民
　 主權原理下，對於舊憲法之修憲程序適當引用、運作是不得已的，是為了新憲法
　 制定過程之方便，而借用此「形式」上之修憲程序。

只是修改欽定憲法的一部分或是依照舊憲法修憲程序制定，因為憲法制定權力的變動，學理上亦屬制定新憲法。

由以上的論述可以理解憲法制定權力的意義及本質如下：

（一）憲法制定權力是在「自然狀態」之下運作的權力，在國家之前、實定法秩序之前已存在之力，故不可能受任何「實定法」的拘束。憲法又是創造國家各種法秩序的基本法，在憲法未制定之前，不可能存在任何實定法可以拘束憲法制定權力。因此，憲法制定權力應該是在不受實定法拘束的狀態下，自然的制定出憲法，不可能探求其「法」性質。依此推論，憲法是依政治實力而來，從屬於政治實力，是絕對無限制之力。[8] 然而立憲主義憲法有一定的基本原理及架構，並非政治力可任意變動，即使是憲法制定權力也必須受其拘束。例如，人性價值尊嚴之維護、人格不可侵犯、維持自由人自由社會的自由權利、法之下的平等、法治主義、民主主義、國民主權原理等，都是現代立憲主義基本價值、基本原理及人類歷史發展所形成之必然理念與制約。憲法制定權力若自認為是不受拘束至高無限的權力，無視自然法及現代立憲主義基本原理，只依政治實力制定出違反現代立憲主義的獨裁專制憲法，則憲法制定權力的存在及其正當性亦將被否定，所制定的憲法亦非「憲法」。[9] 由此觀之，憲法制定權力必須受立憲主義內容上的根本規範及自然法之拘束，並非不受拘束之「絕對權力」。

---

[8] 憲法制定權力在實體、本質與程序方面並無制約，都是不受拘束的權力，可以由抵抗運動、革命或各式各樣的群眾運動形成憲法制定權力，制定新憲法。

[9] 其理論依據，參照前述「貳、憲法之意義」。一方面，憲法制定權力如果是單純依「政治實力」可以制定憲法或任意修憲，則憲法亦將在政權變動時，受任意更替成為非長治久安的法。

　　（二）現代憲法制定權力其意義就是，「國民的憲法制定權力」，憲法制定權力的主體必定是，有政治判斷能力之國民。現代立憲主義的國民主權原理之下，若非由國民掌握憲法制定權力，則不具備正當性。掌握憲法制定權力的國民主權，是超越憲法之上，在憲法未制定前就存在的主權實體。這一主權實體所構成的憲法制定權力與憲法制定後所規定的國民投票制、修憲權、參政權等憲法體制之下的國民主權運作型態本質上不同。當然，主權實體所構成的憲法制定權力也與依照憲法規定而產生的立法、行政等國家機關權力在本質上不同。這些依照憲法規定所創造出的國家機關，其權力運作或憲法所賦予的任何國家權力，都是源自憲法，必然受憲法拘束，絕不可能像憲法制定權力一般不受憲法拘束，反過來還可以參與、決定憲法的制定。因此「立法權」只是國民主權行使之下受委託之權力主體，立法權完全不能介入憲法制定權力（主權實體）之運作。立法機構及其成員都是來自「憲法」所創出，其權力源自憲法，受其拘束乃必然。立法機關或任何憲法所設置的機關，絕無成為或介入「憲法制定權力」之空間，此乃基本的憲法原理。❿ 由此可知，被創出的權力，必須受原始權力的拘束，被委任授權的權力必須服從原始的授權者。政府機關、國會、民意代表都是屬於受憲法委任的權力，只能制定法律，不可能制定憲法。所以只有超越憲法存在的

❿ 美國1787年制憲會議的主要策劃人，亞歷山大‧漢彌爾頓（Alexander Hamilton）指出：「受委任之權力必須順服於原始之權力，人民的意思就是原始的權力，受任者（民意代表）的意思只是受委任的權力。」由此可知，人民的意思可以決定憲法，民意代表的意思只能決定法律，民意代表自以為「代表民意」是不可能，一般常認為民意如流水，就是指出人民的意思與民意代表的意思必然存在差異，位階不同。

國民主權實體所構成的憲法制定權力，才能制定憲法。

（三）**憲法制定的程序，原則上沒有一定的模式，可以在各種自然狀態下運作制定憲法**。但是在學理上的程序階段，可以說明如下：

1. 由憲法學者、專家（國內外皆可）組成「憲法綱要起草委員會」，依立憲主義基本原理提出憲法綱要草案。

2. 憲法綱要草案由各界舉行公聽會、研討會反映民意，逐漸形成基本共識。

3. 舉行制憲代表選舉（制憲為唯一任務），由國民所選出的制憲代表開會確定「憲法條文草案」。

4.「憲法條文草案」由國民（憲法制定權力者）投票通過，完成制憲程序。

5. 依新憲法規範，組成新政府，實行新憲法體制。

肆、制憲與修憲各種型態之差異

一、由憲法制定權力區隔其差異

制憲與修憲之關係，可由憲法制定權力區隔其差異。憲法制定權力並不因為憲法制定以後就消失或被廢棄，反而是必須繼續存在才能使憲法具備正當性。因此，憲法制定權力隨時能發動而制定新憲法，不受既存憲法的拘束。一方面，修憲是憲法制定時在憲法條文中規定，可以依特定的手續、要件來修改憲法中的某一部分，一般又稱之為「制度化的制憲權」，是一種由憲法制定權力轉化、納入憲法體系的修改憲法權力。修憲權運作時，有以下二項界限：

第一，修改憲法只能在憲法秩序的一小部分，有調整變動的需要時為之，不可對憲法的基本架構做大幅度的修改。修憲權既然是從屬於憲法制定權力的一部分，因此不可否定憲法制定權力所制定的憲法基本理念及價值。當然，憲法制定權力都必須受界限的立憲主義基本原理及架構等部分，更非修憲權所能更改。

第二，憲法制定權力的主體是國民，制度化的修憲權主體也必然屬於國民。因此，即使修憲的過程可以由國會或其他國家機關參與提案或討論，但是最後一定要經由國民主權做決定，由國民（憲法制定權力者）投票通過，沒有國民最終意思決定，修憲就不具正當性，也完全違反憲法原理。

二、由國家定位、國家性質區隔其差異

制憲與修憲亦涉及台灣近年來有關國家定位的爭議。制憲可以是既存舊國家廢棄舊憲法，制定新憲法，也可能是新國家制定新憲法。換言之，新國家一定是制憲，但制憲不一定是建立新國家。一方面，修憲一定是既存舊國家已有憲法才可能修改憲法，所以用「修憲」也絕對不可能與建立新國家有關。國民黨政權在多次修憲過程中，雖然已把原來憲法的基本架構及原理修改得體無完膚，根本不可能說是修憲，之所以不敢學習其他國家以制憲方式處理，主要原因是採用「制憲」方式將引發國家定位之爭議，故堅決避開「制憲」。

一方面，學理上制憲有兩種型態（參照表3-1）：第一種的「A型」是新國家制憲，當一個新國家獨立之後，必然會制定憲法以確立國家的基本法秩序。其方式是由國民選出制憲代表，召開制憲會議制定憲法，最後由公民投票通過。憲法制定之後，制

憲會議與制憲代表立即解散，並依憲法規定選出國會議員及各級
首長，組成新國家的新政府。

　　第二種的「B型」是既存舊國家的制憲，一個國家原則上維
持國家的同一性、繼續性，但是為確立新的憲法秩序（例如，
主權歸屬、人權保障、權力分立等之變動），不受原有憲法的規
範，特別選舉制憲代表，召開制憲會議，廢除舊憲法制定新憲
法，並立即依新憲法組成新政府，則屬於另一種型態的制憲。

表 3-1　制憲與修憲的型態

	型態	內涵
制憲	A. 新國家制定新憲法	以新的制憲權選出制憲代表召開制憲會議，由國民認可之後，依新憲法規定，組織新政府。
	B. 舊國家制定新憲法	舊國家維持國家之同一性、繼續性：選出制憲代表，召開制憲會議制定新憲法，全面建立新政府。 可以變動憲法基本原理。 不受修憲程序拘束。
修憲	C. 舊國家部分修憲	不得變動憲法基本原理。 原則上只可修改一、二條文。 亦可由現任國會議員提出修憲案參與修憲。

　　A、B型在對外的國家之同一性、繼續性是否維持有所差
異，區隔其是獨立之新國家或者是既存舊國家；但是在對內的憲
法秩序之全面革新，可謂完全相同。B型事實上亦可對國家主權
範圍重新處理，制憲權（憲法制定權力）亦可以變動。A型是新
國家主權範圍之新界定，當然是一個嶄新的制憲權。B型則可能
是由君主制憲權轉變為國民制憲權，這樣因主權歸屬變動而導致
制憲權的變動；當然也可能是制憲權不變的制憲，只是變動舊憲

法基本原理。制憲型其制憲代表及制憲會議專責制憲，不具有其他權限或職權，也不能延續其職權至新的憲法體制成立之後。因此，制憲代表能以大公無私的精神，依立憲主義原理、原則來制定憲法，奠定國家長治久安之憲法秩序，可以不受舊憲法修憲程序及舊憲法基本原理之拘束，可以徹底改造舊憲法體制。制憲之後，政府必須依新憲法之規定重新組成，故可以全面推動政治革新，完全更替舊有的腐敗體制。同時，制憲也可以排除舊憲法體制下，被扭曲的舊憲法解釋、慣習與判例之拘束。

反之，C型的修憲則是使現行的憲法維持同一性、繼續性，因此不可更動現行憲法的基本原理。依憲法學理，修憲是在現行憲法規範幾近完美，人權充分獲得保障，政府體制順暢運作，國民普遍認同之情形下，僅因一、二條文與現實脫節，必須局部修改時為之。所以修憲必然有其限制，絕對不可修改現行憲法的基本原理（主權歸屬、人權保障、權力分立）部分。這是因為一般修憲並未選出特別代表，召開專門的憲法會議來提案修改，而只是委由既存的國會提案修改，故修憲權若未予限制，必然會導致國會議員為擴大本身權益，而破壞權力制衡關係，進而破壞憲法功能。

三、中華民國憲法之修憲方式違反憲法原理

對照以上憲法學理，中華民國憲法是1946年由包括中國大陸人民與蒙古人民在內的憲法制定權力所制定。這一部憲法與這些人民是不可分割的，這些人民有權制憲，當然也有權廢除這部憲法。當1949年，中國人民建立新政府，並於1954年制定中華人民共和國憲法之後，依憲法學理，中華民國憲法即自動被廢

棄。國民黨政權雖然勉強解釋為，因中國人民一時受北京政權壓制與欺騙而非法的制憲，所以這是短暫的現象，中華民國憲法仍應好好保存，以備將來反攻大陸之後帶回中國實施。

　　然而，中國人民四十多年來，已一再地行使憲法制定權力，制定過四次新憲法❶，北京政權穩定有效統治中國，已被國際社會普遍承認，成為代表中國的唯一合法政府。在此前提下，即使再完整保存過去中國人民所制定的中華民國憲法❷，事實上也不可能使這部憲法死而復生，或否認其被廢棄的事實。

　　任何一部憲法都必須有生命力，唯有與賦予其生命力的憲法制定權力同時存在的憲法，才有實質的意義，才是活著的憲法。憲法並非只因為其內容、理想完整而得以存在。憲法是因為有實際與其存在的憲法制定權力，這一個有生命的意思主體，不斷的對憲法加以解釋、形成判例而注入生命力，使其有適用運作的空間，使其成長且維持效力，這才能證明其實際存在。然而，1946年的中華民國憲法已失去生命力，事實上只是歷史所遺留的文件，因為其憲法制定權力已棄之而去，已另行制定過四部憲法。每一次中國人民制定新憲法，都是再一次否定過去的舊憲法。這一部國民黨所謂的「法統」憲法，由學理與現實上的各種角度觀

❶ 自 1949 年建國之後，中國首先在 1954 年制定憲法，該憲法被稱為「社會主義過渡型憲法」共 4 章 106 條；1975 的第二次制憲，被認為是「文革型憲法」共 30 條；1978 年的第 3 次制憲，被認為是「追求現代化政策的摸索型憲法」共 4 章 60 條；1982 年 12 月 4 日由第 5 屆全國人民代表大會所通過的現行憲法，則被認為是「現代化推動型憲法」共 4 章 138 條，該憲法在 1988 年、1993 年、1999 年、及 2004 年曾 4 次修改。參照參井敦著，《中國憲法の論點》，法律文化社，1985 年，頁 37。

❷ 國民黨對於修憲只在後面增補條文，不對原條文做文字更動，其理由即為完整保存帶回中國大陸向中國人民交代。

之，都無法再稱為「中國」的憲法。何況如今的國民黨政權，一方面已放棄戡亂，承認北京政權的合法統治，接納中國人民已制定新憲法的事實；一方面，亦規定由台灣2,000萬人選出代表來修改憲法。如此很明顯的，在台灣的憲法制定權力與原來制定中華民國憲法的憲法制定權力已完全不同，這是一個以2,000萬台灣人民為中心所形成的「新」憲法制定權力。國民黨政權即使用盡方法、手段，不動原條文或一機關兩階段的修憲，把原來中華民國憲法中的條文保存下來，再增補一些強化既得權益的條文附在後面，結果這樣一部憲法，仍是由「新」憲法制定權力所制定的「新」憲法。雖然其中拼湊了中國人民已廢棄的1946年中華民國憲法條文，但是依憲法學理，這樣的憲法絕對不能解釋為，是由中國人民行使憲法制定權力所做的修憲。這部憲法與中國及其憲法制定權力完全無關，所以並非延續下來的法統。此一法理，老一輩的國民黨憲法學者都很清楚，他們了解中華民國憲法的制定權力在中國，敗退到台灣的國民黨政權是沒有修憲的權力，故他們一再強調中華民國憲法一個字都不可以更改，否則就是否定中國人民的憲法制定權力，使憲法名實都中斷。故30多年來一直以「動員戡亂時期臨時條款」來凍結憲法，以象徵性的繼續維持中華民國憲法法統 [13]。

---

[13] 許慶雄，《憲政體制與中國關係》，知英文化公司，1995年，頁57-58。

伍、台灣不能以中華民國「第二共和」制憲——只能以新國家制憲

　　前已論及，1990年代以來中華民國憲法之修憲方式違反憲法原理，台灣不能再用修憲方式，維持中華民國憲法法統。台灣要成為主權國家，建立憲法新秩序，唯有使用制憲方式。以下則進一步分析，台灣也不能以中華民國「第二共和」方式制憲，台灣必須向國際社會「宣布獨立（Declaration of Independence）」，以新國家型態制憲。

一、國家主權與憲法秩序之關聯性

　　1576年布丹（Jean Bodin）在《國家論六篇》中指出，**⓮** 主權是國家絕對不可缺的本質，是最高的權力及獨立在各種法律之外的權力。因此，唯有經由主權擁有者以憲法制定權力才能制定高於各種法律、確定所有國家權力歸屬關係、明示各種國家權力支配原理的「憲法」。**⓯** 目前國際社會是由主權國家所構成，要參與任何國際組織、國際活動也都是以主權國家為前提要件。所以國家一定要有明確行使主權的領域範圍與對象，也就是一般所謂的領土與人民，才能使國家權力對外獨立自主不受他國干涉，對內是最高權力。國際社會除了主權國家之外，就是受中央政府管轄的地方政府，或是聯邦國家中的非主權國。這樣的政府與國

⓮ 布丹（Jean Bodin.1530-1596），"Six Livres de la République," *Frederick Copleston, A History of Philosophy*（New York: Doubleday, 1953, 1993），p 325.

⓯ 蘆部信喜，《憲法學I（憲法總論）》，有斐閣，1992年，頁220-249。

家，不能自主的制憲、修憲，也不能有獨自的憲法體制。❶

最近有所謂「新主權論」，認為國家主權並非絕對必要，隨著國際社會緊密的往來，主權受限已愈形普遍。然而，這是擁有主權的先進國（西歐各國）面對成熟的區域性國際社會，才能論議的理論。亞洲、非洲、中南美洲地區，國與國之間的紛爭對抗仍持續不斷，如何能無視現狀不談主權。特別是台灣處於國際孤立的情況下，要擠入先進國家之林，也應確立主權之後才能再談「新主權」理念。

何況國家對外的主權概念或許有重新定義的必要，但是國家內部以立憲主義為基礎所架構而成的國民主權原理，包括基本人權保障、民主制度、法的支配等都是必須堅持的理念。❶ 所以必須先確定是主權國家，並界定國家行使主權的統治、支配範圍，才能以「國民的憲法制定權力」制憲。

二、中華民國與中華人民共和國都自我主張是新政府並非新國家

中國國民黨政權一再強調，中華民國自1912年建國之後就繼續存立，中華民國雖喪失對中國大陸及中國人民的統治權、管轄權，但仍在台灣成為主權獨立國家。然而事實並非如此，這可從歷史方面證明。中國這一個國家是幾千年前即存在於人類社會的古老國家，我們所受的教育也已充分說明。因此1912年發生

---

❶ 有關主權與憲法之關連，參照杉原泰雄，《国民主権の研究》，岩波書店，1989年；同著，《国民主権の史的展開》，岩波書店，1985年。
❶ 江橋崇，〈国家、国民主権と国際社会〉，《講座・憲法學第2卷》，日本評論社，1994年，頁43-70。

的是推翻腐敗的滿清政府，建立民主的、國民的、共和的中華民國政府，這只是中國這一個國家的改朝換代，中國這個國家並未被消滅，當然也不可能誕生一個新國家叫做中華民國。法理論上1912年中華民國的建立，是新政府打倒中國的舊滿清政府，而不是脫離中國獨立，更不可能是消滅中國，建立一個名為中華民國的新國家。事實上也不可能，因為中華民國從來沒有留下任何一塊土地讓大清皇朝的中國得以繼續進行統治而存在；法理論上如果是分離獨立建立新國家，原本的國家必然是繼續存在。在歷史上從來就不曾出現一個國家被消滅後，於該國的土地上，以其原有的人民再建立一個新國家的例子，國際法上也沒有這種建立新國家的理論。❸

因此，中華民國推翻滿清的例子，並不是建國而是改朝換代，是政權的變動，是新舊政府的更換。所以，自從中華民國名稱出現以來，其目的一直是要成立一個中國的新政府，以繼承腐敗的滿清政府，而非從中國分離獨立建立新國家。中華民國從來沒有脫離中國成為一個新國家的主張，中華民國與中國是表裏合而為一的，中華民國政府從來沒有主張過要從中國分離獨立。換言之，原來有國家存在的領域及人民，根本沒有機會也不可能建立新國家，理論上只能推翻原有的政府，中華民國即是屬於此種情形所產生的中國歷代的一個政府。

一般形容中華民國是一個國家，實際上都是在說明中國是一個國家。所以過去中華民國在美國有大使館，中華民國有一百多

---

❸ 國際法建立新國家的主要四種類型：一、無主地形成新國家；二、合併形成新國家；三、分離獨立形成新國家；四、分裂形成新國家。參照山本草二，《国際法》，東京：有斐閣，2003年，頁171-172。

個國家承認，中華民國在聯合國是安理會常任理事國；沒有錯，
這些都曾經由中華民國政府代表，但是絕不能以此誤以為中華民
國政府就是國家。中國是國家，而某一時期是由中華民國政府代
表，故兩者重疊，但並不因此就使中華民國成為國家。「中華民
國」從來就不是一個國家，而是一個政府。雖然中華民國政府自
1949年起敗退到台灣，但其在聯合國的席次卻是代表當時「全中
國」的7至8億人民，代表在「全中國」這塊土地上的政府；[19]
所以不能以此就認為，1949年以後中華民國在聯合國的席次，就
是僅僅代表著不受中國統治的台灣地區、代表著在台灣的二千萬
人；同樣地，這也不代表中華民國在台灣已經從中國分離獨立，
是代表台灣地區的一個國家。

　　目前中華民國在世界上的23個邦交國，他們對於中華民國
的承認，也是承認中華民國是合法代表中國（包括中國大陸及10
多億國民）的政府，而非承認中華民國是與中國無關的、是在台
灣的另一個國家。[20]換言之，在邦交國眼中馬英九政府仍是代表
中國的合法政府，馬英九總統仍是中國及中國廣大土地、人民的
國家元首；所以北京對於在台灣的中華民國才要抗議，也有權封
殺其外交空間；而這些邦交國才會要求金援，否則要轉為承認北
京才是合法政府。所以，兩岸的外交戰仍然是停留在中國這一國

---

[19] 1949年敗退到台灣後一直到1971年為止，在台灣的中華民國政府在聯合國的會
　　員國年會費，即繳納包括中國大陸7至8億人在內，所計算出來年會費。

[20] 有關國家與政府之區別，國家承認與政府承認之區別，以及分離獨立建立新國家
　　與革命政變建立新國家之區別，各國國際法入門書籍皆有論述。參照日本国際法
　　事例研究会編，《国家承認》，日本国際問題研究所，1983年；同編，《国交再
　　開・政府承認》，日本国際問題研究所，1988年；王志安，《国際法における承
　　認～その法的機能及び効果の再検討～》，東信堂，1999年。

家內部合法、非法政府之爭的模式中。

由另一方面觀察，中華人民共和國也從未主張，要從中華民國政府統治下的中國分離出去獨立建國，就國共內戰的歷史來看，共產黨執政下的中華人民共和國政府並非主張分離獨立，所以中國並未分裂。如果中華民國政權不能夠反攻大陸，不能取代北京政府掌握中國大陸的政權，中華民國體制就變成一個叛亂體制。台灣人接受中華民國體制的統治，就代表台灣人甘願繼續在台灣叛亂，暫時不接受合法的北京政府統治，先偏安台灣等待不得已時只好投降。所以只要維持中華民國體制的現狀，台灣就不可能是國家。中國從來沒有分裂，至今仍只有一個中國，只是國家內部有一部分被非法政府所統治，合法政府（中華人民共和國）才要壓迫中華民國非合法政府快投降，這就是所謂的兩岸問題、台灣問題、一個中國問題。

三、國際社會都是以新政府承認中華民國與中華人民共和國

其次，國際法上的承認理論明確區分為政府承認和國家承認，其適用的區別就在於，新政權革命時的意圖是要建立一個新政府或是一個新國家。如果革命運動所欲追求的是建立新政府，那麼世界各國所給予的就是政府承認；如果革命運動所欲追求者為建立新國家，那麼世界各國就會認識到該革命運動的主張是想從母國分離獨立，基於客觀的事實認定而給予國家承認。

我們看孫文領導國民黨的革命，其目的就是要建立新政府，所以世界各國對中華民國的承認就是政府承認，承認中華民國取代滿清政府成為代表中國的政府。就歷史而言，中華民國本身從

來未曾向世界各國宣示要建立一個新國家，所以沒有任何一個國家給予中華民國國家承認，承認中華民國是一個與中國或大清帝國毫無政府繼承關係的新國家。我們可以由外交部等官方文件得知，自1912年以來，世界各國對於中華民國的承認，包括美、日、歐洲及其他曾經與中華民國有過邦交的國家，他們對中華民國的承認，都是承認中華民國政府成為代表中國的合法政府，國際社會所給予中華民國的是政府承認而非國家承認。如果各國對中華民國的承認是屬於國家承認，那麼依據國際法，國家承認是不能撤銷的；如果孫文領導國民黨革命後，世界各國對中華民國的承認是國家承認的話，即使今天中華民國的領土只剩下台灣，即使今天美國與中華民國斷交，甚至是交戰，依據國際法理論也不能撤銷對中華民國這個國家的承認。國際法上國家對他國作出國家承認之後即不能撤銷，受到承認的國家即永遠存在，除非國家被他國消滅，否則國家承認永遠存在。❷❶

　　另一方面，聯合國如何處理中華民國（中國）代表權問題的方式，也可以證明中華民國不是國家。1949年成立的中華人民共和國「政府」也是推翻腐敗的國民黨政府，建立屬於人民的政府，並非主張由中華民國（中國）分離獨立，建立新國家。因此，每年10月1日中華人民共和國政府明白指出是慶祝「建政（建立新政府）紀念日」，並非「建國紀念日」。中華人民共和國政府對外也是向各國要求對新政府的「政府承認」，並非要求「國家承認」。中華人民共和國對聯合國也是主張要取代中華民國舊政府的代表權，從來沒有提出申請加入聯合國，沒有提出申請

---

❷❶ 參照高野雄一，《国際法概論（上）》，東京：弘文堂，1990年，頁146。

書說中華人民共和國是一個新國家，要以新國家的身分申請加入聯合國。❷ 中華人民共和國政府是以代表聯合國創始會員國及安理會常任理事國的中華民國身分，以中華民國新政府的身分，要求聯合國將中華民國代表權，以及中華民國在聯合國之席次交予中華人民共和國政府。❷ 因為國民黨的中華民國政府已經是一個被中華人民共和國政府所推翻、所取代，成為不能合法代表中國的舊政府。中華人民共和國是以此種方式進入聯合國，要求國際社會給予政府承認，認定中華人民共和國是唯一合法代表中國的政府，聯合國於 1971 年即已作出此種認定的明確決議。

當一個舊政府喪失其原有的土地與人民，而由新政府實際有效地統治其原有的土地與人民時，國際社會當然認定新政府才是代表該國的政府，也因此聯合國才決議，由中華人民共和國政府來代表聯合國的創始會員國、聯合國安理會常任理事國的中華民國（當時中國名號），也就是中國這一個國家。中華民國體制的官方說法，說成中華民國被趕出聯合國，更是毫無根據的謊言。事實上，聯合國從成立之後就從來沒有趕出過任何會員國，從來沒有開除過任何國家的紀錄。不但沒有這種紀錄，譬如伊拉克入侵科威特，聯合國也未開除伊拉克的會籍，伊拉克到今天都仍然是聯合國的會員國；一個與聯合國對抗，與聯合國作戰的會員國都沒有被開除，更何況當時還是一個好好的中華民國怎麼可能會

---

❷ 中華人民共和國爭取聯合國代表權與國家承認及政府承認之法理，參照広瀬善男，《国家・政府の承認と内戦（上）》，信山社，2005 年，頁 235-279。

❷ 聯合國創始之初，中國是使用中華民國國號，且至今一直未更換，在聯合國正式網站即可查證。依據聯合國憲章第 23 條，「中華民國」仍為中國之國號，北京政權在聯合國是代表中華民國出席，目前依憲章及法理就是使用中華民國此一國號。

被開除？其實中華民國根本就沒有被開除，敗退至台灣的中華民國政府是因為被認定為叛亂體制，不能夠再繼續代表中華民國，所以才必須讓出中華民國的代表權，必須讓出中華民國在聯合國的席位，讓出中華民國在安理會的席位，轉由新政府中華人共和國政府來代表。❷ 聯合國並未驅逐中華民國，中華民國對國際社會而言，只是中國這個國家某一個時代的一個國名、一個政權而已，並非一個不同於中國的國家。所以，世界各國對中華民國的認定是，中華民國不是一個國家，中華民國只不過是存在於中國某一個時代的政府的名稱（國名）而已，中華民國政權敗退至台灣繼續叛亂，世界各國對於兩岸問題不願意也不能介入，因為北京平定叛亂是屬於一國內戰的問題，是中國的內政問題。

　　換言之，當中華民國體制成為中國的一個舊政府，國際社會都承認中華人民共和國才是唯一合法代表中國的政府時，在台灣的中華民國體制理所當然的就成為中國的一個叛亂體制，我們台灣人就成為被中國的叛亂體制所統治的叛亂地區的一分子。台灣人沒有國家的身分地位，台灣今日在國際社會上不能參與國際組織，以及為什麼台灣不斷面對中國武力威脅，原因就在於中華民國體制。因為在國際法上，它只是中國的一個叛亂體制的地位而已並非國家。更無可奈何的這也是 2,000 多萬人台灣人自己的選擇，選擇繼續維持中華民國體制的現狀，這就是主流多數維持現狀的惡果。

---

❷ 中華民國是聯合國創始會員國及安理會常任理事國，目前由中華人民共和國代表出席，在名稱上雖使用中國或英文的 CHINA，但是在憲章及正式名稱仍延續使用中華民國（Republic of China）。事實上由英文觀之，中華人民共和國（People's Republic of China）也可直接意譯為「人民的」中華民國。

　　因此，台灣如果不強調自己是主權國家，以追求獨立自主，反而繼續使用中華民國國名，或是企圖形成中華民國「第二共和」，就無法明確界定主權成為主權國家，無法制定憲法。國民黨政權一再維持中華民國體制的現狀，主張「只有一個中國，台灣是中國的一部分，台灣與中國要統一」，繼續增修《中華民國憲法》，使用中國台灣、中華台北等附屬於中國的名稱，結果只會導致國際社會認定台灣是中華人民共和國的地方政府。如此，則根本否定台灣人民有憲法制定權力，怎可能制定憲法。由此可知，台灣要制定憲法，最基本的前提要件是必須向國際社會「宣布獨立」，[25] 確定主權範圍僅及於台灣，絕對不包括中國與蒙古兩個主權國。其次，必須釐清的是台灣不能再代表中國，故不可使用中華民國或與中國有關的國名，當然也不能偽裝繼續施行中華民國憲法體制。如此，台灣人民才能擁有憲法制定權力制定新憲法，建立憲法新秩序。

陸、結語：台灣建立憲法新秩序之展望

　　憲法秩序的建立，除了需要有一部符合立憲主義精神與原理的憲法典配合之外，更重要的是憲法精神與實際運作的成長和發

---

[25] 世界上有不少古老的國家不知是否有發表過獨立宣言，或是不知何時宣布過獨立，但是這些國家必定會一再宣布自己是獨立國家。事實上世界各國在宣布獨立（Declaration of Independence）之後，仍然必需繼續不斷的宣布、宣稱自己是獨立國家，維護自己的國格，這就是國際法上「宣布獨立」的真正意義與重點所在。因為台灣從未主動、積極、持續的宣布獨立或主張是新國家，所以世界各國及國際組織依國際法法理，當然不可能承認台灣是國家，這與中國的反對無必然關係。

展，也就是一般所強調的憲法是否具備生命力與活力。憲法要成長發展且有實際運作效果，則更需要全體國民對憲法的理解與關心。因為即使有一部理想的憲法，仍需要有普遍具備憲法知識的學者專家才可能有效實施，更需要全體國民的維護才不致被破壞。因此，雖然現階段在國民黨政權刻意阻撓下，無法制定一部符合學理及台灣現況的憲法。但是無論如何，憲法、理念遲早總是要推廣，使人民都能體認憲法的重要性，否則是不可能建立憲法新秩序。同時，也唯有在全民進一步理解憲法理論之後，才能有效阻止政客為私利而修憲、制憲，阻止憲法淪為政客統治人民的工具。

1990 年代台灣制憲運動萌芽時期，雖然集結不少力量追求制憲建國目標，卻過分依賴民進黨的所謂「制憲國大」。結果這些國大代表進入體制後，有些擁抱現實積極參與體制內補破網式的修憲，有些基於政治利益企圖促成中華民國「第二共和憲法」，幾乎完全放棄繼續宣揚憲法理念、追求制憲的目標。因此，如何直接向台灣人民宣揚憲法理念，使全民廣泛參與制憲運動，才是當前建立憲法新秩序的重大課題。以下試以比較具體的方式，提供未來制憲運動應注意的部分：

一、參照先進各國憲法學理

制憲必須先充分整理先進各國的憲法學理，必要時應邀請各國憲法學者共同研討，以作為參考。立憲主義經由長期發展，已形成各國在制憲時，必須依循的種種基本原理。因此，以事前蒐集完備的憲法學理為基礎，再配合台灣的現實狀況，才可能制定一部理想的憲法。

二、形成國民共識

制憲必須先形成國民共識，凝聚出對憲法內容明確的輪廓，絕對不可精英制憲。例如，社會權應涵蓋哪些項目，其中哪些部分應具體保障；政府體制應採何種型態，國會議員任期幾年；違憲審查應採何種方式等等，都應經由各種團體的研討會、各地區的公聽會、全國性傳播媒體的公開討論，來形成國民的共識。

三、制憲代表應明確定位其職責

制憲代表應定位為「將國民對憲法內容已形成的基本共識，依立憲主義原理，予以條文化」的專業代表。因此，實際上制憲代表所能決議調整的實際內容是有限的，絕非依己見或代表各政黨利益，提出各種違背全民共識與憲法學理之主張。同時，制憲會議在確定憲法條文之後即解散，制憲代表並不能再享有其他任何政治上權益。如此才可防止自行擴權，約束制憲代表以客觀中立之立場，為全體人民制定完備的憲法。

四、憲法須經國民投票決定

制憲會議所通過之憲法草案，必須經由國民投票同意，才完成制憲程序。國民投票除了符合國民憲法制定權力原理之外，同時亦可經由投票過程，凝聚國民對新憲法之支持力量，確認憲法內容的合法性與正當性基礎。

最後，制定新憲法對當前的台灣，有何立即的效果與正面的意義，主要可以從以下幾點來思考：

（一）**全面革新的契機**：制憲才能廢除目前台灣在政治、經

濟、教育、社會風氣等各層面的弊病，落實全面整頓、徹底改造的轉型正義，不致東修西補徒然造成種種對立與腐敗的延續。

（二）**人治邁向法治**：經由廣泛論議、全民理解與支持的新憲法，才能使各黨派依循憲法規範盡其職責，建立權責分明人民信任的政府，使台灣由人治邁向法治。

（三）**彰顯主權國家地位**：制憲顯示台灣是主權獨立國家，亦表明台灣人民建立民主法治國家的意志，對於爭取國際社會支持，對抗中國併吞台灣的野心，都是最有效的後盾。

（四）**邁向福利國家**：制憲才能打破特權壟斷的政商勾結體制，建立以全民福祉為目標的國家體制，使台灣成為保障人權，重視社會福利的現代化國家。

第四章

中華民國過去的修憲經驗[1]

中華大學行政管理學系副教授

曾建元

壹、前言

　　憲法為政治共同體的最高社會契約，現代立憲主義國家莫不以憲法作為統治合法性與正當性的來源。無論如何，憲法作為現實具體存在的文本，至少提供一個較為明確的權力遊戲規則和政治承諾，而可作為政治協商的起點或是各種政治主張的最大公約數。所謂的憲法共識，表現的正應當是一種從尊重憲法出發的對於維繫政治共同體的信約❷，其深層的政治法律文化基礎是政治共同體成員共守的服從法律的習性（The Habitus of Obedience to Law），也因為如此，憲法方可以成為政治權力競爭的最低遊戲規則，亦可同時成為確認各種政治力量在政治上之議價與交易結果的政治契約書。

　　隨著社會變遷或政治衝突，各種社會或政治利益均會設法尋求最終在憲法的層次獲得權利的承認與保障，這些利益集團所支撐的政治力量，如何將其所代言的社會利益表述為一定的政治主張，爭取多數人民或政治精英的認同和支持，進而載入憲法，上升成為國家意志，乃是憲法政治（Constitutional politics）的重要課題，但憲法政治最重要的效果，就是在展開憲政改革的同時，

---

❶ 本文初稿曾於 2011 年 8 月 27 日下午假臺中逢甲大學第九國際會議廳中華發展基金管理會主辦、逢甲大學公共政策研究所、公共政策研究中心及中華公共事務管理學會共同承辦之兩岸青年學者論壇《政府治理》研討會上，以〈中華民國歷次修憲模式之研究〉篇名宣讀，感謝逢甲大學公共政策研究所馬彥斌所長的評論。
❷ 前行政院長謝長廷於 2011 年 1 月 10 日曾召開〈憲法共識 vs. 九二共識〉記者會，主張臺灣內部應以「憲法共識」解決國家認同爭議。詳參曾建元〈兩岸兩憲—憲法共識與各表的交集〉，美國：民主中國網，2011 年 1 月 23 日。

憲法民族塑造（Constitutional Nation Building）和憲法國家打造
（Constitutional State Building）的憲政工程也在進行，而通過憲法
此一社會契約的共同參與審議和議決，自然，有關服從法律的習
性，亦將基於維護和認同這一新憲法秩序的感性和理性而更加普
遍和內化❸。

　　臺灣並未參與中華民國之建國。1945年臺灣脫離日本的殖民
統治，由於國民政府在對日本抗戰勝利後的和平建國規劃，有來
自台灣的代表參與中華民國1946年12月制憲，是以當1949年10
月中華人民共和國建國，臺灣成為中華民國於中國內戰潰敗後統
治權殘存之領土，《中華民國憲法》基於中國之龐大治理架構，
便成為島國臺灣之治理所無法承受之重，換言之，臺灣作為一個
政治共同體單元所需的是一套適應於自身治理條件的憲法架構；
然而在憲法架構之外，臺灣還另存在著國家認同的問題，這一問
題的發生和中國國民黨黨國治理臺灣的失策有關，而臺灣的國際
法地位在日本因第二次世界大戰戰敗而放棄對臺灣主權之後，又
未經〈舊金山和平條約〉（The Treaty of Peace with Japan）和〈中
日和平條約〉明文確認其歸屬，只是在後者以中華民國為對象安
排戰後臺灣之復員善後處置，但日本內閣總理大臣吉田茂同時又
在國會參議院外交委員會表明不同意中華民國可以代表中國全面
處理戰後中日關係❹，此則又提供臺灣民族主義者的另一種想像

---

❸ Armin von Bogdandy, Stefan Häußler, Felix Hanschmann and Raphael Utz, " State-
Building, Nation-Building, and Constitutional Politics in Post-Conflict Situations:
Conceptual Clarifications and an Appraisal of Different Approaches, " *Max Planck
Yearbook of United Nations Law, Volume 9, 200*, pp. 579-613.

❹ 曾建元，〈國民主權與國家認同〉，《中華人文社會學報》，第4期，新竹：中華
大學人文社會學院，2006年3月，頁62-64；司馬桑敦，〈自序－記1952到1977

空間，因而當中華民國統治臺灣的合法性受到質疑的同時，中華民國能否代表中國也受到質疑。

　　儘管《中華民國憲法》作為臺灣憲法文本的形式和內容歷來均受到不等的挑戰，《中華民國憲法》畢竟仍是臺灣唯一具有實效性（efficiency）的立憲主義憲法文本，其所彰顯的普世價值，為臺灣朝野所共同信守，因而縱使臺灣民族主義與臺灣民主運動的合力尚不足以創造出足以完全取代中華民國的臺灣新國家，《中華民國憲法》仍然可以作為臺灣政治的最大共識基礎，職是之故，臺灣的民主化歷程，乃不得不環繞著《中華民國憲法》的修正而同步展開，《中華民國憲法》的修正乃為臺灣憲法變遷的主要途徑，自亦為臺灣憲法政治的中心議題。

　　傳統憲法學所討論的憲法變遷，主要為憲法未修改，而現實上憲法規範的意涵在和平狀態中產生變化者❺。但這一定義並不適合於民主轉型或新興獨立的國家，因為這些國家面臨憲政秩序重整的重大需要，而這一問題的解決，未必能在原來的憲法文本形式當中所可以處理，因而轉型學下的憲法政治學所討論的憲法變遷概念，乃必須將憲法文本的修改加以納入❻。其中，國家憑藉國民制憲權，以憲法革命的方式制定新的憲法文本，是一種憲法變遷途徑；遵循既有體制，在既有統治者和新興政治力量間尋求妥協，進行修憲，是一種途徑；又或者通過立法、政治慣例與

的重要轉折〉，《中日關係二十五年》，台北：聯經出版事業公司，1978 年 2 月，頁 3-10。

❺ 許志雄，〈憲法變遷〉，《憲法秩序之變動》，台北：元照出版有限公司，2000 年 10 月，頁 99。

❻ 曾建元，〈一九九零年代臺灣憲政改革之研究——民族主義與民主轉型的觀點〉，台北：國立臺灣大學國家發展研究所博士論文，2002 年 7 月 31 日。頁 48-49。

司法實踐填補憲法規範的空缺，亦是一種途徑。如以顯性的憲法文本變動觀察憲法變遷，制憲與全面修憲的界定則較為模糊，其法理邏輯上的差異在於新憲法文本的制定是否係依據既有憲法之修正程序，而政治邏輯則實際繫於新興的政治力量是否大到足以推翻舊體制和以新的文本創造新的憲政秩序。❼ 我國的民主化採取的途徑是變革（transformation）模式，指的是執政精英帶頭實現民主❽，原因是執政的中國國民黨黨主席蔣經國和李登輝先後基於國家與政權生存的考慮，而於反對運動還不足以強大到威脅政權的情況下，順應民意，因勢利導，展開自由化與民主化進程，並且以自身黨國的權威、權力和資源保證寧靜革命的成功❾，正因民主化採變革模式，乃根本決定憲政體制和憲法文本的選擇，只能訴諸於向後的正當性（backward legitimacy），即黨國所依恃的所謂法統，《中華民國憲法》，並且因為朝野共識不足、制憲論者政治實力不夠，而沒有能力一次到位更新憲法文本，因而為兼顧政治改革與政局穩定的雙重目標，而以多次漸進修憲之方式展開憲法變遷❿。

---

❼ 但如果從國民主權的主體來看，臺灣人民作為《憲法增修條文》的制憲權主體，顯然不同於中國人民之於「憲法」，因而亦有基於此主張臺灣修憲為實質之制憲，亦即憲法革命者。詳見張嘉尹著，行政院研究發展考核委員會主編，〈憲改與國家認同的統獨爭議〉，《憲改方向盤》，台北：五南圖書出版股份有限公司，2006 年 4 月，頁 62；曾建元、彭艾喬，李炳南主編，〈第七次修憲與公投入憲〉，《二○○五臺灣憲改》，台北：海峽學術出版社，2008 年 6 月，頁 192-193。

❽ Samuel P. Huntington 著，劉軍寧譯，《第三波－二十世紀末的民主化浪潮》，台北：五南圖書出版有限公司，1994 年 9 月，頁 128-139。

❾ 林佳龍、曾建元，〈臺灣民主轉型中的精英選擇－論蔣經國與李登輝的領導典範〉，《中國史研究》，第 72 輯，大邱：中國史研究，2011 年 6 月。

❿ 葉俊榮著，行政院研究發展考核委員會主編，〈從全球憲法變遷的趨勢看臺灣憲政改造的定位〉，《憲改方向盤》，台北：五南圖書出版股份有限公司，2006 年 4 月，頁 5-8。

　　「憲法」的修正，則必須遵循著「憲法」所先定的憲法修正程序，但憲法修正程序亦不排除可以通過修憲來加以變更。修憲要能夠實現，則至少修憲的規定必須滿足，而修憲規定得以滿足，則意味著支持修憲者擁有足夠的政治實力以完成修憲，這包括取得依修憲程序通過修憲所需要的贊成票數，以及獲得社會支持修憲的高度共識。因而如何達到修憲的目標，不能僅憑正式的修憲程序，因為沒有凝聚朝野共識的過程，不會產生修憲的動能。因此本文所要探討的修憲模式，採取的是新制度主義（new institutionalism）的視角，將正式制度結構中的憲政機關、修憲程序，以及非正式制度結構中的政黨體系、政黨意識型態皆納入思考[11]。蓋《中華民國憲法》自1991年至今，已歷經7次修正，修正的動因皆與政黨政治生態的變化有關，而修正的範圍亦包括修憲程序。本文乃欲就修憲程序與政黨政治生態兩個變項，探討歷次修憲研議之過程，嘗試建立不同之修憲模式，分析其成功之因素或可取之經驗，以作為今後臺灣朝野推動憲政改造或議決國家重大政策之參考。

貳、修憲程序規定之演變：國民大會集中修憲

　　《中華民國憲法》係依政治協商會議關於修改《中華民國憲法草案》（五五憲草）之12項原則決議，在憲草審議委員會由張君勱主稿、雷震整稿之《政治協商會議憲法草案》的基礎上，經立法院以三讀程序完成《憲法草案修正案》，提交制憲國民大

[11] 曾建元，〈一九九零年代臺灣憲政改革之研究－民族主義與民主轉型的觀點〉，台北：國立臺灣大學國家發展研究所博士論文，2002年7月，頁36。

會，而於1946年12月25日三讀議決通過，1947年元旦由國民政府公布，1947年12月25日起實施。行憲伊始，因中國共產黨之內戰烽起，第一屆國民大會第一次會議於1948年4月乃有〈動員戡亂時期臨時條款〉之制定，授權總統實施國家緊急權，凍結部分「憲法」本文。1949年10月1日，中華人民共和國建國，《中華民國憲法》之有效實施法域限縮而僅餘中華民國有效統治之臺灣及若干島嶼。1991年4月，第1屆國民大會第2次臨時會廢除〈動員戡亂時期臨時條款〉，並進行第1次修憲，就國家統一前臺灣憲政發展之需要，制定《中華民國憲法增修條文》。

《中華民國憲法》第174條規定之修憲程序如下：

「憲法之修改，應依左列程序之一為之：

一、由國民大會代表總額五分之一之提議，三分之二之出席，及出席代表四分之三之決議，得修改之。

二、由立法院立法委員四分之一之提議，四分之三之出席，及出席委員四分之三之決議，擬定憲法修正案，提請國民大會複決。此項憲法修正案，應於國民大會開會前半年公告之。」

由於中華民國統治中國時期，面對廣土眾民，治理能力上乃存在時空上之限制，乃以國民大會代替全國人民行使政權，政權即為國民主權之行使權利，故而在修憲程序之設計，亦由國民大會以代議機關之形式與程序，代表全國人民行使修憲權，因而為一獨占修憲議決權之特設機關。惟國民大會代表與選民之關係係法定自由委任關係，國代非僅為其選區選民之民意代表，亦於與其他選區之國代意思融合後，成為全體國民之代表，因此國代之議事，並不受選民意志之機械拘束，而擁有完整之意思自主空間，雖然原選區選民亦有權發動罷免予以解職。

　　制憲之時，國民黨與在野黨對於國民大會的定位見解不同，國民黨主流意見堅持維護孫中山之遺教，認為孫中山於《國民政府建國大綱》第24條中所設計的國民大會為代表人民行使中央統治權之常設國家最高權力機關，行憲後的國民大會應具有同樣的性質，但中國民主同盟之張君勱則亦根據孫中山《三民主義・民權主義》直接民權的學說批評國民大會之建制化為間接民權，違背孫中山之遺教，而主張國民大會無形化，公民投票運用選舉、罷免、創制、複決四權就是國民大會 ❿，張君勱的見解雖獲得政治協商會議的支持，但國民黨則不滿〈政協憲草修改原則〉破壞〈五五憲草〉原理，於第6屆第2次中央委員全體會議決議堅持國民大會應為有形之組織，用集中開會之方式，行使《建國大綱》所規定之職權，其召集之次數，應酌予增加。國民黨政協代表立法院長孫科和國民參政會祕書長邵力子迫於黨內壓力，請求政協各黨派同意修正，中國共產黨中央軍事委員會副主席周恩來乃特別徵得張君勱同意，對國民大會恢復為有形化做出讓步，惟其組織與權力需再行確定 ⓭。最後決定以國民大會為總統選舉人大會，6年始集會一次，並使其擔負修改憲法的責任，類似美國總統選舉人團與修憲大會之集合體，至於國大之創制、複決兩權則以俟全國有過半數之縣市曾經行使該兩權時，再由國大制

---

❿ 梁漱溟，孟廣涵主編，〈參加舊政協的經過〉，《政治協商會議紀實（上卷）》，重慶：重慶出版社，1989年10月，頁732。

⓭ 羅隆基，四川大學馬列主義教研室中共黨史科研組選編，〈從參加舊政協到參加南京和談的一些回憶〉（節錄），《政治協商會議資料》，成都：四川人民出版社，1981年3月，頁505；雷震，《中華民國制憲史－政治協商會議憲法草案》，板橋：財團法人自由思想學術基金會，2010年4月，頁98-99；張學仁、陳寧生主編，《二十世紀之中國憲政》，武漢：武漢大學出版社，2002年6月，頁214-215。

定辦法並行使之為由，予以無限期的延期❶。而關於國大之修憲權，憲草審議委員會在〈憲法草案修正案〉第150條中只賦予其修憲複決權和修憲原則創議權，張君勱、雷震、王寵惠等等參與〈憲法草案修正案〉最後定稿的當年中華民國最為傑出的一批憲法學者，對於國大獨擁修憲權的情形深懷戒懼，因而在他們的構想中，修憲提案權歸立法院，「由立法院立法委員四分一之提議，四分之三出席，及出席委員三分二之決議，制成修正案，提請國民大會複決」，國大只能創議修憲原則，具體條文仍只能由立法院擬定提請國大複決❶。他們對於制衡的觀念掌握地十分清楚分明。

　　〈憲法草案修正案〉送進制憲國大之後，制憲國大一度回復〈五五憲草〉中的國大職權，中國民主社會黨、中國青年黨以退出制憲為警告，要求制憲國大依照〈政協憲草〉即〈憲法草案修正案〉通過「憲法」，國民黨總裁蔣中正亦不願背負一黨制憲之罵名，乃強力運作迫使黨籍制憲國大代表讓步❶，折衝結果，國大仍享有單獨的修憲權，不再受制於立法院，而立法院之修憲提案則還需經半年之公告。

　　雖然張君勱稱「憲法」本文中的國大地位等於是一選舉機關，與美國的總統選舉人團略相類似❶，國大之實質與美國總統

---

❶ 張君勱，《中華民國民主憲法十講》，台北：重印版，1997年3月，頁59。雷震，《雷震專論集─制憲述要》，台北：桂冠圖書股份有限公司，1989年9月，頁18-19。

❶ 杜強強，《論憲法修改程序》，北京：中國人民大學出版社，2008年9月，頁278-279。

❶ 雷震，《中華民國制憲史─制憲國民大會》，板橋：財團法人自由思想學術基金會，2011年9月，頁133-135。

❶ 同前註❶，頁59。

選舉人團仍有極大差異，此因美國總統選舉人與其選民之關係
最初固然為自由委任或代表委任（mandat representatif），即容許
總統選舉人本於良知與專業做出較之選民更為冷靜而準確的判
斷，但因依法總統選舉人應向選民及所屬政黨明白承諾投選何
人為總統，及至其行使選舉總統之職權，不過是在履行原來的
承諾，所以已趨近於直接選舉，而係受選民之命令委任（mandat
imperatif）。近代各民主國家率皆否認命令委任，因為如此一
來，一部分之選民豈非得以拘束全國人民的代表或受託人？因而
如1875年法國〈眾議院組織法〉第13條即規定：「一切命令委任
俱無效力」，國大是民意機關，自然亦不完全受其選區選民個別
之訓令 ⓲。

　　雖然政協洞悉擁有無可制衡的最高權力的國大建制對憲政制
度運作的可能傷害，因而極力抑制國大的功能，並且將修憲議決
門檻由〈憲法草案修正案〉中的出席代表三分之二提高為四分之
三，進一步增加修憲的難度，然事實上，國大的制度自主性亦
因國大的政權機關地位而被誘發，在臺灣經由自由選舉產生的第
二屆國代即挾其民主正當性擴大國大的憲政功能，1992年5月第
2屆國大第2次修憲，修正〈增修條文〉第11條，大幅增加「憲
法」本文中所無的國大職權，並使國大基於對總統國是建言，擁
有每年集會的權利，自此國大性質丕變，成為常設化的機關，並
因常設化，逐漸形成其機關自主性，而以修憲權作為籌碼，對轉
型國家展開政治交易，不斷要求擴權或改制為國會；1994年3月
第2屆國大第2次臨時會第3次修憲，同意國大每年召開常會，

⓲ 王世杰、錢端升，《比較憲法》，北京：中國政法大學出版社，1997年12月，頁
　197-198；244-245。

更同意國大自第3屆起得以自選議長,此皆根本違背「憲法」對於國大之定位,不僅妨礙人民直接民權的實現,也干擾政府和立法的正常運作,以致成為憲政改革中的亂源,而成為被改革的對象。

主張國大常設化的理由,主要為監督總統和制衡立法院,此因1997年第4次修憲,表面上總統任命行政院長不必再經立法院之同意,但國、民兩黨之憲改主張皆聲稱遠溯自法國第五共和憲法,因而在理論上確立我國憲政體制為半總統制(雙重行政首長制、總理總統制),即總統在立法院多數支持的情況下,可以自行任命行政院長,並透過行政院長主持國政,是實質的行政首長[19],乃因此而主張總統必須有國大進行監督。但這一主張卻忽略:無論如何,在形式上,國家行政都是一體的,無論換軌為總統主政或行政院長主政,乃不可能將之割裂而分別監督;國會亦然,兩議院制的國會對外仍是一體,如果國大無法改制為國會上議院,反而濫用修憲權或創制複決權,使自身權力最終凌駕於立法院而變成太上國會,則立法院的存在其實就無必要,而無人可制衡的太上國會,則也就有極大可能成為不受控制、濫用權力自肥的憲政怪獸。

參、修憲程序規定之演變:國民大會複決修憲

爭議許久關於國大改制的辯論,在1997年國家發展會議終於出現結論的方向,即「凍結國民大會的創制複決權,人民得

---

[19] 同前註[10],頁246-248。

就全國性事務行使創制複決權」、「國民大會代表的總額適度減少，改由政黨比例代表產生，並自下屆（第5屆）起停止選舉，任期維持四年」兩項共同意見，這一在理論上推翻國大得作為政權機關而存在的基礎，一則根本地消除國大的制度自主性，使之完全受控於政黨。國大的制度理性和民主正當性乃因此而遭到致命的否定，而對第3屆關於國大制度改革方向從此發生鎖定的效果[20]。

　　1999年第五次修憲出現戲劇性的變化，而關於修憲程序，亦隨著國民大會性質之變更和廢除，乃有進一步的更迭。國大制度和修憲程序之更迭，和中華民國在臺灣統治的客觀條件有關，亦即以臺灣有限之幅員以及當代之行政管理技術，已經可以克服人民直接行使主權的技術障礙，以代表全國人民行使政權之需要建置國民大會之必要性與正當性皆已不在，因而「取消國民大會」，早自1990年3月台北野百合學生運動納入4大訴求之後，即已逐漸成為法政學界和具有臺灣主體意識國民之共識。1999年9月，第3屆國民大會第4次會議通過第5次修憲，修正〈憲法增修條文〉第1條，國大代表選舉以立法委員選舉各政黨所推薦名單得票數之比例分配當選名額，亦即以依附立法委員選舉之比例代表制方式產生之，並隨立委選舉而改選。如是，則除開少數之獨立參選人，國民大會代表個人之意志自主空間乃大為限縮，形同選民或政黨之命令委任代表，而對於所屬政黨以其所代表民意所為之主張，乃應為機械之反映，否則依〈司法院大法官會議釋

---

[20] 李炳南、曾建元，〈第五、六次修憲國會制度改革－相關議題之政治邏輯與法理分析〉，《人文及社會科學集刊》，第14卷第1期，台北：中央研究院中山人文社會科學研究所，2002年3月，頁121-122。

字第三三一號解釋〉之意旨，政黨推薦之民意代表如喪失其所由選出之政黨黨員資格時，應喪失其中央民意代表之資格，一旦政黨以違反黨紀為由開除黨籍，其黨籍國大代表職務也就同時遭到解除。

　　至於國大修憲之職權，第5次修憲〈增修條文〉第1條第6項則規定：「……四、依憲法第27條第1項第3款及第174條第1款之規定，修改憲法。五、依憲法第27條第1項第4款及第174條第2款之規定，複決立法院所提之憲法修正案。」完全同於「憲法」本文之規定，於此則存在一重大問題，即全額比例制下之代表，議事意思之是否自主，端賴政黨放手與否，實際上，政黨乃可藉由黨紀控制國代，使政黨的意志在實際上反而絕對地凌駕國代，而若有單一政黨獲得國大過半數席次，該黨黨中央即可完全主導修憲之過程與結果。這一制度設計顯然違反19世紀以來禁止對議員為命令委任的憲政觀念，同時也實際上使政黨代替人民行使國家主權，甚至有導致單一政黨獨裁的危險。所幸第5次修憲最後經司法院大法官於〈釋字第四九九號解釋〉中，以國代和立委同時延長本屆任期至2002年6月30日，違反民選公職人員定期改選所彰顯之民意政治、責任政治等「憲法」基本價值，加以認為修憲違背正當程序，乃於2000年3月24日公布解釋之同時宣告予以廢棄，第4屆國大代表選舉遂未能依第5次修憲條文舉行，該一修憲程序亦未嘗真正施行過，即一切皆回歸於第5次修憲前之狀態。

　　第6次修憲於2000年4月由第3屆國民大會第5次會議完成，國民大會與修憲程序之相關規定皆有所修正，第6次修憲之〈增修條文〉第1條第1項規定如下：「國民大會代表三百人，於

立法院提出憲法修正案、領土變更案，經公告半年，或提出總統、副總統彈劾案時，應於三個月內採比例代表制選出之，不受憲法第26條、第28條及第135條之限制。比例代表制之選舉方式以法律定之」；第1條第2項規定：「國民大會之職權如左，不適用憲法第4條、第27條第1項第1款至第3款及第2項、第174條第1款之規定：一、依憲法第27條第一項第4款及第174條第2款之規定，複決立法院所提之憲法修正案。……」第1條第3項規定：「國民大會代表於選舉結果確認後十日內自行集會，國民大會集會以一個月為限，不適用憲法第29條及第30條之規定」，第1條第4項則規定：「國民大會代表任期與集會期間相同，憲法第28條之規定停止適用。第3屆國民大會代表任期至中華民國89年5月19日止。國民大會職權調整後，國民大會組織法應於二年內配合修正」。國大代表以全額比例代表制由選民直接選舉產生，國代即依各政黨之得票率，由各政黨依其提名名單，依序分配黨籍國代候選人之當選席次，個別候選人得票率如達到可分配席次之最低得票率門檻則可當選，但不同於以往的是，第6次修憲則使國大取法於美國的總統選舉人團，僅依行使特定職權之任務而選出，任務完成即任滿，並非為一常態性之建制。而關於任務型國代與選民之關係，雖然聲稱一如當代美國總統選舉人與其選民之關係，亦承襲第5次修憲之構想，為命令委任關係，所不同於第5次修憲者，為提名國代候選人之各政黨，必須事前表明其對特定憲政任務的立場，於此而與支持該黨的選民形成一政治契約，該一政黨黨籍之國代倘若在修憲複決之記名投票中違反原先之政治承諾，則依〈國民大會職權行使法〉第8條之規定，該一票在修憲複決中以廢票論。〈國民大會職權行使法〉第10條第

1項將修憲複決門檻訂為國代總額四分之三以上同意，計算基準非以出席國代，亦非以有效之複決投票，故此門檻之高，在比較憲法史上大概空前絕後。理論上，因國民大會已無修憲提案權，僅有憲法修正案之複決權，而立法院之修憲提案則係經三讀程序與特別多數決議完成，加以立法院為日常民主政治運作之中心，各黨政治精英集中之機關，由各政黨依比例分配產生之國代，欲推翻各該政黨於立法院所同意之憲法修正案，除非各該政黨於修憲案特定內容之立場前後有重大轉變，否則就各政黨內部之政治生態、政治倫理與政黨紀律而言，殆無其可能。在此之外，更殊難想像有未參與立法院選舉與運作之政治或社會力量有能力推翻立法院所代表之民意，所以立法院所提出之憲法修正案未通過國大複決之機率乃微乎其微。

　　第6次修憲後之修憲程序，係將修憲案審議與擬定的正式程序，由國民大會完全地移轉至立法院，國民大會形式上非常設化與半無形化之職權包括修憲複決之準公民複決機關，國代選舉實質則為準公民複決❷，國大本身也就無異是人民的複議代表❷，而因選民在任務型國代選舉中的投票行為，仍受原先之政黨支持傾向所支配，不太可能有太大比例會不認同所支持政黨的修憲立場，因而只要憲法修正案在立法院獲得多數政黨之支持而通過，選民對於這些政黨的支持便會在政黨比例代表制國代的選舉中轉化為對這些政黨修憲行動的一種授權或認可，換言之，立法院就此成實質的修憲機關。

　　2004年8月，第5屆立法院依「憲法」第174條第2款通過以

---

❷ 同前註，頁156。

❷ 陳新民，《憲法學釋論》，台北：自版，2011年9月，頁431。

國會制度改革為主要內容的第 7 次修憲憲法增修條文修正案，該
一憲法修正案在立法院除得到國、民兩黨的支持外，亦得到親民
黨與臺灣團結聯盟兩個小黨的支持，換言之，在立法院擁有席次
之所有政黨皆表態支持，按說四黨及其支持者在 2005 年 5 月任務
型國代選舉中當皆持贊成修憲之立場，詎料，親民黨與臺灣團結
聯盟立場逆轉為反對，惟因「憲法」並未明確規定國大複決之門
檻，雖然理論上為相對多數為已足，故而只要國、民兩黨能贏得
國大過半席次，至少可以主張以相對多數甚至全體席次過半數為
複決門檻。2005 年 5 月 14 日國代選舉結果，國、民兩黨囊括超過
五分之四席次，為使修憲順利完成，兩黨於 20 日立法院通過的
〈國民大會職權行使法〉中，便慷慨地規定修憲複決的門檻，並
且將之提高為四分之三，最後順利完成修憲 ❷❸。

　　2005 年 6 月之第 7 次修憲，即依第 6 次修憲所通過之修憲程
序為之，該次修憲則又進一步修正修憲程序，新修正之現行〈增
修條文〉第一條第一項乃規定：「中華民國自由地區選舉人於立
法院提出憲法修正案、領土變更案，經公告半年，應於 3 個月內
投票複決，不適用憲法第 4 條、第 174 條之規定。」第 12 條則再
規定：「憲法之修改，須經立法院立法委員四分之一之提議，四
分之三之出席，及出席委員四分之三之決議，提出憲法修正案，
並於公告半年後，經中華民國自由地區選舉人投票複決，有效同
意票過選舉人總額之半數，即通過之，不適用憲法第 174 條之規
定。」此次修正並未改變既有由立法院提案的程序，卻根本地廢

---

❷❸ 曾建元、彭艾喬，李炳南主編，〈第七次修憲與公投入憲〉，《二○○五臺灣憲
　　改》，台北：海峽學術出版社，2008 年 6 月，頁 189；謝政道，《中華民國修憲
　　史》，深坑：揚智文化事業股份有限公司，2007 年 7 月，頁 471。

除國民大會之建制，將其複決憲法修正案之權力，回歸予人民直接行使，即公民複決。

表面上看，第7次修憲似乎為向政協修憲原則中的無形國大的復歸，為人民對其主權的直接行使，但「有效同意票過選舉人總額之半數」之可決門檻，卻在實際上幾乎根本地阻卻修憲案通過公民複決的可能性。該一門檻規定係〈公民投票法〉第30條關於複決可決門檻規定的援用，該條之規定為：「公民投票案投票結果，投票人數達全國……投票權人總數二分之一以上，且有效投票數超過二分之一同意者，即為通過」，問題是，「有效同意票過選舉人總額之半數」這樣的規定只採計有效同意票，要求支持者積極表態和進行動員，反對票或棄權票的效果都一樣，皆不獲採計，實則等於將不表態或棄權者視同反對者。事實上棄權者在表意的形式上乃是無意見，並不同於反對者，因此這一規定背後的精神，乃於公民複決修憲並不友善，而有意增加其制度性之障礙，以致根本妨害人民主權的真正實現。日本關於修憲複決之可決，依其日本國憲法第96條和國民投票法之規定，國會通過之憲法修正案僅需獲國民公投有效票過半數支持即可，因而支持或反對修憲者，皆應於投票中表態。這一規定，使正反雙方武器相當，必須同時對人民進行遊說和爭取，而可使人民在此一過程中，對於修憲的主張及其效果有更多的認識和承擔，此一以有效票過半數為基準的可決門檻設計，乃遠較我國為合理。

第7次修憲後我國「憲法」之現行修憲程序，由於門檻甚高，修憲案難以通過，基本上乃完全阻絕通過修憲展開憲法變遷的機會，而使「憲法」反而在某種意義上成為臺灣未完成的民主轉型過程的最後障礙。陳水扁總統雖認為取消國大建制而將公投

入憲之後，我國對中國大陸的法統象徵作用無所附麗而消失，兩千三百萬臺灣人民可以自行決定未來憲改的任何版本，使現行「憲法」的臺灣憲法特質更加突顯，而或可稱之為「憲法一臺」，[24] 但不合理的修憲程序乃至於〈公民投票法〉規定，反而使臺灣人民今後無法真正行使直接民權。

由上可知，第1至6次修憲，其所適用之程序皆為「憲法」第174條第1款之規定，國民大會獨占修憲之發動權與議決權；第7次修憲則依「憲法」第174條第2款規定，由立法院發動，復依第6次修憲後之〈憲法增修條文〉第1條規定，由任務型國民大會複決。

肆、憲法政治生態的變化及其影響

7次修憲之間，第1至6次修憲，共經歷3屆國民大會，第7次修憲之修憲提案則由第5屆立法院三讀議決通過提出，任務型國民大會複決通過。

第1屆國大於1948年3月開幕於南京，第1屆國代以中國大陸事實上因中華人民共和國之統治無法辦理改選為由留任，雖然動員戡亂時期於臺灣進行第一屆國代之補選與增額定期改選，臺灣人民所定期選舉之國代席次，與國大總席次相較，乃不成比例。就以第1次修憲時之第1屆國大代表結構為例，全部619席代表中，只有84席為臺灣增額代表，換言之，具有臺灣民意基礎的代表席次僅占國代總額百分之13，而百分之87未經定期改

---

[24] 王宗銘，〈扁馬會／當憲法大陸法統不在時，扁：也許可稱憲法一台〉，台北：《今日新聞網》，2006年4月4日。

選之資深國代，則絕大多數為國民黨籍或親國民黨之花瓶小黨中國民主社會黨、中國青年黨籍代表，而就以國民黨為例，該黨不分資深和增額代表，所占席次即達第1屆國大第2次臨時會全體出席代表的百分之89[25]。由於第1屆國大第8次會議原擬修正之〈臨時條款〉，未能納入國會全面改選之規定，竟然還延長增額國代任期為9年，每年開會，和解除行使創制複決權之限制等等，非但未能滿足臺灣人民對於國會全面改選之期待，更涉及擴權與自肥，因而引起強烈民怨，從而引爆野百合學運。基本上，第1屆國代多數以法統自居，不願在臺灣遭到改選，與李登輝擔任黨主席而期待主導國會全面改選議題的國民黨中央立場相左，這也因此一度連累李登輝參與第1屆國大選舉之第8任總統選情。但見識學運和臺灣民意的反彈，第1屆國大盱衡情勢，為保令名，終究仍得支持國民黨中央所定下之一機關兩階段之修憲策略。依國民黨之規劃，召開第2次臨時會議，進行第1次修憲，制定〈增修條文〉，賦予國會全面在臺灣改選之法源，從而終結自身之任期，此是為程序修憲，再由臺灣選出之第2屆國大進行臺灣憲政秩序之重建，是為實質修憲。[26]

第2屆國大於1992年成立至1996年改選，國民黨仍擁有絕對多數席次，在總席次403席中擁有318席，占有席次比例達百分之79，明顯超越修憲可決門檻四分之三多數，民進黨席次僅占百分之18，共75席，未達足以否決修憲的四分之一議席，甚至必須聯合所有在野力量，始能勉強達到法定五分之一席次的修憲

---

[25] 李炳南編，《第一階段憲政改革之研究》，台北：揚智文化事業股份有限公司，1997年8月，頁59-60。

[26] 同前註，頁9-11；頁36-37。

提案權，在這一情形下，國民黨已充分掌控第2屆國大之主導權 ❷，因而國民黨於第2屆國代選前完成規劃之一機關兩階段修憲策略乃得以大體實現。因國民黨黨內有支持李登輝黨中央之主流派與反李之非主流派之爭，雙方於總統選舉方式有所齟齬，主流派轉向支持民進黨於國是會議提出之總統由臺灣人民直選之主張，非主流派則堅持委任直選，而以國大建制之保留，象徵對全中國之代表性。總統選舉方式於第2次修憲懸而未決，於是而有第3次修憲之舉行，國民黨主流派於取得社會輿論之廣泛支持後，乃得以主導第3次修憲之完成，通過總統直選條文 ❷。

第3屆國大於1996年成立至2000年任滿，國民黨雖仍居多數，在全部325席中占183席，席次率下降為百分之55，民進黨則增加至99席，占百分之30❷，故而國民黨已未能單獨掌握修憲主導權，而必須與民進黨合作始得推動修憲，兩黨遂藉由國家發展會議達成第4次修憲之基本共識。兩黨在半總統制和省虛級化議題取得合作，但民進黨於公投入憲、國代區域選舉落日條款、凍結鄉鎮市自治等問題，國民黨則於總統選舉改為二輪投票絕對多數當選制別有堅持，最後雙方則簽訂協議，約定公投入憲、國代區域選舉落日條款和總統選制等問題於第9任總統於2000年5月任滿前提交國大討論 ❸。另一方面，由於國大自第3屆起設立議長，每年集會，形同常設化，機關自主性格日趨明顯，又具有民意基礎，因而對於國代之延任與改制饒富興趣，並有意以總統延

❷ 同前註 ❷，頁252。
❷ 同前註 ❿，頁141-144；頁149-151。
❷ 同前註 ❷，頁319。
❸ 同前註 ❿，頁243-250。

任、國代延任停選和制定臺灣基本法等為誘因交換國民黨中央的支持。國民黨中央則提出國大之現制改良方案,反對國代延任,亦考慮國代區域選舉有助於總統選情而主張保留三分之二席次由區域選出。國大兩黨國代乃以國代延任停選自行規劃修憲。民進黨國大黨團以國民黨籍國代謝瑞智草擬之修憲案為藍本提出修憲案,儘管國、民兩黨中央皆表示反對,該案卻仍在議長蘇南成和多數國代的支持下通過而於焉完成第5次修憲❸。

　　第6次修憲是在國民黨於第10任總統選舉敗選,李登輝被迫辭去黨主席,前臺灣省長宋楚瑜新組之親民黨準備進軍第4屆國代選舉的背景下展開的,總統敗選的國民黨,面對總統勝選的民進黨,以及來勢洶洶的親民黨,於即將到來的國代選舉毫無勝算,向來主張廢除國大的新任國大黨團書記長蔡正元遂提出國大改制為任務型之修憲方案,圖以不舉辦第4屆國代選舉之策略阻擋親民黨提前躍上政治舞臺,國民黨國大黨團自行提出之任務型國大方案得到新黨和民進黨兩黨國大黨團的支持,乃得以完成第6次修憲❸。

　　第7次修憲由第5屆立法院主導修憲之發動。該屆立法院於2001年12月選出,總席次為225席,民進黨獲得87席,國民黨68席,親民黨46席,台聯黨13席,新黨1席❸。民進黨從國會少數黨變成最大黨,國民黨則因親民黨和台聯黨的兩相拉扯,席次

---

❸ 同前註❿,頁250-255。

❸ 李炳南、曾建元,〈第五、六次修憲國會制度改革──相關議題之政治邏輯與法理分析〉,《人文及社會科學集刊》,第14卷第1期,台北:中央研究院中山人文社會科學研究所,2002年3月,頁255-258。

❸ 謝政道,《中華民國修憲史》,深坑:揚智文化事業股份有限公司,2007年7月,頁454-455。

劇減，泛綠陣營與泛藍陣營兩大政治陣營之總席次相當，形成兩陣營對峙的格局。如同第3屆國大的情形，因沒有任一政黨取得修憲特別多數而擁有修憲主導權，因而端賴政黨的合作始得修憲。2001年第5屆立委選舉時，民進黨和台聯黨皆以國會減半為號召，國會減半行動聯盟遂與泛綠個別立委候選人簽訂推動國會席次減半修憲之承諾書，至2003年第5屆立委任滿改選前夕，國會減半行動聯盟要求泛綠立委履行修憲承諾，泛綠立委為避免影響第6屆立委選情，乃起而推動修憲提案，國民黨評估後認為，對於該案鼓舞之民氣不可輕逆其鋒，乃隨之表態支持❹。2005年5月，任務型國代選舉，全部300席中，民進黨獲得127席，國民黨117席，兩黨席次核計占百分之81❺，國、民兩黨也就同意在隨後立法院通過之〈國民大會職權行使法〉當中，將修憲複決門檻提高到國大總席次四分之三，最終則聯手通過第7次修憲。

　　七次修憲間憲法政治生態之演進，第1屆國大中，國民黨一黨獨大，第2屆國大國民黨仍居多數，但隨著威權終結，國民黨黨內生態趨於多元，民進黨亦已崛起，最重要的，是國大因制度設計原理，加以國代民選具有機關自主性格，而表現在各政黨國大黨團相對於各黨中央的自主性；第3屆國大國民黨絕對優勢已經不再，必須與民進黨合作，而國大之機關自主性亦已成熟，所以第5及第6次修憲，均由國大內各政黨黨團主導修憲；第5屆立法院無一政黨擁有絕對優勢，修憲有賴於大黨間的合作，但更多則出於立委在時勢所趨下的個人政治判斷。

---

❹ 李炳南、藍莉涵著，李炳南主編，〈第七次修憲國會改革案政黨立場之分析〉，
　《二○○五臺灣憲改》，台北：海峽學術出版社，2008年6月，頁104-108。
❺ 同前註❸，頁472。

伍、修憲模式之觀察與建立

　　回顧修憲之歷程，對於民主化後憲政秩序之建構具有決定性的修憲議程，厥為國是會議和國家發展會議。國是會議為修憲和民主化工程奠定正當性基礎，國發會則為總統民選後臺灣新國家的建造打下根基。

　　一如政協，國是會議和國發會皆邀請各黨推薦代表與會，注重政治精英間的協商和共識，亦重視與地方民意的對話。國是會議在全國各地舉辦分區座談會，國發會則先由總統召集各政黨依國大席次比例推舉國代組成憲政改革委員會研議憲改，並在各縣市舉辦座談，而在國發會正式開議前，舉辦專題綜合研討會作為會前會，同時與各級民意代表進行座談 ❸❻，與會者對於國是與憲改的建言和各種意見的歸納均作成記錄，各種方案則都做清楚的討論和評估。國是會議之後，李登輝並未依國是會議之建議於總統府內設立跨黨派的委員會繼續憲改的研議與推動，而是在國民黨內成立憲政改革策劃小組，此舉雖然遭到外界猛烈抨擊，指責一黨修憲，但國民黨內當時有資深與增額國代以及主流派與非主流派之分野，作為在威權統治末期絕對掌握國家各種權力資源的黨國，黨內共識的凝聚，重要性顯然不下於其與在野黨和民間的關係。國民黨憲政改革策劃小組規劃的一機關兩階段的修憲方案，因為國民黨在第2屆國代選舉的大獲全勝而得到民主正當性的證成，至於第3次修憲即為國大第二階段實質修憲之延伸。無

---

❸❻ 同前註 ❿，頁 320-322。

可否認，國是會議達成國民黨與反對運動的歷史和解，使反對運動成為李登輝國民黨主流派的盟友，確立憲政改革的正當性，並使總統選舉方式和國會全面改選成為憲改的主導議題，更為國民黨憲政改革策劃小組打開戰略空間，使之得以在維持五權憲法架構的前提下，細緻地規劃以臺灣為主體的憲政藍圖，再循修憲途徑逐步落實，開啟中華民國向臺灣中華民國或中華民國第二共和的轉化過程 ❸，此即為「中華民國臺灣」或「臺灣的中華民國」的實質化，「在臺灣的中華民國」國家主體性的確立，和臺灣主權的獨立與存在 ❸。1996年3月中華民國第九任總統依第3次修憲之〈憲法增修條文〉舉行直接民選，中華民國之統治秩序自是完全在臺灣以民主方式形成，是亦為論者視之為臺灣國家主權之獨立 ❸。

　　第4次修憲則為國家發展會議共識的落實，國發會基於國、民兩黨的合作，決定總統於臺灣直接民選後的憲政架構，達成向總統傾斜的半總統制憲政體制、以立法院為中心的國會制度、單一選區兩票制之國會選舉制度改革、創制複決權回歸人民直接行使以及省級虛級化等初步共識，其後第5、6、7次修憲的重點，則無不訴諸於國發會共識之正當性，以實現單一國會為目標，弱化國民大會的功能，而最終得予以廢除，在此同時，則以立法委

❸ 李登輝、中嶋嶺雄著，駱文森、楊明珠譯，〈我為何提出「特殊的國與國關係」〉，《亞洲的智略》，台北：遠流出版事業股份有限公司，2000年11月，頁40-43。

❸ 李登輝，《臺灣的主張》，台北：遠流出版事業股份有限公司，1999年5月。頁62-63；240。

❸ 九六共識推動聯盟，〈「總統民選，主權獨立」宣言〉，台北：九六共識推動聯盟，2011年3月。

員選舉制度之改革，帶動立法院國會功能的提昇，也使臺灣因政黨政治生態走向兩黨制，而使藍綠兩政治陣營之國家認同長此以往將因選舉制度之制約而趨於一致，臺灣國家主體性乃得以日益鞏固。

　　李登輝領導國民黨執政時期之第一階段與第二階段憲政改革，各自導引出第1至3次以及第4至6次之修憲，乃皆係基於全局式的憲政工程而發動。全局式的憲政工程涉及整體憲政秩序的全面檢討，需要凝聚高度的社會共識，同時也需要極為專業與精密的審議。社會共識的凝聚，則要從作為社會意見代言者的相關性政黨著手，並由其承擔向其支持者進行政策行銷和遊說的責任，否則無從整理與拼湊零碎化的社會輿情為脈絡與條理清晰的命題，並且有效動員社會的支持。專業與精密的憲政研議，需要有憲法專家學者的參與，不僅從事先期的幕僚作業，也實際參與重大的憲政辯論與政治決定。這些人未必具有選舉政治上的實力，因而需要為其特別打造參與修憲決策的空間。政治協商會議、國是會議與國家發展會議，均非憲政體制內之機關，但因能完整納入具有代表性與影響力的政黨精英與社會賢達，並能有效地創造政治精英間及其與憲法專家的對話場域，使民意得以寄予信心與厚望，因而民主正當性並不下於體制內之民意機關或修憲機關，是憲改實質正當性的來源，而程序之正當性與合法性則回歸由修憲程序予以補正。

　　1936年在國民黨訓政下選出的制憲國代，至1946年政協召開的同時當選已十年，而且1936年當時中國共產黨為非法團體無法參選，因而制憲國大的民主正當性嚴重不足，如不改選或增選國代加以強化，其議決並不能得到中國各黨派與人民的認同和

支持。與制憲國代類似的問題，1990年第1次修憲時的國大仍屬第1屆，臺灣增額國代比例極低，這樣民主正當性極低的第1屆國大要自行發動與解決修憲問題，亦並不能得到臺灣人民的同意。在體制的民主正當性不足的情況下，於體制外另外創造民主正當性的來源，把無法正常參與體制的政黨和政治精英納入憲改決策流程中，就是政協會議和國是會議所共同要扮演的功能。國是會議之共識：「憲法之修訂，應以具有民意基礎之機關及方式為之」，乃能成為推動國民黨第2屆國代選舉以完成實質修憲的政治動能。因此制憲與修憲機關的最大功能，是在賦予憲政圓桌會議之結論以體制的合法性，滿足政權的政治需求。在這一個環節，共產黨和中國民主同盟根本地拒絕參與制憲國代的增額選舉，民進黨則參與第2屆國代選舉，這顯示在實質的正當性之外，民主的程序正當性亦不可或缺，這是何以制憲失敗而在中國大陸導致內戰，而修憲卻為臺灣民主化開啟道路和鞏固階段性成果。簡而言之，政協之於制憲和國是會議之於一機關兩階段修憲的共通處，都是以體制外創造民主正當性的方式來完成既有體制程序無法解決的憲法問題。

　　1996年3月臺灣在中華人民共和國的軍事演習恫嚇下同時完成總統直接民選和第3屆國代選舉，此時國發會的召集則又是另一種情況。臺灣需要有因應總統民選後象徵國家新生的新憲法秩序，以鞏固臺灣生命共同體意識。第3屆國大並不足以承擔此一歷史意義，但民選臺灣總統在這一歷史時刻，卻有著民意的高度期待和神奇的領袖魅力來創造這一歷史局面。不同於國是會議時期，國民黨在第3屆國大百分之55的國代席次，並不足以使其得以單獨修憲，為此其乃必須與在野黨合作，而民進黨對於總統民

選後的臺灣，也有新的看法，7月許信良就任黨主席，責成中央主管會報論述小組提出新臺獨論述，指出兩岸長期對峙使臺灣成為一危機社會，人民傾向維持現狀，臺獨運動發展不易。而當國民黨政權於823炮戰後事實上放棄以武力反攻大陸，臺灣已變相宣布是一主權獨立國家，故而當臺灣完成國會全面改選及總統民選，臺灣人民已對國家體制擁有決定權與所有權；因此，已無體制外革命的空間，必須進入中華民國體制才能改變體制 ❹ 。國代雖具有民意代表性，但具有政治影響力的政治精英和具有憲法專業素養的專家學者未必擔任國代，所以深刻和嚴肅的全局式憲改對話難以在國大的議場上進行。國發會則創造一種實質的正當性，將各相關性政黨的領導階層納入修憲決策流程，而在黨對黨的更高層次產生各黨對於修憲共識的事實拘束力，再交由一般修憲程序完成修憲政策的合法化。因為民意機關擁有體制外之政治協商所不具備的民主代表性和合憲性，修憲程序的神聖的儀式化作用，乃可以堅定政治共同體成員對於遵守修憲共識的信念和許諾。

　　國發會關於國代改以政黨比例代表制選出之共識，鎖定第5、6次修憲的方向，第5次修憲的失敗，很明顯地，是因為修憲案缺乏公共審議與大眾對話的過程，加以延任自肥不能為國人所接受，因而未能受到各黨領導階層和民意的支持。第6次修憲則因政黨首度輪替，人心思變，國大由常設化改制為任務型，符合民意趨向，故而得以輕騎過關。

---

❹ 曾建元，〈論民進黨轉型及其憲改策略之轉變─1994-1996〉，《中山人文社會科學期刊》第6卷第2期，台北：國立政治大學中山人文社會科學研究所，1998年12月，頁186-187。

　　2003年9月28日，時任總統兼民進黨主席的陳水扁在民進黨17週年黨慶中宣布將在2006年催生臺灣新憲法，30日再於該黨中央常務執行委員會上宣布將在2006年以公民直接投票決定的方式制定新憲法；2004年5月20日，陳水扁在連任第11任總統的就職演說〈為永續臺灣奠基〉中宣示推動憲政改造，期許在2008年卸任總統之前，能完成臺灣新憲法之草案。憲政改造分兩階段，第一階段憲政改造的程序，將依循憲法及增修條文的規定，廢除國大，公投入憲，而為人民公投複決國會憲改提案之第二階段憲政改造奠定開闊的基石。陳水扁亦宣示將籌組憲政改造委員會，廣邀朝野政黨、法界、學界，以及各領域階層的代表參與，就憲政改造的範圍與程序，尋求社會最大的共識，而在憲政改造委員會成立之後，則舉行憲法會議研議憲改提案，新憲法草案則委由立法委員於立法院提出，依憲法規定完成複決程序 ❹。

　　陳水扁將第7次修憲列為他憲政改造的第一階段。第7次修憲能夠完成，事實上脫離不了2001年第5屆立法委員選舉國會減半議題在社會輿論上的成功發酵，以及各政黨和社會運動團體隨之配合選舉的成功操作，在陳水扁提出兩階段催生臺灣新憲法的主張之前，以立法院席次減半為中心的憲政改革共識在幾個政黨間已經形成，國民黨認為此一改革內容有利於其恢復立法院多數黨之地位，國、民兩大黨亦認識到單一選區兩票制之選制改革有利於兩黨制而有助其整合泛藍、泛綠陣營 ❷，國民黨亦認為廢除

❹ 陳水扁，〈為永續臺灣奠基：陳水扁總統就職演說全文〉，《聯合報》，台北，2004年5月；曾建元、彭艾喬著，李炳南主編，〈第七次修憲與公投入憲〉，《二○○五臺灣憲改》，台北：海峽學術出版社，2008年6月，頁196-201。
❷ 同前註 ❸，頁100-101；105-106。

國大，修憲改由公民複決，以〈公民投票法〉關於全國性公民投
票案之可決規定觀之，通過之機會並不大，因而於公投入憲無意
阻擋 ❹ 。當時 2003 年 12 月 31 日立法院通過的〈公民投票法〉第 2
條第 2 項第 4 款已將公民複決修憲案先於〈憲法增修條文〉納入
規範，儘管〈公民投票法〉此一規定牴觸立法之時〈憲法增修條
文〉由任務型國大複決修憲的規定，但因未有任何聲請司法院大
法官解釋者，故而其違憲之瑕疵，即因第 7 次修憲改以公民複決
修憲取代國大複決修憲而獲得治癒。

　　第 7 次修憲完成後，陳水扁針對第二階段憲政改造所宣示要
組織的憲政改造委員會卻始終未能成立。這和中華人民共和國邀
請國、親兩黨主席連戰、宋楚瑜先後登陸訪問，有效分化臺灣朝
野關係，使國、親兩黨全面拒絕與民進黨合作有關。總統府祕書
長游錫堃於 7 月 20 日表示，過去修憲多由精英主導，是由上而下
透過政治協商或黨對黨的交換來擬定版本，較缺乏民間、基層的
參與，相關議題無法在公民社會中引起討論與激盪，又指出一些
新興民主國家的憲改過程不僅有公民參與，甚至訂定程序法規範
新憲法完成的期限以及解決問題的機制。但當年年底 12 月總統
府憲改辦公室主任李俊俋於《臺灣日報》專訪中，則就新憲法推
動的進程指出，府院有共同原則，不會提憲法版本，但民進黨會
提，仍依修憲程序，由立法院通過版本後，才有公民審議和最終
的公民複決 ❹ 。2006 年 3 月，陳水扁接受德國《法蘭克福廣訊報》
（ *Frankfurter Allgemeine Zeitung* ）專訪，宣示：「不管怎麼樣的新

---

❹ 同前註 ❸ ，頁 234。
❹ 紀欣，《「二階段憲改」破局始末》，台北：海峽學術出版社，2008 年 6 月，頁
　20-23。

憲主張、或者是制憲版本，最後仍然必須要按照現行的憲法程序來進行，目前憲改的程序就是要先通過立法院 4 分之 3 高門檻的同意，最後仍然必須要交由兩千三百萬臺灣人民透過公投複決的程序來同意，也就是要有全國有投票權公民有效同意票超過選舉人總額半數的同意才算通過，所以任何涉及到比較敏感的主權問題，包括國號、國旗、領土等，也要符合這樣的憲法程序，任何不符合憲法程序的主權議題，都不會被處理。」❹

　　如果臺灣新憲法要循修憲程序制定，不容否認的是，由於存在立法院修憲提案與公民修憲複決之雙重門檻，在立法院不具有過半多數席次的民進黨，必然要與在野的國民黨和親民黨合作，才有可能首先突破立法院提案的制度性障礙，政黨政治協商的平臺因而相當重要，但我們卻看到民進黨政府在朝野關係惡化後，在憲改途徑的選擇上，就已經明白表示不欲通過政黨協商，不尋求成立憲政改造委員會以凝聚各黨的修憲共識，如此，則國民黨和親民黨自然難在立法院與民進黨共同發動修憲。臺灣民主化後，選票和國會席次證明各個政黨的民意代表性，沒有國民黨、親民黨及其支持者的參與和支持，循修憲程序實現的第二階段憲政改造是絕對不會成功的，遑論需要社會高度共識的制憲。如果確知國民黨是臺灣制定新憲法的最大阻力，則面對這一問題的作法，不外乎是透過對民眾的啟蒙，以民意迫使國民黨改變立場和態度，或者讓國民黨成為小黨，不再有能力阻止全面修憲乃至於制憲。問題是，讓國民黨邊緣化，這需要時間和耐性，而且不知何時才能實現。

---

❹ 陳水扁，〈總統接受德國《法蘭克福廣訊報》專訪〉，台北：行政院大陸委員會全球資訊網，2006 年 3 月 10 日。

　　本文歸納中華民國制憲與7次修憲的經驗，觀察到具有新憲法秩序鍛造意義的政協、國是會議與國發會三個憲改圓桌會議對於後續憲改的深遠影響和鉅大貢獻，認定臺灣憲改經驗中的成功方程式，為雙重正當性模式，即體制外機制和體制機制並用下，憲改實質正當性與程序正當性的同時滿足，因此為最能最大化地納入政治精英、憲法專家和公民參與的憲改模式。體制外機制旨在擴大精英與專家參與，以及政治實力團體之間的相互認可與合作，而其根本的作用，則在透過政治精英與憲法專家間深度的對話和研討，研擬最佳的憲改方案和憲法條文，以追求憲改的實質正當性；體制機制則在實現憲改的程序正當性，使憲改方案的落實滿足憲改程序的合法性，而以一公認的正當程序確認憲改通過民選之修憲代表議決或公民複決的認可。在這一過程中，如何創造出朝野參與憲改對話的空間，則和憲改的客觀國內外政治條件和政治精英的主觀意志有關，臺灣是一個具有高度國家認同分歧的國家，能夠跨越認同分歧，找到建構憲法秩序的共識基礎，則自然是一門政治的藝術。

　　至於完全依賴體制機制的修憲模式，在修憲途徑下，自然是指既有體制下民選修憲機關關於修憲權的發動和行使。憲法代表國家意志，具有最高法效力，如果由單一修憲機關總攬整個修憲工程，倘若修憲機關之組成係來自於民選之政治人物，由於當中不乏以政治為事業者，存在利用修憲擴權謀利的自利動機乃極為正常，對於修憲權予以制衡監督，基於法政哲學對於有權者權力集中從而腐化的性惡疑慮，亦相當合理。第5次修憲的失敗，由此觀之，正是在於國大的機關自主性和自利動機脫離政黨和其他社會力量的控制，以致於修憲結果充滿維護國大建制和在任國代

政治利益的色彩，而難以服眾。當時曾有國大議長蘇南成以國大延任換取時間進行臺灣基本法全面修憲的傳聞，縱使為真，其最終能否開誠佈公，基本法之法理邏輯是否合理，單以民選國代的專業素養，實難令人有所期待，何況當中又欠缺一考核與監督的機制，豈不成空白授權制憲？又如第6次修憲，在2000年大選後的紊亂政局中殺出重圍，國大改制為任務型固然為極大成就，亦難免予人有藉機封堵親民黨提前攀上政治舞臺用意之質疑。第7次修憲利用立委改選創造動能，固為成功之個案，但關於國會席次減半、選舉方式，乃至於公投入憲的合理設計，則亦只見立法院內之政黨協商與黑箱作業，不見與社會對話下鋪陳其論證和研擬可行方案之用心。

陸、結語

　　如何記取修憲之經驗教訓，改善國家重大爭議決策之品質，長久以來，即深為有識者所關切。陳水扁任內推動之第二階段憲政改造或催生臺灣新憲法運動，雖然曾經在聖文森及格瑞那丁2003年組織憲政研討委員會進行全民憲改諮商之成功經驗得到啟發，而以「由下而上」的原則，在國內各地基層舉辦憲改座談，期望透過公民討論、民主參與過程，讓臺灣社會大眾認真思考國家未來，一起寫出一部容納全民意志的新憲法 ❹，確實這一過程充滿憲法公民教育和憲法公民審議的精神，國內亦至少有民進黨、台聯黨、二十一世紀憲改聯盟、臺灣法學會、新憲工作室、

---

❹《大紀元》，大紀元網，紐約，2005年9月29日。

　　五五內閣制民間推動聯盟、908臺灣國運動、學者陳明通、陳慈陽和陳英鈐等提出至少十五部新憲法草案❼，然因美國小布希（George Walker Bush）政府對於我國憲改內容是否會碰觸到臺灣和中國的關係表達高度關切，並將之與美國的安全利益聯繫在一起，而使得陳水扁總統和民進黨政府在第7次修憲完成公投入憲後，對於第二階段憲政改造的推動欲語還休，乃遂隱身於民間團體和政黨之後，導致新憲法運動雖然產出十五部憲法草案，卻沒有任何一部是可以代表陳水扁對人民的承諾的❽，而縱使國民黨和親民黨拒絕參與憲政改造委員會，拒絕參與新憲法運動，但整合支持新憲法運動之各界意見的交流與對話平臺未建立，關於臺灣新憲法的共識也就不可能凝聚。也因為總統和政府的缺席，使得臺灣新憲法運動連臺灣新憲法草案最終都因喪失主要的動力和支點而未能定案。

　　第7次修憲後，將修憲複決交由公民投票議決，並且必須得到全體公民過半的同意，如此高的複決門檻，使以往修憲的精英交易特質，發生向公民性的典範轉移❾，但也因修憲難度的加增，進入修憲正式程序之前的政黨間與人民間修憲共識凝聚過程乃更加重要，否則任何發動修憲的努力都將徒勞無功。而也因為公投入憲導致修憲制憲的相對化，縱使制憲，也無法迴避必須累積更高於修憲之全民共識的現實，因此雙重正當性憲改模式，將是臺灣未來憲改唯一的成功方程式。

---

❼ 彭艾喬，〈臺灣新憲法運動之研究—兩岸關係下的機會與限制〉，台北：國立臺灣大學國家發展研究所碩士論文，2008年5月，頁123。

❽ 曾建元，〈公投通過新憲之作法〉，美國：民主中國網，2010年8月10日。

❾ 葉俊榮著，葉俊榮、張文貞主編，〈週期修憲的程序理性〉，《新興民主的憲政改造》，台北：元照出版有限公司，2008年7月，頁26-27。

　　修憲終究不能迴避修憲程序、不能不與在野黨和社會各界之異議者進行合作，認清此一事實，竭誠以對，化解歧異，憲改始能奏功，憲法之實效性始能可長可久，憲法也才能成為臺灣政治共同體團結的誓約。同理，國家之重大爭議政策，諸如兩岸關係或能源政策，如果無法在立法院立法委員的日常政治中得到審慎的討論與思辯，則另行創造精英與公眾審議之場域，追求基於合理論證之決策品質，再交由立法院完成政策合法化，亦不失為一可行之道。

　　無論如何，台灣7次修憲後的憲法架構，事實上乃發揮著規範的效力，目前需要大幅度調整的並非是憲法秩序，而是盤根錯雜難以理解的憲法文本。要拉近制憲權主體與憲法的距離，憲法文本的重新編纂乃有其必要 **❺⓿**。新臺灣國策智庫於2011年推出〈臺灣憲法草案〉，雖是匯聚國內一流憲法學者憚精竭慮的又一傑作，但未來要能有所貢獻於臺灣憲法秩序，臺灣修憲的歷史經驗則說明，具備領導國家正常化的智慧與決心的民選總統，在尊重主流民意的前提下，主動創造與國內各政黨對話與共識形成的平臺，並為臺灣人民承擔爭取國際同情與支持的責任，使民間社會力從醞釀、累積到最終成熟的階段，與新憲法運動由倡議、精英圓桌會議、草案研擬、立法院審議通過到公民複決的流程同步，才是關鍵。

---

❺⓿ 張嘉尹著，葉俊榮、張文貞主編，〈憲政改造的途徑選擇—以臺灣憲法變遷為脈絡的思考〉，《新興民主的憲政改造》，台北：元照出版有限公司，2008年7月，頁110-111。

第五章

第二階段憲政改造之回顧與檢討

前總統府憲改辦公室主任、南華大學非營利事業管理學系助理教授

李俊俋、王思為

壹、前言

　　自1991年終止動員戡亂時期起，台灣即開始一連串的憲政改革，迄今已達20年之久，其中修憲達7次之多。前6次修憲均為憲法規定之修憲機關依照修憲程序，以增修條文方式，大幅變更憲法本文中有關總統及中央民意代表之選區及產生方式，使以中國大陸地區為選區基礎的選舉，調整為以自由地區——「臺、澎、金、馬」為選區基礎的選舉。此一作為不僅使1946年在南京制定之憲法能適用於「中華民國在臺灣」的現狀，亦能維持社會的穩定，並達成相當程度的民主深化作用 ❶。

　　其中，由陳水扁總統所主導的第7次修憲，本意在為民進黨的黨綱——「公投制憲、法理台獨」鋪路，故陳總統強烈主張公投入憲。然而，國民黨則主張須有過半公民支持，始能通過修憲案，並訂定高門檻防止法理台獨。同時，國、民兩黨均一致支持日式單一選區兩票制，在兩黨利益交換與妥協下，終於通過以國會改革及高門檻公投複決修憲案為主軸的第7次憲法增修條文 ❷。

　　因此，2005年的第7次修憲的啟動有很大原因是由於多年來立法院的「國會亂象」被誇大，社會大眾強烈希望國會改革所致 ❸。事實上，早在2001年第5屆立委選舉時，陳水扁總統即喊

❶ 李建良著，湯德宗、廖福特主編，〈面對中華民國憲法－思索台灣憲改之路〉，《憲法解釋之理論與實務》（第五輯），台北：中央研究院法律學研究所籌備處，2007年3月。

❷ 楊日青，〈憲政困境之出路〉，《台灣民主季刊》第3卷第4期，2006年12月，頁103-124。

❸ 王幸男，〈立委減半只是第二階段國會改革引信〉，《中國時報》，2000年12月5日，第15版。

出「立委減半，國會不亂」的口號；2004 年底因總統大選逼近及立委改選，各黨在壓力下為迎合民意，均推出「立委減半」、「廢國大」、「修憲案由公民複決」等政見。2004年選後民進黨前主席林義雄於立法院門前靜坐要求「誠信立國」，結果在輿論呼應及民意壓力下 ❹，立法院終於在2004 年 8 月 23 日通過「立委減半」的修憲案。

　　但此次修憲仍須依第6次修憲之規定，由立法院提案、國大複決之兩機關修憲程序進行。於是，2004 年 8 月，台灣憲政史上首次立法院修憲院會，以198 位出席立委全數贊成，三讀通過「國會改革、公投入憲」憲法增修條文修正提案 ❺。此修憲案須經過選出的國大代表複決通過才正式生效，因此2005 年 5 月選舉的國大代表是最後一屆，被稱為「任務型國大代表」。2005 年 5 月14 日選出300 位任務型國代 ❻，並於2005 年 6 月 7 日任務型國大以249 票贊成，48 票反對，跨過修憲門檻的225 票，複決通過憲法增修條文修憲案共6 個條文，包括「國會改革案」、「公民複決」、「廢除國民大會」等三大議題，正式通過第 7 次憲法增修條文。

　　然而，憲法是國家根本大法，所有法律命令都以憲法為基礎，因此憲法的制定應符合國家的風土人情與時空背景，才能建構因應實際需要的法令制度 ❼。台灣雖自1990 年以來共歷經 7

---

❹ 李心怡，〈林義雄 推「誠信立國」不惜絕食〉，《新台灣新聞周刊》第 406 期，2004 年 5 月 18 日。

❺ 依此次立法院通過的修憲提案，將變相廢除國民大會，未來立法院通過的憲法修正案、領土變更案，將交由公民投票複決。

❻ 此次選舉是中華民國國民大會首次使用比例代表制的選舉制度。

❼ 陳新民，《憲法學釋論》，台北：三民書局，2008 年。

次修憲，但這部《中華民國憲法》實為迄今60餘年前於中國誕
生，其本質為中國舊憲法，故所謂憲改僅是在其一字不改的175
條條文後，修補增修條文而已。更何況《中華民國憲法》未能適
應當前台灣政經發展需要，無論如何努力修憲都難以補救當前的
憲政危機 ❽。因此，民進黨自1986年9月28日創黨以來即一貫希
望進行制憲工作。2000年總統選舉民進黨所提出的競選承諾即為
「新憲法、新國家」，陳水扁總統更於2003年9月28日民進黨第
17週年黨慶之際，公開許下心願希望民進黨能於2006年第二階
段憲政改造，被視為「第二階段憲政改造」之濫觴。

　　然而，當時此一主張引起朝野政黨、國際社會的特別矚目，
甚至直接衝擊兩岸關係的互動，受到許許多多的壓力。當時陳
水扁總統即表示 ❾，無論是2000年總統選舉「新憲法、新國家」
的競選承諾，還是2004年總統選舉前由民進黨內部組成9人小
組準備第二階段憲政改造，抑或是2003年民進黨黨慶所發表的
演說。催生2006年新憲法之憲政改革，都清楚指明要以「制憲」
方式推動 ❿。然而，當時由於各種因素，迫使其萌生改採「修
憲」途徑的念頭。

---

❽ 李鴻禧，《台灣憲法之縱剖橫切》，台北：元照出版社，2002年12月。

❾ 這是陳總統參加由群策會主辦的「台灣新憲法」國際研討會之致詞內容
（2004/11/27），但他也希望最後可透過公民投票複決台灣新憲法後付諸施行。此
外，他也表明不會碰觸極為敏感的統獨議題，且所有的憲改程序也會遵照法定的
修憲程序為之。其發言內容可見總統府網站，總統專欄的演講與祝詞，網址是
http://www.president.gov.tw/

❿ 近代政治史學者陳儀深，甚至連憲法學者李鴻禧都曾透露，陳總統原本就是要以
「制憲」方式推動；但未料選舉結果僅險勝，加諸選舉爭議不斷，故陳總統為向
泛藍選民表達善意，「加上期間中國到處施壓、美國也不贊成台灣制憲」等項因
素，所以才會有改採「修憲」途徑的念頭。陳儀深，〈台灣制憲運動的回顧〉，
台灣新憲法國際研討會，台北：群策會主辦，2004年11月27日。

　　本文旨在探討陳水扁總統所謂的「第二階段憲政改造」產生的背景，其次關於憲改的方式，陳水扁總統所倡議的2006年新憲法催生運動屬意採取何種模式？此點不僅各界議論紛紛，即陳總統本人都持保留或開放的看法，故值得予以研究。同時，由於筆者當時參與憲改推動工作，因此也將略述當時整體進行的狀況，並討論「第二階段憲政改造」過程中的相關問題。

貳、「第二階段憲政改造」之背景

　　陳水扁總統一向主張台灣為一獨立主權國家，他在2002年曾提出「一邊一國」主張，並於2004年3月30日接受美國《華盛頓郵報》（Washington Post）訪問時，表示「不管叫做台灣或是中華民國，都是一個獨立主權國家。」

　　同時，陳水扁總統有感於全球憲政主義思潮以及自身歷史定位，遂於2003至2004年期間推動「新憲」運動 ❶，時任行政院研考會主委的葉俊榮教授更多次於研討會強調，台灣應順應世界潮流，把握憲法時刻(constitutional moment)，推動全新的憲改工程 ❷。因此，第7次修憲過程於2004年8月11日於立法院舉行的臨時會中提出憲法修正案而正式啟動。且於2005年5月14日正式選出300位任務型國代，並於2005年6月7日複決，正式通過第7次憲法增修條文。

　　陳水扁總統在第7次增修條文公布的同時，隨即宣布將啟

---

❶ 黎家維，〈全球憲政主義對台灣憲改之啟示〉，財團法人國家政策研究基金會，網址 http://www.npf.org.tw/post/1/8330。

❷ 同前註 ❾。

動「第二階段」修憲工程，將成立憲改委員會，以「打造一部合時、合身、合用的新憲法」。2006年元旦致詞更表達希望年內能提出新憲法草案的訴求，且於2007年舉辦新憲公投。為達目的在總統府已設立「憲政改造推動工作小組」，並希望在一年舉辦10,000場座談會，除政府、政黨應努力草擬新憲法草案之外，也希望民間能提出「民間版」的新憲法 ⓭。其理由是現行中華民國憲政體制存在下列許多致命性缺點與弊病，已到非改弦更張不可的地步：

一、現有《中華民國憲法》嚴重缺乏代表性

首先，這部憲法制定於半個多世紀前的中國，完全缺乏台灣民意的參與。目前在台灣施行的《中華民國憲法》，係以半個多世紀前當時中國的35省和4億人口為對象。表面上是由中國人民的代表所制定的，但事實上1946年的制憲國民大會代表，90%以上不是由中國人民選出，而是由中國國民黨恣意指派，操控在中國國民黨手中。整個制憲過程台灣人民都沒有參與，只有在最後即將三讀通過時，才臨時指派台灣17位沒有民意基礎的國大代表出席 ⓮。這部憲法前言所謂「受全體國民之付託」純屬虛構，連在當時都不具有代表全中國人民的民意基礎 ⓯。

⓭ 陳水扁總統元旦祝詞，中華民國總統府，網址:http://www.president.gov.tw/Default.aspx?tabid=131&itemid=11241&rmid=514&sort=0&order=0

⓮ 1946年台灣省制憲國代名單如下：李萬居、顏欽賢、黃國書、林連宗、林璧輝、南志信、陳啟清、洪火煉、劉明朝、吳國信、簡文發、張七郎、鄭品聰、高恭、連震東、謝娥、紀秋水、余登發。（制憲）國民大會審議及通過憲草經過可參（制憲）國民大會秘書處編：《國民大會實錄》，1946年版。

⓯ 張嘉尹，〈臺灣憲法變遷的憲法學考察〉，《臺灣民主季刊》第3卷第3期，2006年9月，頁132。

在缺乏代表性的情況下，《中華民國憲法》並無法代表台灣人民的意志與情感，甚至連中國國民黨政權都沒有予以適當的尊重。這部憲法在公布實施不到半年，中國國民黨政權就另外制定〈動員戡亂時期臨時條款〉，開始實施動員戡亂體制與軍事戒嚴，以建構中國國民黨在台灣進行獨裁統治的二大支柱，蔣氏在台灣成為終身制的統治者，中華民國的萬年國會成為獨裁的幫兇。另一方面，在1912年中華民國成立時，台灣為日本的領土，並未歸屬於中華民國的版圖之內；當1949年中華民國政府流亡台灣時，由於舊金山和約尚未簽訂，日本尚未「放棄」台灣及澎湖群島，因此中國國民黨政權對台灣只是軍事占領，並沒有得到台灣人民的同意及支持 ❶ 。

二、現有《中華民國憲法》成為國家發展的阻礙

目前的《中華民國憲法》在中國從未真正實施，且在台灣同樣約40餘年沒有被認真施行過。這部從未經過台灣人民同意，且絕大多數台灣人民對其毫無情感的憲法，強加諸台灣人民身上整整超過60年，不可不視為一項畸形的現象。自動員戡亂時期結束後，台灣雖然逐漸走向民主化，並在這段期間內進行共7次修憲工程，但只能在《中華民國憲法》架構下進行修補，並無法符合當前台灣人民的期待與國家發展的需求。由於這部憲法的名稱與原有政治期待，易使台灣與中國的關係混淆不清，因而成為戕害台灣民主憲政正常發展最主要的障礙。因此，解決台灣憲政困境的方式只有由台灣人民基於自己的意志制定新憲法，方能使

---

❶ 彭明敏、黃昭堂著，蔡秋雄譯，《台灣在國際法上的地位》，台北：玉山社，1995年。

台灣正常發展 ❶ 。

其次，這部憲法是以被取消承認的中國舊政府在中國領域外實施。中國國民黨政權於1949年在中國內戰中敗北，蔣介石流亡至台灣「復行視事」，無視正牌總統李宗仁的存在，在台灣重新建立「中華民國政府」。在此前的戰亂期間，《中華民國憲法》並無適用的可能，所謂行憲僅是空言，而在中華人民共和國成立後，「中華民國政府」已被推翻，《中華民國憲法》更理應不復存在 ❶ 。

然而，敗逃至台灣的中國國民黨政權，為了保有代表中國的名分和在台灣執政的政治資本，遂不顧國際法與憲法的法理以及台灣人民的意願，仍繼續堅持所謂的「大中國意識型態」與「法統」，將台灣裝扮成為「民主的中國」。就國家名稱及實定法方面來看，均將中國國民黨政權過去在中國時期所使用的「中華民國」及其法律全盤施行於台灣，遂形成「中華民國在台灣」之非常態的法秩序 ❶ 。

雖然台灣自1991年開始利用增修條文，以凍結憲法本文方式進行憲政改造工程。綜觀歷次修憲過程，其成果僅算是頭痛醫頭、腳痛醫腳，政府不敢也無意從問題的根本進行修正。從這部憲法前言與總綱所規定的中國國家元素未受凍結甚至原封不動的情形，可以看出這是一部與台灣毫無關連、不折不扣的中國憲法 ❷ 。戰後半個多世紀以來，中國國民黨讓台灣與中國混淆不

---

❶ 許世楷，《台灣新憲法論》，台北：前衛出版社，1991年。

❶ 同前註 ❶ 。

❶ 李明峻，〈台灣現階段之統獨爭議－兼論中華民國之法地位〉，台灣國際地位研討會，台灣國際法學會，2009年。

❷ 李筱峰，〈中華民國憲法的台灣成分〉，《共和國》，第43期，2005年，頁11-1。

清，無法釐清台灣與中國的法律關係，導致台灣在國際社會沒有空間 **㉑**。

第三，《中華民國憲法》在內容上多背離憲法學理，權力分立制度紊亂，更遑論人權條款嚴重落後主流標準。憲法是國家的根本大法、人民權利的保障書。法國人權宣言第16條揭櫫「權利之保障未臻確實，權力分立制度未予釐定之社會，不得謂為有憲法之社會」，明確指出近代意義憲法應有的內涵 **㉒**。但從憲法學來看，《中華民國憲法》從頭到尾，無論在人權保障與權力分立制度方面，病灶相當複雜，並造成憲政制度紊亂 **㉓**。

雖然台灣自1991年以後以增修條文方式處理修憲，結果是約有4分之1凍結且無恢復可能的條文仍然保留於本文中，其直接導致整部憲法前後不協調的現象。尤其在中國國民黨主導下的憲改工程，將焦點集中在政府體制的修改調整，以滿足短期政治發展上的需要。不但未對政府體制問題進行通盤的檢討與修正，而整部憲法的完整性與合宜性也無法適切的建立，因此衍生出許多憲政運作上的扞格與僵局 **㉔**。

最後，《中華民國憲法》明文規定：「為因應國家統一前之需要」，預設台灣與中國統一的前提，剝奪台灣人民自主決定自己命運的權利，造成台灣無法擺脫中國內戰結構的窠臼，這種「虛擬規範」長期以來混淆台灣人心，阻礙國家主體意識的形

㉑ 同前註 ⓰。
㉒ 許慶雄，《憲法入門 I ─人權保障篇》，台北：元照出版社，1999年。
㉓ 同前註 ❼。
㉔ 李鴻禧，〈中華民國憲法的病理病癥─半世紀之歷史淺述〉，《新世紀智庫論壇》第12期，2000年12月30日。

成 ㉕ 。

　　綜言之，《中華民國憲法》體制問題重重，即使經過多次增修縫補卻依舊破綻百出，因此唯有制定新憲法才是解決困境的唯一出路。制憲權是一種超憲法的權利，不受原有憲法的拘束。台灣因應憲法秩序全面變革的需要，惟有徹底擺脫《中華民國憲法》，為台灣量身打造一部跟上現代憲政思潮、人權理念及符合台灣現狀需求的新憲法，同時深耕憲法意識及凝聚國民意念與國家認同，方能使台灣回歸成為一個正常國家。

三、第七次增修條文仍無法達到制定合身憲法的目標

　　陳水扁總統自上任開始即對修憲或制憲採取相當審慎的態度，他曾在就職演說中提出「四不一沒有」主張，並承諾「在任期之內，不會宣布獨立，不會更改國號，不會推動兩國論入憲，不會推動改變現狀的統獨公投」。陳總統雖然多次提出「催生新憲」的主張，然而他於 2004 年 3 月 30 日接受《華盛頓郵報》訪談時表示，「2006 年我們要催生新憲，希望在 2008 年能夠正式實施一部合身合用的台灣新憲法，這是整個台灣民主改革、憲政改革的時間表，而不是台獨的時間表」，他特別強調「未來所要推動憲政改革工程，一定會在維持目前臺灣現狀，以及不改變臺灣目前現狀作為基礎」，其目的在於使整個政府能夠有效治理。其新憲法內容考慮的問題包括採取總統制或內閣制、維持目前之五權憲法或改採三權分立、對國會進行改革以將立委席次減半及採單一選區兩票制、政府的體制由三級制走向兩級制、將公民權

㉕ 同前註 ⑮ 。

由20歲降到18歲、逐步採取募兵制、和平權入憲、勞動三法：團結權、爭議權及協商權入憲，及寫入原住民專章。

　　上述部分陳總統修憲之理念，於2005年憲改工程中落實。2005年6月7日，任務型國大以贊成249票、反對48票、廢票1張，通過憲法修正案，完成第一階段修憲工程，其主要修憲內容包括：（1）立委席次減半，從現行225席改為113席；（2）立委任期由3年改為4年；（3）單一選區兩票制；（4）廢除國大，改由公民複決憲法修正案：憲法修正案之複決權由國民大會轉交到人民；（5）總統、副總統之彈劾改由司法院大法官會議審理。其中立委席次減半及採取單一選區兩票制，目的是希望能達到「導正選舉風氣」、「提升問政品質」及使台灣的政黨政治發展，形成兩大黨競爭的環境。而2007年選出的立委任期延長為4年，將使立委與總統任期相同，民意代表的基礎也較相近。同樣地，此一修憲將減少台灣選舉的次數，避免耗費過多社會成本以及過度的政治動員。單一國會的設計，使行政與立法能夠有效相互制衡。然而，此次修憲並未觸及領土變更、更改國旗或國號等主權問題。對陳水扁總統而言，2005年的憲改僅是第一階段之修憲。雖然在第一階段完成憲改之前，陳總統就宣示有第二階段憲改，而第二階段憲改的目標就是要制定一部新憲法。然而，第7次增修條文仍未達到陳水扁總統所設定的目標，其中包括：應使用三權或五權的憲政體制、政府體制該選擇總統制或內閣制、有關台灣省政府的存廢、公民權由20歲降低為18歲、兵役制度由徵兵制改為募兵制、將勞動權入憲，以及於憲法中增加原住民專章等。

　　此外，第7次修憲的過程與內容是在高度爭議中完成的。其

中，選舉過程的爭議如任務型國大代表選舉的投票率僅2成3、獨立參選人的爭議、保證金與財產申報的問題等；在修憲程序方面，亦存在如國大職權行使法在國大選舉完成後才通過、國大代表可否自由投票、議事規則問題、能否分案投票、在修憲過程中能否再提一個新的修憲案、修憲門檻過高等問題 ❷⓺。

綜言之，雖然第7次修憲被陳總統視為「第一階段憲改」，其後還有「第二階段憲改」工作必須進行，然而在目標尚未完成的情況下，也為接下來的憲改工作增加困難度。

參、第二階段憲改進行歷程概述

第二階段憲改的方向，包括充實基本人權之保障，如勞動三權（團結權、團體協商權、爭議權）、原住民專章及公民權年齡降低至18歲，並使人權委員會入憲；決定政府體制和政府權力的劃分：總統制或內閣制、三權分立或維持五權憲法、兵役制度是否從徵兵制改為募兵制、省政府組織的存廢、地方政府層級的縮減；國民經濟條款的存廢 ❷⓻。從內容來看，第二階段憲改依舊與主權及統獨議題無關。陳總統於2004年5月20日就職演說中已表示，「涉及國家主權、領土及統獨的議題，由於目前在台灣社會尚未形成絕大多數的共識，所以建議不宜納入第二次憲改的範圍」❷⓼。此外，陳總統在2005年6月7日修憲定案之前，就曾

❷⓺ 李炳南、楊智傑著，〈第七次修憲過程瑕疵與正當性〉，《中華人文社會學報》第4期，2006年6月。

❷⓻ 同前註 ❶。

❷⓼ 陳水扁，〈總統就職演說〉，2004年5月20日，中華民國總統府，網址:http://www.mac.gov.tw/public/Data/992911371571.pdf。

多次與外國人士會晤時，指出「公投入憲」的高門檻，已使「走向台灣獨立這樣一個重大議題，絕對是不可能的」❷❾。

　　同樣地，民進黨希望能夠避免於修憲或制憲時涉及統獨問題，雖然民進黨一向主張：「中華民國是一個主權獨立的國家，國家的主權屬於全體台灣人民，台灣前途的任何改變只有二千三百萬的台灣人民才有權做最後的決定。」然而，根據民進黨於 2003 年所提出之修憲 12 項問題，並沒有直接觸及台灣統獨問題的跡象。

　　於不涉及統獨爭議的情況下，陳總統認為「第二階段的憲政改造工程，絕對不會比第一階段的憲改還要困難或艱辛」，並表示「一定能夠在 2008 年卸任總統之前，為台灣催生一部合身、合時、合用的新憲法。」❸❾ 陳總統曾多次宣示必須在 2006 年年底「透過公民投票複決第一部新憲法，使 2008 年 5 月 20 日新憲法正式實施。」總統府於「臺灣憲政改造工程之意義」說帖，對憲改時間點也曾有同樣的宣示 ❸❶。

　　在憲改的爭議上，雖然第二階段憲改較第一階段來得小，卻有時程上的壓力。事實上，2005 年的修憲案是國民黨與民進黨兩大黨少有合作的案例，此經驗顯示若未來修憲要能成功，必須仰賴民進黨與國民黨形成共識。在陳總統宣示啟動二階段憲改工程之後，國民黨立刻表示反對立即進行第二階段憲改 ❸❷。由於當時國內泛藍與泛綠兩大陣營意識型態、認同分歧，從而延伸出「倒

❷❾ 張佩芝，〈陳水扁與歐洲議會及媒體電視對話〉，《美國之音》，2005 年 3 月 2 日。

❸❾ 蘇永耀，〈總統：二階段憲改 擺脫大中國〉，《自由時報》，2005 年 6 月 26 日。

❸❶ 請參照〈臺灣憲政改造工程之意義〉，行政院新聞局，網址:http://info.gio.gov.tw/ct.asp?xItem=25749&ctNode=1429。

❸❷ 顧恆湛，〈國民黨團：反對第二階段憲改〉，《中央社》，2005 年 6 月 7 日。

扁」與「挺扁」的群眾對抗，也讓二階段憲改蒙上窒礙難行的陰影 **㉝** 。

　　陳總統預期2006年年底要舉辦公民複決第二階段憲改，在時間的安排表示立法院必須在2006年6月前通過修憲案。在國內政局詭譎多變及立法院兩次罷免陳水扁總統未能成案的政治僵局下，使得憲改的時程難以落實民進黨所計畫的時間表。除內部壓力之外，一旦台灣憲改工程與2000年陳總統就職演講所做的承諾有所牴觸時，來自美國的壓力將使陳總統的憲改計畫更加不易推動 **㉞** 。

　　綜上所述，有多重的條件影響著「二階段憲改」，在如此龐大且複雜的壓力之下，第二階段憲改的成果仍有檢討改進的空間。

肆、第二階段憲政改造之途徑與版本

　　台灣自1990年起共經歷7次的修憲，但是其內容仍侷限於政治權力的分配與對憲政體制的調整。未能跟隨新興民主國家憲政改革趨勢，對於基本人權清單(human rights list)或新興人權保障機制(human rights mechanism)進行增加與修正。 **㉟** 同樣地，亦無契合全球憲政主義的發展趨勢，將內國憲法與區域或國際條約作

㉝ 陳儀深，〈兩年來的憲改議題觀察報告〉，財團法人台灣新世紀文教基金會主辦：台灣憲法的發展願景研討會，2006年5月27日。

㉞ 林文程、林正義，林文程主編，〈臺灣修憲與台美中三角關係〉，《憲政改革與國家發展－2005年臺灣憲改經驗》，台北：台灣民主基金會，2006年。

㉟ 新一波全球憲法變遷的趨勢，參見葉俊榮，〈從全球憲法變遷的趨勢看台灣憲政改造的定位〉，《總統府國父紀念月會專題報告》，2004年12月24日。

規範進行接軌或直接適用的修訂。 **㊱**

　　此外，這7次修憲同樣也沒有跟隨重視民主審議與公民參與的潮流，於憲法中明文承認並納入更普遍的直接民主與公民參與政策決定的相關機制。 **㊲** 最後，也沒有真正處理台灣前途及其國家定位問題。簡言之，基於上述理由，台灣社會普遍認知到我國憲法仍有可以修改的空間。

一、第二階段憲改的途徑，修憲還是制憲？

　　憲政改造的模式有「制憲」與「修憲」等類型，但「制憲」與「修憲」有時不易區分，而且即便形式上採「制憲」與「修憲」，但其實質仍然有諸多可能的具體模式存在。

　　二次大戰後日本新憲法的誕生，形式上係依據明治憲法修憲程序，但其實質上則為制憲 **㊳**。德國於戰後至1990年為止分裂為東西德，後者於制定西德憲法之際，認為國家尚未統一，國家的基本規範不宜稱為「憲法」，故以「基本法」為名，並於基本法前言特別聲明係由西德人民代替全德人民行使制憲權，且於基本法第146條聲明其統一後將再由全德人民制定新憲法 **㊴**。憲法學界認為西德、日本兩國的「新憲法」途徑，不算是標準型態的「制憲」，嚴格來說，西德、日兩國的「新憲法」屬「形式上修

㊱ 張文貞，〈新世紀台灣憲改的制度選擇：論監察院、考試院與國民大會的存廢〉，《月旦法學》，115期，2004年，頁209-225。

㊲ 同前註㉙。

㊳ 林明德，〈日本新憲法的制定與民主化〉，《歷史月刊》第31期，台北：歷史月刊，1990年8月，頁33-39。

㊴ 戶波江二，〈日本憲法修正之理論與動向〉，凱達格蘭學校主辦：黃信介紀念講座，台北圓山飯店，2004年11月21日。

憲，惟實質上卻屬制憲」的憲法變遷模式。

整體而言，撇開德、日兩國第二階段憲政改造的模式不論，如民進黨政府第二階段憲政改造的模式，係擬採「制憲」模式的話，亦應以民主參與程度較高的方式為之，始符合民主國家的制憲潮流。亦即，第二階段憲政改造的模式應採由公民選出制憲代表通過新憲法後，再經由公民複決程序同意後，始予以公布施行的模式。但這種模式的缺點在於，就國際政治的理解而言，這已涉及「憲法誕生，國家出生」、「憲法消逝，國家滅亡」的課題。質言之，如採此種制憲模式，則第二階段憲政改造將被國際社會認為台灣已在「法理上」追求獨立，且屬法理上獨立的最具體表現，從而將被界定為既損及國際社會既有的安定秩序，亦將被解讀為就是嚴重衝擊兩岸關係互動的政治地雷 ❹。

就此而言，若第二階段憲政改造的模式，係採德、日兩國的模式為之，則憲法內容可修改的部分並不多，是否能將民進黨第二階段憲政改造之目的涵攝及能否對中央政府體制重新定位？能否逕從「五權分立」改為「三權分立」？能否逕予取消「任務型國民大會」的機制等實不無疑義。

其次，第二階段憲政改造的模式，對應於上開制憲模式，若不涉及「憲章」變動且依原有憲法所定程序修改憲法內容的方式，此即傳統修憲模式。

傳統修憲模式則有兩種類型：其一、以直接修改憲法本文的方式為之 ❹，台灣民間社會的制憲運動人士自 1990 年起亦有提

---

❹ 傅錫誠，〈政治意識型態的解構與重構─中國民族主義與台灣民族主義之解析〉，台北：國立台灣大學國家發展研究所博士論文，2002 年。

❹ 法國第五共和憲法的修正即是如此。學者吳志中即指出，從 1958 年起至 2001 年

議仿照法國第五共和憲法的制定模式，將現行憲法調整為「中華民國第二共和憲法」者 ❷；其二、以增修條文的方式，彌補憲法本文的不足者 ❸，以國內學界通說來說，普遍認為〈動員戡亂時期臨時條款〉的制定，就是將國家實施緊急權的程序給予特別規定，使之不受憲法本文之限制 ❹。

　　以法國第五共和憲法、德國基本法或戰後日本新憲法的締造為例，對於修憲仍可替代舊憲法，並締造新共和體制的憲法變遷而言，早期的新憲法浪潮都是以制憲模式為主。不過，在第三波民主化浪潮的政治轉型過程中，制憲與修憲的分野似乎已不像在早期如此涇渭分明。對此，葉俊榮教授將這種現象稱為制憲與修憲的相對化 ❺。

　　葉俊榮教授認為，自 1989 年柏林圍牆倒塌、蘇聯東歐的舊政權瓦解後，新興民主國家所帶動的憲法變遷方式已顯得非常多元。除了直接一次制憲外，也有國家選擇在原來的憲政秩序，以漸進修憲的方式，達到憲政改革的目標。他將這些新興民主國家的憲法變遷之經驗，歸納整理為四種模式，即（一）一次直接制

為止，法國第五共和憲法已歷經 15 次修改。吳志中，〈台灣特殊總統制與法國半總統制的比較〉，《國策期刊》第 16 期，台北：國策研究院，2001 年 3 月 20 日。

❷ 主要的理由是既可保持原憲法的歷史原貌，僅冠以「第二共和」之名稱，復可調合修憲和制憲的難題。參照陳朝建，〈以現代立憲主義論台灣民間社會的制憲運動〉，台北：國立台灣大學政治學研究所碩士論文，1996 年 5 月。

❸ 如美國聯邦憲法的修改，以及台灣早期動員戡亂時期臨時條款的制定、一九九○年代憲法增修條文的制定均屬此種模式。參照荊知仁，《美國憲法與憲政》，台北：三民書局，1984 年。

❹ 參照李炳南、曾建元、林子玄，〈動員戡亂時期臨時條款之制度經驗及其影響〉，《台灣民主季刊》第二期，台北：財團法人台灣民主基金會，2004 年 6 月。

❺ 參照葉俊榮，〈從全球憲法變遷的趨勢看台灣憲政改造的定位〉，《2004 年中樞慶祝行憲、國父紀念月會暨宣誓典禮專題報告》講稿內容，台北：總統府，2004 年 12 月 24 日。

憲；（二）一次大幅修憲；（三）多次漸進修憲；（四）漸進階段式制憲 ❹ 。

　　實際上，葉俊榮教授顯然有意認為「制憲與修憲的相對化」已是當代憲法變遷的趨勢，惟以多次漸進修憲來說，卻容易導致一部完整的新憲法無法順利到位，反而愈修改愈趨向於妥協現狀或產生修憲機關收取修憲租的弊端。可是，鑒於對台灣的政治系統與國際環境衝擊過大，一次直接制憲或一次大幅修憲恐怕也難以實現；因此，以修憲、制定過渡憲法、最後完成新憲的三部曲方式，即「漸進階段式制憲」似乎較能作為第二階段憲政改造的模式。

二、有關第二階段憲改內容的各種方案

　　由於台灣社會對於憲政改造有所共識，因此，陳水扁總統於宣示第二階段憲改啟動的同時，遂提出內容多元且豐富的版本。其中包括：民主進步黨、台灣團結聯盟、21世紀憲改聯盟、908台灣國運動、陳明通、第三社會黨等各式版本。

表 5-1　各式憲改草案版本

提出單位	名　稱	提出時間	內　容
台灣團結聯盟	台灣共和國憲法草案	2006年05月11日	台灣共和國憲法草案
民主進步黨	中華民國憲法修正案草案	2006年12月29日	民進黨版本憲改草案：總統制與內閣制
21世紀憲改聯盟	21世紀憲改聯盟憲法草案（第三版）	2007年	21世紀憲改聯盟草案：總統制與內閣制

❹ 同前註。

908台灣國運動	908台灣國憲法草案	2007年02月28日	908台灣國憲法草案
陳明通等人	中華民國第二共和憲法草案	2007年03月18日	第二共和憲法草案
第三社會黨、周奕成等人	第三共和憲法草案	2007年11月30日	第三共和修憲說帖

（一）政黨版本簡介

　　1. 民進黨版本於2006年12月 29日提出，其中保留基本國策，且總統制、內閣制並陳，尚未決定版本。

　　2. 台灣團結聯盟版本於2006年5月11日由台聯政策會提出，其主張更改國名，並主張三權分立，同樣是總統制、內閣制並陳。

　　3. 國民黨並無確切版本，由泛藍學者研議中。

（二）立法院版本簡介

　　1. 民進黨立委尤清、林濁水以國會200席做為國會協商基礎，並採用德國聯立制選舉、單一選區，且主張三權分立之內閣制。

　　2. 民進黨立委張川田等77人提出三權分立之總統制憲法增修條文提案。

　　3. 台灣團結聯盟立委羅志明提出內閣制、第8屆立委164席、並降低修憲門檻之憲法增修條文提案。

　　4. 親民黨贊成恢復閣揆同意權，但反對於現階段修憲。

（三）民間團體簡介

1. 21世紀憲改聯盟於2006年4月25日提出憲法草案第1版，2006年5月4日提出第2版，其主張三權分立之兩院式內閣制，將新興人權概念入憲。2007年1月25日發表憲法草案第3版，其中總統制、內閣制並陳。內閣制版本已於2007年4月2日達到提案連署門檻（立委4分之1之提議）。

2. 台灣法學會於2006年11月已完成初版。

3. 新憲工作室學界版本於2006年12月完成初版。

4. 全產總等團體主張將推動勞動權入憲。

5. 保聯盟等環保團體主張環境權入憲。

6. 全國婦女聯合會等婦女團體主張強化婦女權利入憲。

7. 原促會等原民團體主張新憲應寫入原住民專章。

8. 中華農業學會等農業團體主張將農業權入憲與宣導計畫籌畫中。

9. 908台灣國運動主張由2007年2月28日提出台灣國憲法草案。

10. 手護台灣大聯盟強調提憲改必要性，不提版本。

11. 陳明通等人於2007年3月18日提出第二共和憲法草案。

12. 周奕成、林致真、曾建元、許家馨於2007年11月30日提出第三共和修憲說帖。

由上可知，各界的憲法版本內容多元豐富，總統制與內閣制並存的現象在政黨間也很常見。不過，有趣的是2006年4月至5月出現的憲改版本，不論是民進黨、台聯黨、21世紀憲改聯盟，

內閣制似乎是較為流行的版本 ❹。簡言之，第二階段憲改帶動民間各界與政黨間的討論，在台灣社會普遍認為當前憲政體制必須改革的共識之下，實為我國憲政改革做出相當的貢獻。

伍、第二階段憲政改造之推動

「第二階段憲政改造」是為了延續第一階段憲改的成果。第一階段憲改是在陳水扁總統執政過程中發生，內容包括公投入憲、國會減半及單一選區，這些是於 2005 年 6 月 12 日完成修憲；第二階段憲改則是從 2005 年 7 月展開，推動的課題主要是有關憲法內容的改革部分。整體的計畫目標是希望在 2008 年 5 月陳水扁總統卸任時，「能夠交給台灣人民及我們的國家一部合時、合身、合用的新憲法」。

一、推動原則

第二階段憲改之推動當初即設定以「民間為主，由下而上，民間主導，通盤檢討，國際接軌」之原則。憲改推動架構則由民間主導，2005 年 8 月總統府雖然成立憲改辦公室，但僅屬任務編組性質，完全沒有預算編列，旨在做為與各界協調與聯繫的溝通平台。

如前所述，第二階段憲改推動原則包括：以「由下而上」、「民間主導」、「通盤檢討」、「國際接軌」的四大策略，循序推動第二階段憲改工程：

---

❹ 同前註 ㉖。

(1)由下而上：揚棄過去7次修憲的精英主導模式，促進人民參與，形成全民運動，凝聚全民共識；

(2)民間主導：由民間提出版本，政府扮演平台與催生的角色，促進參與並管理時程，協助民間舉辦各種座談與宣講活動，以「落實憲法公民教育」為目標；

(3)通盤規劃：揚棄以增修條文修憲的方式，憲法應有全盤思考，依現況與長遠需要，修改本文；

(4)國際接軌：與國際人權保障概念接軌，應以最進步的觀念打造一部最進步的憲法。

回顧並檢視過去的憲改推動，有下列四項觀察：

第一點是目標設定爭議，憲改應該被定位在政治訴求抑或是社會運動？假使沒有強烈政治力介入時，憲改推動能量顯然會不足；但太多政治力介入也會帶來困難與障礙，包括來自親藍媒體與國民黨的阻礙，以及美國與中國的壓力。也因此造成三個現象：上熱下冷、學界與民間熱、政治圈很冷。

第二點是在推動程序上，到底應該是一次到位的制憲舉動或者大幅修憲，還是只能分期付款式地一條一條慢慢修？就當時而言，各界對於一次到位的憲改共識仍嫌不足。整體而言，憲改推動的最大障礙是大家對憲改的目標共識不足，除去包括國民黨跟親藍媒體基於意識形態上的當然杯葛不說，民進黨內部甚至在立法院黨團之中也有不同意見的雜音。

第三點是關於內容方面，在政府體制的選擇應該是內閣制或是總統制？在選舉制度上是否納入單一選區兩票制的檢討？其他還包括與主權相關的議題，包括第二共和憲法，國號及國土變更等；還有與中國關係和其他議題。這些議題牽連甚廣，難以獲得

全盤的共識。

第四點，就國際上來說，推動憲改到底是屬於政治陣營的政治訴求還是民間自發性促成的社會運動？因為各國代表處都對此議題相當關心，會不時四處詢問相關進度。各國代表處關心的主要是憲改是否會觸及國家主權的相關議題，政府在憲改過程當中所扮演的角色為何？是否會發生不可預期的改變？這些都是外國駐台單位相當關注的部分。

簡言之，第二階段憲改在推動的短短3年之內，民間提出的各個版本彙編都不錯，但問題在政治力介入是否需要一次到位？在國內共識普遍不足的情況下，如何爭取最多的支持，應該才是憲改所會遭遇的主要問題。特別是未來民進黨重返執政時，對於憲改這件事應該採取什麼樣的角度去看待？多數台灣民眾雖然認為現行憲法有很多的問題要修改，但是民眾的意志是否強大到現在要求進行憲改？以及未來憲改推動的方式該如何安排、具體達成改革目標？這些應該都是值得好好仔細思考的重點。

二、推動架構

陳水扁總統將推動期程分成4個階段，第一階段2005至2006年憲改辦公室成立，2006年底憲改全民推動階段，共計舉辦2,400多場座談會。第二階段包括整合共15個憲改版本，並將其出版成書。第三階段加入公民審議的概念，讓民眾能夠親自參與，不幸的是，這部分的推動於2006至2007年政治環境的改變，因此無法順利推動。第四階段為憲改完成階段。最後的兩個階段，因時空環境變化無法順利完成。

推動方案是依據前述四大階段而進行六大工作方案，分別

為(1)民間社團憲改推動方案；(2)校園憲改推動方案；(3)學界憲改推動方案；(4)行政系統憲改推動方案；(5)憲改到村里推動方案；(6)媒體憲改推動方案。

民間社團憲改推動的部分除21世紀憲改聯盟外，也有其他民間社團進行推動，例如宜蘭社區大學。校園憲改推動的部分，對共計130多個學校進行憲改教育與宣導。學界憲改推動的部分，主要工作在討論憲改版本的形成。行政系統憲改推動則是主要針對公務員訓練做強化，各部會至少舉辦一次專題演講。憲改到村里推動的部分，主要進行如何將憲法融入人民生活，然而這個部分最終未竟全功。最後為媒體憲改推動，以成效來看，這個部分困難最多，改變最小，特別是電子媒體。

圖5-1　憲改推動架構

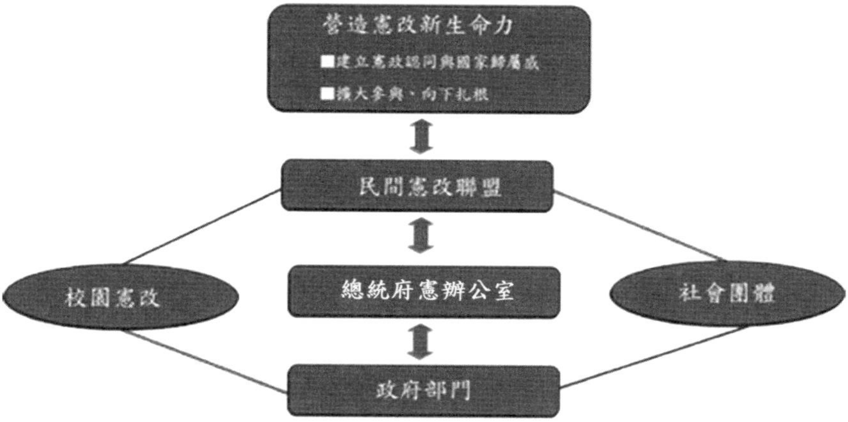

三、第二階段憲改的精神內涵

在這個關鍵的「憲法時刻」裏，民間社會絕對是驅動第二階段憲改的火車頭，民間良知的動能絕對是下一階段憲改成功的決定性力量。

審議民主的憲改：第二階段憲改是個「由下而上」、「民間主導」的民主審議過程，民眾必須親自擔任新憲法的催生者，親手繪製國家前進的藍圖；況且，憲改案通過的公民複決具有選舉人總數 1/2 的高門檻設計，使得第二階段憲改議題在尚未達到普遍的民間共識之前，絕不可能過關，所以同時是個凝聚共識的社會運動與民主學習過程。

完整進步的憲改：配合「通盤規劃」與「國際接軌」的前瞻性原則，將完整、進步、尊嚴、公義的人權理念具體地納入未來的新憲法當中，為台灣的憲政注入生命的活水；將符合人民期待的政治運作做出縝密合理的調整，擺脫朝野對抗的內耗困頓，提升台灣整體的競爭力、晉身國際的先端標竿國家。

四、時程規劃

整體計畫目標是希望在陳水扁總統於 2008 年 5 月卸任時，可交付人民合時合身的憲法。第二階段憲改將大部分的工作放在憲法教育部分，由於現代高等教育越來越不重視憲法，憲法課程已不再是通識必選，反而常用西餐禮儀課程來取代之，因此，特別著重憲法教育的強化。詳細的時程規劃如圖 5-2 所示。

圖 5-2　憲改推動階段

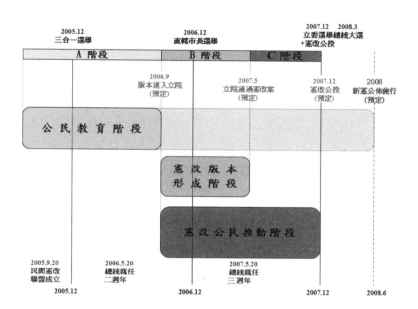

陸、第二階段憲改與美中台關係

　　雖然陳水扁總統宣示第二階段憲改的時程與目標，然而，台灣因其地緣與特殊的歷史因素的緣故，實不得不對於影響台灣發展甚鉅的兩國，即美國與中國，對於憲改的影響做出評估。因此，下面將扼要分析美中台關係對第二階段憲改的影響。

　　2000年3月18日，台灣首次出現政黨輪替，兩岸關係進入全新的互動階段。2000年5月20日，陳水扁總統於就職演說發表「四不一沒有」主張 [48]，其主張也成為日後美中兩國處理台海問

―――――――――――

[48] 陳總統承諾在其任期之內，不會宣布獨立、也不會更改國號、不會推動兩國論入憲、不會推動改變現況的統獨公投、也沒有廢除國統綱領和國統會的問題。

題的基本架構，但台灣內部對此並不滿意，而由於「統合論」、「大膽談話」等都沒能得到中國的善意回應，使得陳總統開始改弦易轍提出「一邊一國」的說法。自陳水扁總統第二任期連任開始，民進黨政府便致力於突破「四不一沒有」的約束。

2004年3月30日，陳總統公開提出憲改主張，並於2005年8月1日成立憲改辦公室，宣示「第二階段憲改」開始積極進行，但仍強調不會片面改變台海現狀。雖然陳總統表示這是「台灣民主改革、憲政改革的時間表，而不是台獨的時間表」，但美國仍一再主張台海關係需要在不違背美國的「一中」與「三不」的架構。2005年2月24日，陳水扁總統與親民黨主席宋楚瑜進行會晤，會後作成10項重要結論，陳總統重申「四不一沒有」的承諾，但無法減低美中兩國的疑慮。2005年2月27日，美國前總統柯林頓與陳總統見面時，同樣強調美國的立場。

然而，由〈反分裂國家法〉通過之後，陳總統更加明確其進行憲改的決心。首先，陳總統於2006年2月27日進一步宣布終止〈國統綱領〉❹，並積極啟動第二階段憲改❺，雖然仍強調不會片面改變台海現狀，但卻已使北京政府憂慮民進黨政府要推動「法理台獨」或「宣誓台獨」。因此，當陳水扁總統於2006年9月24日表示憲改工程將檢討領土疆域等問題時，隨即遭到中國國務

---

❹ 陳水扁總統決定國家統一委員會「終止運作」，不再編列預算，原負責業務人員歸建；國家統一綱領也「終止適用」，並依程序送交行政院查照。由於受到在野黨、美方等各壓力，陳總統才將原先宣示的「廢除」改為「終止」。

❺ 陳水扁總統於2006年6月26日參加台灣法學會所舉辦的研討會時，表示台灣過去一直服膺於「大中國意識形態」，嚴重阻礙台灣民主憲政的正常發展，只要無法拋棄此思想，台灣就無法成為一個主權獨立的國家，因此，陳總統強調「第二階段憲改」的推動將擺脫「大中國思想」。

院台灣事務辦公室的嚴正批評，並將陳水扁總統的憲政改革視為一種「政治挑釁」。由此看來，中國對陳水扁總統的憲改工程採取的是圍堵、堅決不接觸的立場，只要任何觸及「法理台獨」或「宣誓台獨」的作為，北京政府都將進行嚴厲的回應。

　　反之，美國則在「一中」與「三不」的架構下，不干涉台灣的憲改，並期待能夠扮演推動兩岸政府對話的角色 ❺❶。在面對陳總統提出領土爭議時，美國國務助卿希爾對於台灣進行的憲改工程雖無正面的回應，然而，其重申美國將維持一中政策、美中三公報以及〈台灣關係法〉的架構處理台海問題。因此，美國國務院仍針對領土議題提出回應，其強調美方嚴肅看待陳總統的各項保證，其中包括憲改議題將不涉及領土定義。

　　為緩和兩國強烈的反彈，陳水扁總統隨即拋出希望在美國進行「扁胡會」的意圖，並透過總統府官員傳達希望美國能夠體認 2006、2007 年這兩年是兩岸復談的「機會之窗」，為維持台海和平穩定，陳總統希望美國能扮演兩岸和談的「促進者」、「斡旋者」等角色。希望透過拋出「扁胡會」於美國舉行的議題，藉此向兩國釋放善意 ❺❷。此外，陳總統多次強調「涉及國家主權、領土及統獨的議題，由於目前在台灣社會尚未形成絕大多數的共識，所以建議不宜納入第二次憲改的範圍。」❺❸。然而，由於陳總統宣示的公投制憲主張，遂使美中兩國仍舊對其充滿不信任。

　　2007 年 1 月 19 日，國台辦表示 2007 年為反對「台獨」、「維

❺❶ 范正祥，〈美官員：期望北京與台灣政府對話〉，《自由時報》，2005 年 4 月 19 日。
❺❷ 蘇永耀、鄭琪芳，〈台盼美斡旋、促進兩岸和談〉，《大紀元》，2006 年 6 月 5 日。
❺❸ 同前註 ❷❾。

護台海和平」的關鍵時期 ❺❹，北京當局將陳總統的憲改視為謀求
台灣法理獨立的實質階段，並強調兩岸關係將面臨嚴峻的挑戰。
同年 3 月 4 日，陳總統拋出「四要一沒有」❺❺的主張，並強調其將
於卸任前完成修憲之工作。隔天，國台辦即嚴詞批判其主張為公
然鼓吹台獨，而美國國務院亦表示此主張對於台海和平沒有幫
助。由於受到美中雙方的壓力，陳總統於 3 月 16 日重新強調催生
新憲不是邁向法理台獨。然而，中國國務院總理溫家寶於全國人
大記者會表示：「中國將密切關注台灣分裂勢力在台獨道路上所
採取的行動與圖謀。」❺❻同樣地，布希政府亦由美國在台協會台
北辦事處處長楊甦棣當面向陳水扁總統表達美方對於「四要一沒
有」的不滿。

　　2007 年 3 月 28 日，避免被認為是邁向法理台獨的催生新憲方
式，由陳明通等學者提出〈中華民國第二共和憲法草案〉，但仍
遭到國台辦的嚴厲批評，其表示此草案實為與陳總統謀求法理台
獨。事實上，2007 至 2008 年陳總統卸任前的兩岸關係進入緊張
期，因陳總統的多項主張 ❺❼皆被中國視為挑釁與台獨，遂出現民
間熱絡，政治緊張的狀態。而美台關係自 2006 年的過境外交以
及陳總統多次欲跳脫「一中」與「三不」的架構逐漸進入不信任
的狀態，美方亦對陳總統的公投主張表示憂慮與懷疑。

❺❹ 陳斌華、張勇，〈國台辦：今年是反對台獨，維護台海和平的關鍵時期〉，《新華
社》，2007 年 1 月 17 日。

❺❺ 四要一沒有為：「台灣要獨立」、「台灣要正名」、「台灣要新憲」、「台灣要發展」
以及台灣沒有左右路線。

❺❻ 陳巧聰、劉曉丹，〈溫家寶：密切關注台獨的種種行動和分裂圖謀〉，《中國評論
新聞》，2007 年 3 月 16 日。

❺❼ 包括公投入聯、制憲正名等。

　　由此可知，修憲非純為台灣內部事務，因為美中兩國的壓力，遂使陳水扁總統多次表示其憲改的方向不涉及敏感議題，然而陳水扁總統宣布將領土問題納入憲改範圍之後，違背美國的「一中」與「三不」架構，以及使中國將憲改視為「政治挑釁」，堅決反對任何「法理台獨」，使陳總統的憲改工程在美中台三邊關係近乎冰點的情況下進行，最終其憲改目標也沒有獲得成功。然而台灣修憲若只涉及政府組織之改造與調整，美中聯手激烈反應的可能性不高。此時，修憲所反映出來的國內主權象徵，北京政府雖不樂見卻也無法阻擋。然而，當台灣憲改一旦被解讀為有意片面改變台海現狀時，其面臨的龐大壓力是可以預見的。

柒、結語

　　台灣當前面臨的最大危機是什麼？除少子化、高齡化、貧富差距、財富分配、稅制、弱勢保障、環境保護、核能安全、溫室效應等熱門公共議題外，憲政體制更應是不容忽略的課題。在民主憲政秩序上軌道的國家裡，作為國家基石的憲法體制理應具備高度共識，廣為國民接受。然而，與世界一般正常國家相較，台灣處於一個相當不正常的國家體制與國際地位。

　　戰後六十餘年來，台灣歷經了兩個相互迥異卻又相互交織的憲法秩序。二次大戰之後中國國民黨隨即進入中國內戰，且台灣甫脫離五十年日本的「特殊法」統治，即踏進國共內戰戰敗的中華民國政府所帶來的「特殊法」體制——動員戡亂憲政體制。

　　台灣作為一個政治實體在國際間進行活動，不論是國內藍綠陣營，抑或以各種方法承認或不承認台灣的國家，都不能否認此

事實。尤有甚者，台灣實質上是一個主權獨立的國家，但在國際社會上卻向以中華民國自居，一個名為台灣的國家並不存在，更遑論一部以台灣為名，由台灣人民制定的憲法。

然而，歷經多次修憲以及此次的第二階段憲改，其目標設定之爭議仍有許多討論的空間，例如憲改應是政治訴求或是社會運動？

憲改教育推動的成功，與憲改工程的推動有密不可分的關係。回顧此次憲改，民間版本憲改方案與政黨方案的彙集相當完整，然而，憲改推動平台在電子媒體是否能有突破性的作法？另在推動程序上，到底是應該一次到位還是分期修法？都是值得再多加思考的層面。此外，憲改目標與做法共識的不足，仍舊左右憲改結果的成敗，例如國民黨對於預算杯葛嚴重，以及憲改主要推手民進黨立法院黨團內部皆充滿不同意見。

最後，推動憲改的外部壓力相當巨大。憲改牽涉不僅是傳統的美中台三角關係，更需加上日本與新加坡等其他區域國家。第7次憲改工程雖已告一段落，然而《中華民國憲法》仍舊不合乎當前我國的需求，做為未來推動憲改的借鏡，我們更應思考未來憲改可行之方案。

第六章

憲法的制定程序

國立臺北大學公共行政暨政策學系助理教授

陳耀祥

壹、制憲的基本原理

一、制憲的型態

　　制憲有兩種型態（參照表6-1），第一種的「A型」是，當一個新國家獨立之後，必然會制定憲法以確立國家的基本法秩序。其方式是由國民選出制憲代表，召開制憲會議制定憲法，最後由公民投票通過。憲法制定之後，制憲會議與制憲代表立即解散，並依憲法規定選出國會議員及各級首長，組成新政府。

　　第二種的「B型」是，一個既存國家原則上維持國家的同一性、繼續性，但是為確立新的憲法秩序（例如，主權歸屬、人權保障、權力分立等之變動），不受原有憲法的規範，特別選舉制憲代表，召開制憲會議，廢止舊憲法制定新憲法，並立即依新憲法組成新政府。

表6-1　制憲的型態

	型態	內涵
制 憲	新國家制定新憲法	以新的制憲權選出制憲代表召開制憲會議，由國民認可之後，依新憲法規定，組織新政府。
	既存國家制定新憲法	維持國家之同一性、繼續性。 選出制憲代表，召開制憲會議制定新憲法，全面建立新政府。 可以變動憲法基本原理。 不受修憲程序拘束。

　　A、B型，嚴格說只在對外的國家之同一性、繼續性是否維

持有所不同，在對內的憲法秩序之全面革新，可謂完全相同。❶

二、制憲的權力

　　憲法制定權力(constituent power)是指創造憲法秩序，制定憲法之權力。國民主權原理之下，當憲法本身的矛盾不能依通常的修憲方式解決時，國民得發動制憲權制定新憲法。任何憲法中不可能規定制憲的程序，制憲權也不受憲法的規範或任何立法拘束。制憲權就是，人民自身以其自然擁有的主權者身分，所發動的權力，人民絕對有權以實力要求建立保障人權的憲法新秩序。

　　制憲也可以當作人民行使抵抗權的一種方式，當現存的憲法秩序已遭破壞，人權被侵犯，民意受壓迫，人性尊嚴被否定時，國民唯有展現實力，重新制定憲法，才能恢復保障人權的憲法秩序。制憲權就是人民有權選舉制憲代表，召開制憲會議來制定憲法，最後由公民投票通過，完成制憲的權利。制憲唯有依賴人民全面覺醒及參與來達成，不可能依賴被扭曲的現行憲政體制或法規範制憲。制憲就是人民的抵抗運動。所以，制定憲法之權力，可由以下四個不同的角度來理解其意義及本質。

（一）自然運作的本質

　　憲法制定權力是在自然狀態以下運作的權力，不受任何法的拘束。憲法是創造國家各種法秩序的基本大法，在憲法未制定之前，不可能存在任何實定法可以拘束憲法制定權力。因此，憲法制定權力應該是在不受法拘束的狀態下，自然地制定出憲法。但

---

❶ 詳閱本書第三章第肆節。

必須注意的是，立憲主義憲法有一定的基本原理及架構，即使是憲法制定權力也必須受其拘束，並非絕對不受拘束的權力。憲法制定權力若自認為是至高的權力，無視自然法及基本原理，只依政治實力制定違反現代立憲主義的獨裁專制憲法，則憲法制定權力的存在及正當性亦將被否定，其所制定的憲法亦非「憲法」。

（二）制憲主體是國民

依照現代立憲主義的國民主權原理，若非由國民掌握憲法制定權力，則不具備正當性。制憲主體是國民，國民是在憲法未制定前就存在的主權者，其所擁有的憲法制定權力與憲法制定後所規定的公民投票制、修憲權、參政權等憲法之下的國民主權運作型態本質上不同。這些依照憲法規定所創造的國家機關或憲法所賦予的任何國家權力，都是源自憲法，必然受憲法拘束，絕不可能像憲法制定權力一般，能介入或參與憲法的制定。

由此可知，被創造的權力必須受原始權力的拘束，被委任授權的權力必須服從原始的授權者。國會、民意代表都是屬於受委任的權力，只能制定法律，不可能制定憲法。只有超越憲法存在的國民主權實體所構成的憲法制定權力，才能制定憲法。

貳、台灣制定新憲法的必要性

現行中華民國憲政體制存有以下三大問題：

一、歷史上：源自中國、缺乏民意

台灣目前施行的《中華民國憲法》，係以半個多世紀前當時

中國的 35 省和 4 億人口為對象。表面上是由中國人民的代表所制定的，但事實上 1946 年的制憲國民大會代表，90% 以上不是由人民所選出來，而是由中國國民黨恣意指派，操控在中國國民黨手中。整個制憲過程台灣人民都沒有參與，只有在最後即將三讀通過時，才臨時指派台灣 17 位沒有民意基礎的國大代表出席。這部憲法前言所謂「受全體國民之付託」純屬虛構，連在當時都不具有代表全中國人民的民意基礎。

中華民國憲法無法代表台灣人民的意志與情感，甚至連中國國民黨政權自己都不尊重。這部憲法公布實施不到半年，中國國民黨政權就制定「動員戡亂時期臨時條款」，實施動員戡亂體制與軍事戒嚴，建構中國國民黨在台灣進行獨裁統治的二大支柱，蔣介石父子在台灣成為終身制的統治者，萬年國會成為獨裁的幫兇。

另一方面，在 1912 年中華民國誕生當時，台灣是日本的領土，並不在中華民國的版圖之內；1949 年中華民國政府流亡來台灣時，舊金山和約尚未簽訂，日本還沒有「放棄」台灣及澎湖群島，所以中國國民黨政權對台灣只是軍事占領，並沒有得到台灣人民的同意及支持。這一部《中華民國憲法》在中國不曾真正實施即已經被宣告消滅，在台灣也又長達約 40 年沒有被認真施行過。然而悲哀的是，這部從不曾經台灣人民同意且絕大多數台灣人民對其毫無感情可言的憲法，卻又強加在台灣人身上超過一甲子，甚至迄今仍束縛著台灣人民的命運與前途，讓台灣人民不能享有真正而完整的民主與自由。

二、名義上：僭越中國，盜名自欺

中國國民黨政權1949年在中國內戰敗北，蔣介石流亡至台灣「復行視事」，無視正牌總統李宗仁的存在，在台灣重新建立「中華民國政府」。在此前的戰亂期間，中華民國憲法並無適用的可能，所謂行憲僅是空言，而在中華人民共和國成立後，「中華民國政府」已被推翻，中華民國憲法更理應不復存在。

然而，敗逃至台灣的中國國民黨政權，為了保有代表中國的名分和在台灣執政的實益，遂不顧國際法憲法的法理與台灣人民的意願，仍繼續堅持所謂的「大中國意識形態」與「法統」，將台灣裝扮成為「民主的中國」，就國家名稱及實定法方面而言，均將中國國民黨政權過去在中國時期所使用的「中華民國」及其法律全盤施行於台灣，形成「中華民國在台灣」的另一套非常態的法秩序。

戰後半個多世紀以來，中國國民黨讓台灣一直背負「中國共和國」（Republic of China），與真正統治中國的「人民的中國共和國」（People's Republic of China）混淆不清，這種盜名自欺的行徑，讓國際社會誤認為台灣是中國的一部分，導致台灣在國際社會間走投無路。

三、內容上：背離憲法學理，人權條款落後，權力分立制度紊亂

憲法是國家的根本大法、人民權利的保障書。法國大革命時的人權宣言第16條揭示：「權利之保障未臻確實，權力分立制度未予釐定之社會，不得謂為有憲法之社會」，明確指出近代意義

憲法應有的內涵。然而從憲法學理而言，中華民國憲法從頭到尾，無論在人權保障與權力分立制度方面，病徵非常複雜，造成憲政制度紊亂。

自1991年終止動員戡亂時期起，台灣即開始一連串的憲政改革，迄今已達20年之久，其中修憲達7次之多。前6次修憲均為憲法規定之修憲機關依照修憲程序，以增修條文方式，大幅變更憲法本文中有關總統及中央民意代表之選區及產生方式，使以中國大陸地區為選區基礎的選舉，調整為以自由地區——「臺、澎、金、馬」為選區基礎的選舉。此一作為不僅使1946年在南京制定之憲法能適用於「中華民國在臺灣」的現狀，亦能維持社會的穩定，並達成相當程度的民主深化作用 ❷。

然而，憲法是國家根本大法，所有法律命令都以憲法為基礎，因此憲法的制定應符合國家的風土人情與時空背景，才能建構因應實際需要的法令制度 ❸。台灣雖自1990年以來共歷經7次修憲，但這部《中華民國憲法》實為迄今60餘年前於中國誕生，其本質為中國舊憲法，故所謂憲改僅是在其一字不改的175條條文後，修補增修條文而已。更何況《中華民國憲法》未能適應當前台灣政經發展需要，無論如何努力修憲都難以補救當前的憲政危機 ❹。

要解決此項困境，避免台灣一直陷在是否與中國為同一國家的「政治迷宮」當中不停地、曲折離奇地繞圈子，唯有「制憲正

---

❷ 李建良著，湯德宗、廖福特主編，〈面對中華民國憲法－思索台灣憲改之路〉，《憲法解釋之理論與實務（第五輯）》，台北：中央研究院法律學研究所籌備處，2007年3月。

❸ 陳新民，《憲法學釋論》，台北：三民書局，2008年。

❹ 李鴻禧，《台灣憲法之縱剖橫切》，台北：元照出版社，2002年12月。

名」，別無其他方式 ❺。因為，若不切斷中華民國憲法所連結的政治臍帶，不廢除憲法增修條文前言中所載「為因應國家統一前之需要」，台灣無法成為獨立自主的正常化國家 ❻。中華民國已經於1949年被中華人民共和國政權推翻，聯合國的中國代表權更在1971年被中華人民共和國政府取代，在國際上形成政府繼承的法律效果。因此，繼續借用中華民國的政府體制，台灣不僅無法在國際間立足，而且，在「一個中國原則」之下，台灣人民將被認為是中國人民。2011年2月菲律賓將台籍嫌犯遣送中國的更突顯出「一個中國原則」對於台灣的危害性 ❼；同年5月9日立法委員管碧玲於立法院提出世界衛生組織（World Health Organization，簡稱WHO）內部文件，指出台灣是以中國的台灣省身分出席該組織會議，引起台灣人民震驚 ❽，更突顯馬英九政府堅持「九二共識、一中各表」的立場，根本就是自我否定國家主權，自尋死路。

　　要確保台灣國家主體性，除正名制憲別無他法，而且可以預期產生以下具體效果：

　　第一，必須由台灣人民行使制憲權進行制憲，才能明確界定國家主權範圍，使憲法能有效具體實施，使台灣成為獨立主權國家。 否則在主權、制憲權不明確的前提下，實無法奠定行憲的基

---

❺ 張嘉尹，〈多元族群、國家認同與台灣的憲政改革〉，《中研院法學期刊》第2期，2008年3月。

❻ 李鴻禧，《台灣憲法之縱剖橫切》，台北：元照出版社，2002年12月。

❼ 賴怡忠，〈台籍嫌犯遣送中國的兩岸意涵〉，台灣新社會智庫，2011年2月11日，網址：http://www.taiwansig.tw/index.php?option=com_content&task=view&id=3164&Itemid=117&userid=92&content_type=article。

❽ 邱燕玲、王寓中、王昶閔，〈世衛密件曝光 我列中國一省〉，《自由時報》，2011年5月9日。

礎。任何以修憲方式所修訂的憲法，只是虛幻的存在，根本無法施行，具體保障基本人權，反而成為各國不承認台灣是主權國家的把柄。

第二，只有制憲才可能斷絕過去的違憲解釋及違憲慣習，廢除糾葛不清的五權體制，建立權力分立的政府。也惟有透過制憲才能使台灣全面改革政治經濟、社會各層面的弊病，不會東修西改造成種種的對立與矛盾。

第三，只有制憲才能落實國民主權，使台灣人民真正成為國家主人。只有制憲才能確立以人民福祉為中心的國家體制，使台灣成為保障社會人權，重視社會福祉的民主先進國。同時，顯示台灣人民擁有主權及以制憲權建立憲法秩序之決心，對於爭取各國支持台灣的國際地位，對抗中國併吞台灣的野心將是最有效之後盾。

參、創造制定新憲的主客觀條件

關於制定新憲的重要性，台灣的政治精英早已在近半世紀前就提出來，1964年的「**台灣自救宣言**」事件中，彭明敏、謝聰敏與魏廷朝三人明白地提出台灣獨立理論及制憲的訴求 ❾。所以，台灣不缺憲法草案，而是如何實現的問題，也就是「制憲的制定程序」。要符合民主程序制定新憲法，應該先營造下列環境：

---

❾ 李筱峰，＜近百年台灣民主運動概要（初稿）＞，網址：http://www.jimlee.idv.tw/art_01_17.htm，檢索時間2005年6月18日；陳儀深、薛化元、李明峻、胡慶山著，《台灣國家定位的歷史與理論》，台北：玉山社，2004年，頁29。

一、創造有利的政治環境

在啟動制憲程序之前，必須先向人民說明，制憲是政治運動，不是憲法條文的擬定而已。制憲需要全民的共同參與，不是法政精英的工作。制定憲法是人民基於主權創設新的憲法秩序，以建立新的國家或新的政治體制，保障人民的基本權利 ❿。制憲與修憲都是人民行使主權的行為，但是，制憲是政治力，修憲是法律力；制憲是創設新的憲法秩序，不受原來舊憲法秩序的限制；修憲是修正既有的憲法秩序，因此必須受到既有憲法的規範；制憲不受任何限制，修憲是有界限。制憲就像蓋新屋，修憲就像對於已經存在的房屋進行局部整修。制憲的原因有很多，有的是建立新國家，例如，美國從英國獨立之後制定聯邦憲法；德國（西德）在第二次世界大戰之後在盟軍占領下制定「德意志聯邦基本法」重新獨立；有的是創設新的政治體制，譬如中國人民在1947年制定中華民國憲法，1989年以後東歐第三波民主各國的制定新憲法等。台灣人民的制憲運動是解決第二次世界大戰所遺留的問題，舊金山和約留給台灣人民進行「人民自決」的機會與空間，不能因為民主化就忘記或放棄自己所擁有的自然權利 ⓫。

制定新憲既然是政治運動，就必須透過政黨或人民自己進行群眾動員，透過觀念傳達與互動溝通形成「制憲環境」。國家形成的三要素是「人民」、「土地」與「主權」。要完成制憲讓台灣

---

❿ 許世楷，《台灣新憲法論》，台北：前衛出版社，1998年。
⓫ 彭明敏、黃昭堂著，蔡秋雄譯，《台灣在國際法上的地位》，台北：玉山社，1995年。

能成為真正獨立自主的國家，人民首先必須先有「國家意識」及「主體意識」[12]，否則，就是殖民地。從「香港」與「新加坡」的區別就可以了解「殖民地」與「國家」的不同。台灣目前最大的問題就是欠缺「國家意識」，欠缺當家作主的覺醒，將政府民主化與建立國家混為一談。國家意識就是完成制憲工程的最重要的「政治基礎」。沒有踏實的基礎是不可能興建堅固的上層建築。

這種政治環境可以分為「國內環境」與「國際環境」。在國內環境方面，新憲提出需要國內多數民意的支持，最好是絕對多數，以建構民主的政治基礎；在國際環境方面，制憲的國家大多經歷「革命」或「戰後獨立」，所以除了內部的團結之外，更必須排除外國干預，特別是中國的阻擾。

二、整合各項憲法草案

制定新憲除了必須具備有利的政治環境之外，最重要的就是要有凝聚各方意見的憲法草案。其後，在民主化過程中也陸續出現各種憲法草案，例如林義雄版基本法草案、許世楷版憲法草案、黃昭堂版共和國憲法草案、1991年人民制憲會議版憲法草案、1994人民制憲會議版憲法草案、2004台教會版憲法草案初稿、21世紀憲改聯盟憲法草案及最新的新台灣國策智庫的台灣憲法草案版本等。台灣在推動制憲的這二十多年來已經累積相當多的成果，然而各個憲法草案仍有不同的意見，譬如說在對政體之選擇與司法的改革上歧異頗多，因此必須要先整合一部憲法草案，才得以作為後續推動制憲的依據，進而整合出一部憲法草

---

[12] 施正鋒，〈憲政體制的選擇與憲政改造的過程〉，《法政學報》第20期，2006年12頁。

案，並在其中確立人權保障、權力分立等基本原則 ❸。依照世界
各國制憲的先例，必須先由人民或政黨推派法律、政治、社會及
其他社會賢達代表等籌組「憲法起草委員會」，就人權目錄、政
府體制、政黨規範、基本國策、中央與地方權限分配等重要事項
進行充分討論並確定制憲基本內容與原則。如此一來，台灣才能
成為真正的自由、民主、法治及和平的國家。

三、強化人權保障觀念

台灣被中國軍事占領之後，卻因為國民政府官員的貪污殘暴
而發生「二二八事件」，台灣人民被中國國民黨軍隊屠殺，造成
數萬人死亡或失蹤，其後延續的白色恐怖更讓台灣的知識精英幾
乎被消滅，數以萬計人民喪失生命、自由及財產，在當時威權專
制時期，所謂憲法只不過是「裝飾性」的政治文件而已。

台灣民主之後，雖以「中華民國憲法增修條文」形式歷經多
次修憲，進行國會全面改選等措施，但是，對於「人民之權利與
義務」從未有任何增補修正。從未增補並非此中內容已經周延妥
當而不需要再做修改，而是本著過去國民黨認為不應修改憲法本
文的想法以及在長達38年的戒嚴下，憲法中與人權相關的條款
根本難以發揮其實際的規範效力。在既有的條款都難以實施下，
更遑論要對此做出修改與增補。這使得許多新興發展的人權或觀
念在憲法上缺乏明文保障，例如隱私權、環境權、社會權、世代
正義等。由此可知，當權者對人民基本權利的漠視。所以，新憲

---

❸ 陳耀祥，〈終止動員戡亂時期後的憲政改革與國家定位〉，群策會主辦，台北：
台灣民主化關鍵的一九九一：終止動員戡亂時期20周年紀念研討會，2001年4
月，頁83。

草案中也必須對於新興人權發展作回應與決定，探討當前憲法中人權相關條款的不足與侷限，並且以當前國際上國際法與各國憲法對人權規定之發展為參考，為台灣勾勒出新憲法的人權條款藍圖 ❹ 。

肆、制定新憲法應有的步驟

一、制憲程序概觀

　　原則上，憲法制定的程序沒有一定的模式，可在各種自然狀態下運作制定憲法。一般在學理上分析有其發展階段如下：(1)由憲法學者、專家（國內外皆可）組成「憲法綱要起草委員會」，依立憲主義基本原理提出草案。(2)由各界舉行公聽會、研討會反映民意，逐漸形成基本共識。(3)舉行制憲代表選舉，「制憲為唯一任務」，由國民所選出的制憲代表開會確定憲法條文草案。(4)由國民主權者投票通過，完成制憲程序。(5)依新憲法規範，組成新政府，實行新體制。

二、制定新憲的各項程序

　　若要符合民主程序制定新憲法，至少應該採取以下步驟：

（一）召開人民制憲會議

　　正名制憲需要有民主的正當性，在提出憲草之後，必須召開「人民制憲會議」，廣納各界意見，在確定憲法草案後交付公民投

---

❹ 周志宏，〈台灣新憲法的人權條款藍圖〉，《台灣新憲法》，台北：群策會，2005年1月，頁238。

票⓯。基於民主政治的要求，召開制憲會議，凝聚國民共識，並由其中組成制憲委員會負責條文的整合與起草，是新憲提出的重要程序。制憲會議要成功非易事，須面對來自國內統派與修憲派的人士之批評，又須抗拒來自國際社會，特別是中國與美國的壓力⓰。1991年台灣本土社團就曾經在國立台灣大學法學院國際會議廳召開過人民制憲會議，並且提出憲法草案，可惜因為當時政治環境而未能成功。召開人民制憲會議的意義，首先是新憲運動取得民主正當性。憲法是國家最神聖的政治文件，是具有最高位階的法規範，必須經過人民的充分辯論、考量及決定。

各方政治力量在整合過程中基於民主精神互相尊重、學習、包容，共同為國家的未來訂下永續發展的基礎。以美國制定聯邦憲法為例，美國在獨立戰爭結束後，13個殖民地各自建立政府，透過邦聯條約成立「美利堅合眾國」聯盟體制，以邦聯會議為中樞機構。在這種體制下，邦聯會議沒有徵稅權，也缺乏全國性的行政和司法機構，這種體制的運作非常無效率。美國聯邦憲法的制定是因為各州要修改邦聯條約以改善州際貿易通商事務，結果會議最終決定卻是起草一部憲法。費城制憲會議是在1787年5月14日開始，會議主席是由喬治‧華盛頓擔任。經過長達四個月的準備級會議過程，同年9月17日憲法草案完成，依草案規定，必須獲得三分之二以上的州同意，也就是13個州當中需要9個州的批准才能生效。在各州立法機構的批准過程中，一直到1788

⓯ 陳儀深、薛化元、李明峻、胡慶山著，《台灣國家定位的歷史與理論》，台北：玉山社，2004年，頁83。

⓰ 林文程、林正義著，林文程主編，〈臺灣修憲與台美中三角關係〉，《憲政改革與國家發展－2005年臺灣憲改經驗》，台北：台灣民主基金會，2006年。

年6月21日新罕布什爾州批准該憲法草案後，聯邦憲法正式生效，聯邦政府也從1789年3月4日成立運作 ❼。

除了18世紀美國聯邦憲法的制定經驗之外，第二次世界大戰後德國（西德）制定「德意志聯邦共和國基本法」的過程，也是值得觀察的前例。德意志帝國在大戰失敗宣布投降之後，由美國、英國、法國及蘇聯四國共同占領。其中，由美英法三國占領的地區，基於所謂的「倫敦建議」（Londoner Empfehlungen），由各邦議會（Landtage）推派代表組成「制憲會議」（Parlamentarischer Rat），從1948年9月1日在波昂（Bonn）集會。大會是由三國占領區所選出的65位有投票權代表，以及5位西柏林所選出沒有投票權的代表組成，並推選艾德諾（Konrad Adenauer）為大會主席。有鑒於威瑪共和憲法的瑕疵及納粹德國獨裁的慘痛教訓，如何基於實質法治國原則以建立民主自由的憲法秩序，成為基本法草案的重點。

當時經過長達八個多月的會議過程及36次的修正，1949年5月8日以53票贊成，12票反對的表決結果通過聯邦基本法草案，同年5月12日三國占領軍政府同意該草案，在5月23日，三國占領區三分之二以上的邦批准該草案，聯邦基本法正式生效，「德意志聯邦共和國（簡稱西德）」成立 ❽。基本法中並訂有西柏林特別條款，並定為臨時性質的憲法。制憲會議於第一屆聯邦眾議院選出後解散。德國聯邦基本法後來在兩德統一後仍繼續適用至

---

❼ 關於美國聯邦憲法的制定過程請參閱馬克思・法蘭德（Max Farrand）著，董成美譯，《設計憲法》，台北：博雅書屋，2008年。

❽ 參閱德國聯邦政治教育中心資料，網址：http://www.bpb.de/themen/CN4PV2，瀏覽日期2011年12月25日。

今，德國並未再重新制憲。

　　從以上美國及德國的制憲經驗可知，召開制憲會議是制憲的關鍵階段。在召開的過程中必須注意三項要件，首先是「推選代表」，憲法是全民共同遵守的最高規範，所以決定憲草內容必須具有充分代表性，應依照地域、族群、性別、階級等標準選出代表。其次，「會議主席的推舉」非常重要，甚至於影響制憲的成功與否。以前述美國與德國的前例來說，大會主席都是德高望重具有高度政治影響力的政治人物，也成為國家建立後首位美國聯邦總統或德國聯邦總理。第三，「會議準備工作」，包括憲法起草小組的組成，會議過程的安排等都必須步步為營。制憲會議都不是三天或一週可以完成的，事前的準備工作愈充分可以愈縮短會議的期程，但是，無論如何，制憲會議在充分討論的情況之下都必須有超過一個月以上，所以，「制憲地點」的選擇也相當重要。

（二）選擇適當時機提交公民投票

　　制憲會議基於民主原則通過憲法草案之後，必須提交公民投票，才能完成生效要件。但是要順利完成公投必須有以下幾項條件的配合：

1.穩定的環境

　　從世界各國政治歷史可知，制憲只有在國家內外發生重大政治事件發生時才可能成功。所以，等待或創造適當的提出時機，是制憲的必要條件。美國是在獨立革命成功之後，才有不受外界干擾從事制憲的環境；德國與日本是第二次世界大戰之後在盟軍

占領之下透過制憲恢復主權國家的地位；中國則是在經歷軍閥割據及對日抗戰勝利之後才有制憲的機會。所以，台灣人民要制憲成功，必須有穩定的內外在環境，包括，國內多數民意的支持、抗拒國際（中國與美國）的干擾及善用台灣的民主價值，尋求國際的支持。台灣民主化的過程中，許多政治人物或台派社團都曾經提出正名制憲運動，雖然取得一些成果，但是，制憲遲遲無法完成的主要原因是在國內無法形成多數共識，此種現象是與中國及美國的干涉密切關聯。因為中國的武力威脅及政治操作，美國不願意見到東亞政治局勢的衝突，都讓台灣制憲運動無法取得決定性的成功。所以，如何善用台灣自由民主成果爭取國際支持是制憲運動能否順利成功的關鍵因素。

2. 具有民主代表性的提出機關

憲草提出的機關應該具有高度民主正當性，也就是具有最高民意代表性的總統或國會。所以，在現行中華民國體制下仍不能放棄選舉路線的最重要原因是「取得公權力」，因為，無論是國內外環境的安全穩定或是公民投票的推動都必須掌握行政權，只要握有國防外交及各種行政資源，方能民主地與有效地完成憲草的公民投票程序。

3. 公民投票程序的推動

公民投票是人民直接表達其政治意志的最重要手段，因為公民投票具有「民主」與「自決」的意涵。公民投票在第二次世界大戰之後普遍使用，例如，蒙古於 1945 年 10 月 20 日經由公民投票自決脫離中國而獨立，法國殖民地的阿爾及利亞等非洲國家也是實施公民投票而宣告獨立。1990 年代冷戰結束之際，公民投票

成為各國民主化過程制憲或修憲的重要工具 ❶ 。

　　因此，制憲會議所通過的制憲委員會草案，應交由總統或國會交付公民投票。自決式的公民投票是創設新憲秩序的必要程序。雖然，現行的中華民國憲法增修條文第12條的修憲程序規定訂有公民投票複決的程序規定，但是制憲是建構新的憲法秩序，不是修憲，不受既有憲法秩序與公投法的限制，通過門檻只要超過全體公民的二分之一，就具有民主正當性，當然，如果以三分之二以上絕對多數的比例通過，則民主正當性程度更高 ❷ 。

三、過渡程序的準備

　　新憲制定時必須考慮：在法律上，如何從舊的中華民國憲法體制過渡到新的憲法體制，與現有法秩序的無縫隙接軌；在政治上，如何防範在過渡期間當中可能發生的反對勢力暴動或內亂是非常重要的 ❸ 。因為新憲透過公民投票程序通過後，在此同時則是透過全新全面的總統選舉及國會大選，創設新的政府體制，所以，在政治上如何維持國內外局勢穩定，在法律上如何與現有法秩序的無縫隙接軌，都是重要的準備工作。

　　以中國制定中華民國憲法為例，其「憲法實施之準備程序」規定，國民政府應在1947年1月1日公布，其準備實施程序如

---

❶ 關於第二次世界大戰之後的公民投票制度發展，請參閱陳隆志著，陳隆志、陳文賢主編，〈公民投票的理念、發展與類型〉，《國際重要公民投票案例解析》，台北：財團法人台灣新世紀文教基金會、台灣聯合國研究中心，2010年，頁1-40。

❷ 蕭高彥，〈台灣憲法政治：過去、現在與未來〉，台北：中央研究院政治學研究所籌辦處主辦，從制度變遷看憲政改革：背景、程序與影響學術研討會，台北市，2009年9月24日。

❸ 李炳南、楊智傑著，林文程主編，〈第七次修憲過程之圖像〉，《憲政改革與國家發展－2005年臺灣憲改經驗》，台北：台灣民主基金會，2006年。

下：

(1)自憲法公布之日起，現行法令之與憲法相牴觸者，國民政府應迅速分別予以修改或廢止，並應於依照本憲法所產生之國民大會集會以前，完成此項工作。

(2)憲法公布後，國民政府應依照憲法之規定，於三個月內制定並公布中央民意代表機構選舉罷免及五院組織之法律。

(3)依照憲法應由各省市議會選出之首屆監察委員，在各省市議會未正式成立以前，得由各省市現有之參議會選舉之，其任期以各省市正式議會選出監察委員之日為止。

(4)依照本憲法產生之國民大會代表、首屆立法委員與監察委員之選舉，應於各有關選舉法公布後六個月內完成之。

(5)依憲法產生之國民大會，由國民政府主席召集之。

(6)依憲法產生之首屆立法院，於國民大會閉幕後之第七日自行集會。

(7)依憲法產生之首屆監察院，於國民大會閉幕後由總統召集之。

(8)依憲法產生之國民大會代表、立法委員及監察委員，在第四條規定期限屆滿，已選出各達總額三分之二時，得為合法之集會及召集。

(9)制定憲法之國民大會代表，有促進憲法施行之責，其任期至依憲法選出之國民大會代表集會之日為止。

(10)憲法通過後，由制定憲法之國民大會代表組織憲政實施促進委員會，其辦法由國民政府定之。

此種憲法實施之準備程序規定，對於新憲生效實施之後如何建立新政府及與舊法律秩序和平無縫隙接軌具有相當大的參考價

值。所以，憲法草案中也必須訂有相關的程序規定，作為建構新
憲法秩序與設置政府組織的程序依據。

伍、結語

　　制憲是台灣人民行使主權及自決權的重要象徵，憲法提出的
各種程序準備更是關係制憲運動能否成功的重要關鍵，再好的憲
法草案，沒有經過民主、自決的程序，都無法成為完整有效的最
高規範。台灣人民從第二次世界大戰之後，尚未行使作為主人的
制憲權利，六十多年來民主運動的成果雖然出現政黨輪替，但是
仍然是在中華民國體制內的政治活動而已，而且，可能因此與中
國的聯繫更加強化，只有制憲正名才能徹底解決此種政治困局。
在完成此項重大政治運動，創造穩定的制憲環境，整合舊有或新
提出的憲法草案，召開人民制憲會議，提交人民進行公民投票以
取得民主正當性及設計完備的實施準備程序都是不可或缺的重要
程序，必須全民共同的參與與監督。希望天佑台灣，台灣人民得
以早日完成制憲正名的最基本願望！

第七章

新舊憲法交替的經驗與比較

新台灣國策智庫研究員

林雍昇

壹、前言

　　1980 年代中期以來，國際政治情勢翻騰鉅變，伴隨著蘇聯瓦解及冷戰結束，包括中東歐、中南美以及部分非洲與亞洲國家紛紛進行民主轉型，而民主轉型必然帶動憲法變遷，而且此一波的憲法變遷模式，除了因全球化所催生的各國間更緊密的利益關聯，各國所必須顧及的國際因素更多之外，更由於趕上此波民主轉型的國家中，部分其實已有實施過政黨政治及民主制度的經驗（尤指中東歐國家），故基於各國憲政傳統及當時的政治情勢之重大差異，此波民主轉型所採取的憲法變遷模式或步驟，就遠較之前幾波國際社會民主轉型運動呈現更多元的樣態。

　　其中，某些國家轉型初期採取「一次到位」的制憲模式 ❶，就是以取代舊憲法的方式完成憲改，這種在民主轉型的方式是對憲法在形式及內容上進行一次性地徹底改變的方式，以展現出新的政治與國家氣象。在轉型初期選擇一次性完成制憲的國家，包括立陶宛、愛沙尼亞 ❷ 在1990年舉行國會大選，於1992年分

---

❶ 關於「一次到位」式的憲改，參見吳玉山，〈政權合法性與憲改模式：比較台灣與後共新興民主國家〉，《問題與研究》（台北），第 45 卷第 1 期（2006 年 1-2 月），頁 1-28。葉俊榮與張文貞教授則以「時間的集中度」及「憲法的同一性」兩項標準，提出民主轉型國家的四種主要憲法變遷的模式：轉型初期一次制憲、轉型初期一次大幅修憲、階段式制憲、多次漸進修憲，亦頗具參考價值。參見《路徑相依或制度選擇？論民主轉型與憲法變遷的模式》，《問題與研究》，第 45 卷第 6 期，2006 年 11、12 月，頁 1 以下。

❷ 同屬波羅的海三國的拉脫維亞，在公投宣告獨立之後，並非制定一部新憲法，而是選擇回復 1922 年的憲法。參見 Rett R. Ludwikowski, "Constitution Making in Former Soviet Dominance," Georgia Journal of International & Comparative Law（Athens, Georgia）, Vol. 23, No. 2（1993）, p. 155.

別以公投通過新憲法，以及後續紛紛宣告脫離前蘇聯而獨立的國家。❸ 羅馬尼亞、保加利亞、捷克、斯洛伐克 ❹，也是在 1990 年進行國會大選，並分別在 1991 年或 1992 年通過新憲法，這當中，相對於其他國家單由國會制定並通過新憲，羅馬尼亞的新憲則又多加上由公民投票通過此道程序。

在亞洲，蒙古在 1990 年進行國會普選、成立新政府，並由總統成立新憲起草委員會開始著手新憲的起草，於 1992 年初即由國會通過新憲法。菲律賓則在 1986 年總統大選後由新總統艾奎諾夫人，透過頒布臨時憲法並組成制憲委員會的程序，並於 1987 年以公投通過新憲。

相對於上述採取「一次到位」的制憲模式以完成政權轉型之國家，某些國家則採行階段式制憲的方式，當中最成功的例子就是南非 ❺、南美的阿根廷 ❻，另有東歐的波蘭與亞洲的泰國。這

---

❸ 前蘇聯民主轉型國家憲改歷程的詳盡介紹，參見 Kristian Gerner & Stefan Hedlund, eds., "The Baltic States and the End of the Soviet Empire"（New York: Routledge, 1993）; Ian Jeffries, "The Countries of the Former Soviet Union at the Turn of the Twenty-first Century"（New York: Routledge, 2004）.

❹ Mary Kaldor & Ivan Vejvoda, eds., "Democratization in Central and Eastern Europe"（New York：Continuum, 2002）; Karen Dawisha & Bruce Parrott, eds., "The Consolidation of Democracy in East-Central Europe"（New York: Cambridge University Press, 1997）.

❺ 南非憲改歷程，參見 D. J. Brand, "Constitutional Reform- The South African Experience," Cumberland Law Review（Birmingham, AL）, Vol. 33, No. 1（2002）, pp. 1-14; Christina Murray, "A Constitutional Beginning: Making South Africa' s Final Constitution," University of Arkansas at Little Rock Law Review（Little Rock, Arkansas）, Vol. 23, No. 3（2001）, pp. 809-838.

❻ 阿根廷憲改歷程可參見 Nestor Pedro Sagues, "An Introduction and Commentary to the Reform of the Argentine National Constitution," University of Miami Inter-American Law Review（Coral Gables, Florida）, Vol. 28, No. 1（1996）, p. 41; Geoffrey P. Miller, "Constitutional Moments, Pre-commitment, And Fundamental

些國家之所以採取漸進式制憲的憲改模式，主要在於避免國內政治經濟及社會局勢過於動盪導致混亂，故以時間換取空間的方式，階段性地一步一步完成憲法的更替工程，但另一方面最終仍以全新型態，無論是形式上透過全然新的民主程序，或憲法內容上的根本性變更，以新憲法取代舊憲法的方式完成憲改。因此，在轉型的脈絡中，雖然沒有在時間上一次性地集中處理憲改議題以開啟新局，但因為後來在憲法的同一性上選擇去舊換新，故仍有表彰新秩序的階段性意義。在此一模式中，原先的憲法雖然採取的是階段式修改，但最後制定的新憲相較於舊憲，仍較一般的憲法修正模式無論在質與量上，都有比較大幅度的變動，已然是實質意義上的制憲作為。❼

　　本文嘗試討論各國新舊憲法交替時所採取的模式，以作為台灣未來思考、設計與實踐新舊憲法交替時的參考。

Reform: The Case Of Argentina," Washington University Law Quarterly（St. Louis, Missouri）, Vol. 71, No. 4（1993）, pp. 1061-1086; Christopher M. Nelson, "An Opportunity For Constitutional Reform In Argentina: Re-Election 1995," University of Maimi International American Law Review（Coral Gables, Florida）,Vol. 25, No. 2（1995）, pp. 283-316; Ileana Gomez, "Declaring Unconstitutional & Constitutional Amendment: The Argentine Judiciary Forges Ahead," University of Maimi International American Law Review（Coral Gables, Florida）, Vol. 31, No. 1（2000）, pp.93-120.
❼ 葉俊榮與張文貞，〈路徑相依或制度選擇？ 論民主轉型與憲法變遷的模式〉，《問題與研究》，第 45 卷第 6 期，2006 年 11、12 月，頁6。

貳、新舊憲法交替的模式

一、先修憲後制憲

（一）波蘭

　　1989年2月波共和團結工會舉行圓桌會議，開啟了波蘭邁向民主化的先機。波蘭憲政體制之演進從共黨政權垮台，國家走向民主化開始，歷經幾個階段朝野協商始告定案。就時間的先後順序大致可分下列四個時期：1989年2月至1990年12月：1989年的國會大選中，團結工會在參議院拿下99席、眾議院拿下161席，幾乎是所有席次[8]；波共在該次大選中慘敗，改由團結工會掌握國會的絕大多數席次。1990年12月至1992年10月：90年的總統大選由全民直選；團結工會主席瓦文薩（Lech Wałęsa）（台灣之前稱為華勒沙）為改制後第一任的民選總統。在其總統任職期間，團結工會內部逐漸分裂，在總統大選過程中，逐漸形成左右兩派分別支持當時的總理馬佐維耶茨基（T. Mazowieckie）與瓦文薩的局面，終在總統選舉結束後團結工會正式宣告分裂。1991年國會舉行大選，採取仿造德國的比例代表制，而取消了最低得票率的門檻，國會在選舉後出現了二十九個政黨[9]，分歧複雜的政黨體系讓總統在國會無法獲得過半數的支持，產生一連串的政治衝突。為避免府會間衝突繼續延燒危及波蘭的民主進程，總統瓦文薩於1991年提出憲法草案，最後在與國會的妥協下通

---

[8] 參見洪茂雄（1996），〈後共產主義時期波蘭的政治發展：改革與穩定〉，《問題與研究》台北，第35卷6期，頁53-66。

[9] 同上註。

過了一個過渡性質的憲法，又稱「小憲法」。

　　1992年10月至1997年5月：小憲法中雖然明載，由總理與內閣對國會負責，而非總統，但府、院、國會之間的衝突依舊。1993年國會大選中，代表共黨殘餘勢力的左派政黨拿下國會過半的席次，總理由代表左派政黨的農民黨的黨魁波拉克擔任，與瓦文薩形成左右共治的局面，左、右派之衝突愈演愈烈；1995年總統大選，代表左派的總統候選人克瓦希涅夫斯基（Aleksander Kwaśniewski）擊敗瓦文薩，成為新一任總統，憲政衝突才暫告一段落。

　　1997年5月至今：國會民主左派聯盟、農民黨、民主聯盟及勞工聯盟等政黨為加快制憲的腳步，便屬意主導制憲的工作，當時已有相當民意基礎的團結工會卻被排除在制憲的行列之外。因此，團結工會試圖發起全民公投以抵制新憲法的成立，但全民公投的結果卻令團結工會大失所望，仍有52.71%的民眾支持新憲通過，因此，波蘭的新憲法於焉誕生。

（二）捷克和斯洛伐克

　　1989年11月29日和12月28日，捷克斯洛伐克社會主義共和國聯邦議會批准修改憲法，刪除保障共黨「一黨專政」的條款。

　　1989年後，捷克與斯洛伐克兩個共和國對於聯邦與雙方權限問題爭執不休。捷克主張維持現行的聯邦體制，並推崇哈維爾（Václav Havel）繼續擔任國家元首。但是斯洛伐克主張建立由兩個具有國際法人格地位的共和國組成聯邦或國家，並反對哈爾維連任。1990年3月29日，捷克斯洛伐克社會主義共和國修憲更改國名為捷克斯洛伐克聯邦共和國（The Czech and Slovak

Federative Republic）。❿1992年6月5日舉行第二次國會大選。由於捷克和斯洛伐克兩大民族組成的政黨對國家體制、經濟改革等議題，意見相左，雙方經過多次談判，無法妥協。7月2日，決定對聯邦分離問題進行協商。同年11月25日，聯邦議會宣告捷克斯洛伐克聯邦共和國至1992年12月31日自動解體，捷克和斯洛伐克各自獨立。捷克於12月16日將制定的憲法重新審議，正式通過，並在1993年1月1日生效。至於斯洛伐克則在1992年7月17日議會通過斯洛伐克新憲法，同年10月1日生效。從此捷克和斯洛伐克從一個聯邦國家走向各自主權獨立的國家。

二、修憲制憲並進

（一）中、東歐

1. 羅馬尼亞

　　1989年12月，齊奧塞斯庫（Nicolae Ceauşescu）政權經由不到一個星期的流血革命，宣告倒台，改由曾一度是齊氏得力助手的伊利埃斯庫（Iron Iliescu）所領導的救國陣線，接掌政權。伊利埃斯庫上台後，立即承諾，將順應東歐的民主風潮，進行全面改革。1990年由救國陣線廣徵各界意見，成立制憲起草委員會，歷時一年餘的廣泛討論和準備工作。這部羅國劃時代嶄新的民主憲法終於在1991年11月21日經國會批准後，於12月8日再交全民公決正式通過實施。⓫

---

❿ "The Czech Republic: Chronology", Eastern Europe and the Commonwealth of Independent States:4th Edition.（London: Europa Publications Limited, 1999）, pp. 301~302.

⓫ 同前註。

2. 保加利亞

　　自1989年9月起保加利亞一連發生自二次大戰以來規模最大的示威運動，再加上民主化浪潮的襲捲，終於迫使保共宣布廢除憲法中一黨專政的規定。保共和其他許多東歐的共黨一樣，在民意的強大壓力下，為圖在改制後的大選中爭取繼續執政的地位，不惜更改黨名為「保加利亞社會黨」，並於1990年6月舉行自由的選舉，為保加利亞共黨專政劃下句點。

　　1991年7月13日，國民議會通過新憲法，施行多黨議會民主制，確定三權分立的原則，建立民主與法治的國家和公民社會等憲法性條款。以其實質來看，這部憲法在政體的憲法原則、政體結構、進行機制等方面，基本上都屬於西方現代資本主義國家政體範疇，已經完全不同於過去共產黨一黨專政的民主共和政體。❷

3. 阿爾巴尼亞

　　阿爾巴尼亞在共產時期只有一個勞動黨，即阿爾巴尼亞共產黨，1990年12月11日，阿共中央委員會通過放棄一黨專政，採多黨制，於是一個名為「民主黨」的政黨就地成立，其主張為：急進過渡到市場經濟、不動產私有化；1991年4月14日，由阿爾巴尼亞勞動黨分裂出來的二十多位改革派人民議會的議員，另組「社會民主黨」，通過團結中產階級的黨綱。上述的三黨便成為了阿爾巴尼亞進入後共產主義時期的先驅政黨。

　　同年底，停止實行「阿爾巴尼亞社會主義人民共和國憲法」。1991年5月，阿爾巴尼亞民主化後首屆國會通過「憲法要

---

❷ 趙乃斌（1997）。〈東歐國家政體演變與特點〉，《東歐中亞研究》，第一期，頁51。

則」，規定阿爾巴尼亞為議會制共和國，並將原來的國名「阿爾巴尼亞社會主義人民共和國」改為「阿爾巴尼亞共和國」。

　　1991年起，阿爾巴尼亞實行臨時的憲法協議（interim constitutional arrangement），而起草憲法的工作卻直到1993年才執行。原本緩慢的憲法改革過程，因為阿爾巴尼亞有機會被允許進入歐洲安全與合作會議（Organization for Security and Co-operation in Europe）而加快了腳步。然而憲法草案中規定，修憲或制憲須有全體議員三分之二通過才算成立；但因阿爾巴尼亞國內小黨林立，意見不易整合，1994年11月6日，阿國對新憲法草案舉行公民投票，結果否決了這一憲法草案。[13] 之後，又分別於1996年、1997年多次提出修正後的憲法草案，但因政黨間互信基礎薄弱、關係日益惡化，屢次使憲法草案無法通過。最後，才在1998年11月28日，藉由公民投票的方式，通過了憲法草案。[14]

4. 克羅埃西亞

　　在1990年5月底舉行二戰後首次多黨制大選，克羅埃西亞民主共同體獲勝執政，同年12月22日通過新憲法，規定克羅埃西亞成為主權民主國家。1991年5月底克羅埃西亞舉行全民公投贊成克羅埃西亞獨立，同年6月25日克羅埃西亞議會通過脫離南斯拉夫宣言，克羅埃西亞並於1992年5月22日加入聯合國，2000年克羅埃西亞議會通過憲法修正案改準總統制為內閣制，2001年再度修憲，將兩院制改為一院制。

---

[13] 姜士林等編，《世界憲法全書》（青島：青島出版社，1997年6月），頁681。

[14] Albania,（*1999 Eastern Europe and the Commonwealth of Independent States*, London: Europa Publications Limited, pp.109～112.

5. 斯洛維尼亞

　　1990年5月，舉行二戰後第一次多黨制大選，民主聯盟上台執政。1991年6月25日，斯洛維尼亞國會通過決議，宣布脫離南斯拉夫社會主義聯邦共和國獨立，同年12月23日，斯洛維尼亞國會公布新憲法。1997年和2000年兩次修憲。憲法規定斯洛維尼亞實行行政、立法、司法三權分立。總統由人民直選，任期五年，連選得連任一次。總統可提名總理、中央銀行總裁和憲法法庭大法官等職位，經國會通過後任命。

6. 塞爾維亞

　　塞爾維亞在南斯拉夫解體之前，和黑山原屬南斯拉夫聯邦內的兩個共和國。1992年4月，南斯拉夫分裂之後，塞爾維亞和黑山合組「南斯拉夫聯盟共和國」，頒布新憲法。但1999年科索沃危機升高，國內政局甚為不穩。歐盟2002年開始積極幹旋，力促貝爾格萊德當局重新制憲，始有這部《憲法憲章》的誕生。在這部《憲章》中明文規定，容許黑山有三年過渡期，經由公民投票來決定其未來是走向獨立，或仍與塞爾維亞結盟。

　　2006年5月21日黑山共和國舉行公民投票；支持獨立的黑山人民有55.4%並於6月3日宣布獨立，塞爾維亞於6月5日，宣布繼承塞黑國際法人的國際地位。2006年塞爾維亞議會通過新憲法，根據新憲法，科索沃享有高度自治，是塞爾維亞領土的一部分，不過，科索沃於2008年2月17日宣布脫離塞爾維亞獨立。其後塞爾維亞提交海牙國際法庭仲裁，2010年7月22日國際法庭法官終以10比4的絕對優勢裁定，科索沃宣布獨立並沒有違反國際法。

7. 黑山共和國

黑山於 2006 年 5 月 21 日就國家獨立議題進行公民投票,獲得通過,同年 6 月 3 日黑山議會宣布獨立,6 月 28 日黑山加入聯合國,在 2007 年 10 月 19 日經議會審議通過獨立後首部憲法,同年 10 月 22 日生效,正式改國名為黑山共和國。

8. 愛沙尼亞

愛沙尼亞現行憲法於 1992 年 6 月 28 日通過,7 月 3 日生效,除序言部分外共分 15 章 468 條。第一章確定愛沙尼亞是主權獨立的民主共和國,實行三權分立的議會民主制,國家主權屬於人民,獨立和主權至高無上。

9. 立陶宛

立陶宛憲法 1992 年 10 月 25 日由全民公投通過制憲,11 月 2 日生效,後又多次修訂,共 15 章 154 條。憲法規定立陶宛是獨立的民主共和國,主權屬全體國民,公民權利平等。國會為立陶宛最高立法機關,總統由直選產生,是國家軍隊最高統帥。

(二)亞、非洲

1. 菲律賓

1986 年 2 月菲律賓大選因發生選舉糾紛而陷入對峙,最後馬可仕逃往夏威夷。艾奎諾(Corazon Aquino)夫人領導的新政府欲一舉推翻舊制度,3 月 25 日以第 3 號令公布臨時的自由憲法,廢止 1973 年舊憲法,同時解散國民議會。在自由憲法的前言,更開宗明義的指出頒布臨時憲法的宗旨:「新政府是在人民直接行使權力與在菲律賓新國軍單位的協助下而建立起來的,人民無

視1973年憲法的規定而採取行動，要求改革政府，尊重人權和基本自由。」

　　為了使新憲法能順利擬訂，自由憲法特別規定制憲委員會的組成方式，依第5章第1條規定：「總統應於本頒令發表之日起的60天內委派一個委員會，草擬新憲法，該委員會應由不少於30人，不超過50人組成，彼等應為天生菲人，有為人正直、獨立、民族主義與愛國主義思想等聲譽。由總統在與社會各階層諮商後選出。」

　　4月30日，艾奎諾夫人依此規定頒布第9號令，準備設立制憲委員會。5月25日，總統公布45位制憲委員的名單，另外預留5席給反對派人士，以維持和諧精神。❶❺制憲委員會在10月15日通過第42號決議案，宣布將完成的新憲法草案，以菲律賓文本及英文本各一份呈交總統。制憲委員會又通過另一項決議案，向總統建議於1987年1月29日舉行新憲法公投。❶❻訂1986年11月3日到1987年1月31日為宣傳憲法的期間，政府及反對黨均可在此一期間進行宣傳及批評活動。1987年2月2日舉行公民投票，在這次的憲法公民投票中，選民有2,500萬人，實際投票率達90%，顯示人民望治心切，對新憲法寄以厚望。據選舉委員會統計已開出的99%的投票站的選票，贊成新憲法者有17,059,495票，占總投票數75.45%，反對票有5,058,714票，占總投票數22.37%。❶❼

---

❶❺《菲律賓聯合日報》，1986年5月26日，版1。
❶❻《菲律賓聯合日報》，1986年10月16日，版1。
❶❼其他位在斗威斗威、東三描、南三寶顏和巴牙連市等地約490,173張選票（占總投票數2.18%），則因無法計算而失效，但不影響整個投票結果。（《菲律賓聯合日報》，1987年2月8日，版1；1987年2月11日，版1。）

2. 伊拉克

2003 年 3 月 20 日，美國出兵推翻伊拉克海珊（Saddam Hussein）政府，使得伊拉克舊憲法體制不再存在。為恢復伊拉克自主的憲法體制，讓伊拉克人民制定自己的新憲法，乃於2004年 3 月 8 日正式成立「臨時憲法」，並規定於 2005 年 1 月 30 日舉行全國選舉，產生負責制定永久性憲法和選舉新過渡政府的「全國委員會」（即過渡議會）。該次選舉產生伊拉克過渡時期的國民議會（過渡議會）。「過渡議會」擁有275個席位，其中女性至少要占25%，主要任務是產生新的過渡政府，取代2004年6月初組成的臨時政府，以及負責起草新國家的永久憲法。

雖屬過渡性質，但該「過渡議會」仍以三分之二以上的多數選出新總統和兩位副總統，由這三人組成的總統委員會在兩周內任命總理及內閣，但他們必須獲得過渡議會的信任投票之後，才能就職組織過渡政府。2005年4月6日，賈拉勒當選伊拉克過渡政權總統。此外，「過渡議會」於2005年8月15日完成「永久憲法草案」，並於10月15日付諸全民公投且通過，讓伊拉克按照「永久憲法」舉行新的選舉，產生正式的國會和政府，而於2006年5月20日戰後首屆正式政府在經議會表決批准後宣誓就職。

三、階段式制憲

（一）南非

1990 年 2 月，反對運動領袖曼德拉被釋放，南非的民主轉型就展露契機。從 1991 年開始，反對黨與當時白人執政黨協商改革時程，在轉型初期基本上仍是以修憲或修法方式來因應政治變

革。但到1993年各政黨就制憲的程序與內容達成共識，先作成「34點憲法原則」（34 constitutional principles），後來則通過「過渡憲法」（Interim Constitution），作為制憲之前憲政相關運作的最高規範。1994年4月，南非舉行首次自由的國會大選，反對黨「黑人民族議會」雖然獲得高達63.7%的選票，但仍未達成通過新憲所需的三分之二席次，因此在制憲過程中，反對黨仍須尋求保守派一定程度的合作。

　　南非國會設定了兩個平行進行的程序：一是大規模的公眾參與，一個是政黨間的政治討論。在1994年到1996年的二年間，國會密集進行政黨間的討論以及大幅公眾的參與，舉辦各式辯論以及憲法聽證會。1996年5月，國會以壓倒性多數通過憲法草案。不過，新憲草案在根據過渡憲法的規定送交憲法法院審查時，被法院以「與過渡憲法所揭示的34點原則未盡相符」而退回國會修改。1996年10月，國會再將修正後之憲法草案送到憲法法院審查，經法院確認後，於1996年底正式公布，1997年2月4日生效施行。

　　南非從修法、修憲、制定過渡憲法的方式，同時也以過渡憲法所定的新憲準備程序作為基礎，以長達七年的時間來處理轉型過程中的政治議題，採取階段式制憲方式而順利完成制憲。

（二）泰國

　　泰國自1932年實行君主立憲制後迄今77年間，共經歷了24次的政變與17次的憲法更替；在泰國所施行的18部憲法中，更有8部因軍事政變而廢止。1992年5月的「黑色五月」事件，進

一步觸動民主改革的契機 [18]，使泰國走出軍人干政的困境而邁入文人政府時代。泰國國會先以修憲方式處理轉型初期的政治改革議題，1993年，眾議院任命特別憲法改革委員會，討論憲改所需的改革步驟。1995年，泰國舉行國會大選，改革派贏得選舉。1996年，國會決定正式成立憲法起草會議，而以國會通過第二次的憲法增修，主要是規定新憲起草與通過的程序，使憲法起草會議的組成與運行能有憲法上的基礎。憲法起草會議是由各地的代表及社會賢達、學者專家所組成，必須在 240 天內集合公眾之意見提交國會。民間團體卻自發性地組成一個「民主發展委員會」，由社會聲望、形象良好的人士所主導，督促政府憲改工作的進行。這個民主發展委員會舉辦了一系列全國性的憲改公聽會，其討論不僅及於憲改的實質內容，更包括憲改的方式與策略。新憲草案必須經由國會多數通過，如果該草案未能獲得國會多數通過，則必須交由公民複決。1997年，泰國國會順利通過新憲法。

不過，很可惜地，泰國在2006年發生了軍事政變。在政變之後，1997年所制定之憲法已遭凍結。

四、以修憲方式完成制憲

轉型初期一次大幅修憲的憲法變遷模式，在於一方面於轉型初期便集中式地一次完成憲改，另一方面則選擇維持原憲法的同一性，只是大幅度地更動其內容，來滿足民主轉型的需求，解除

---

[18] 泰國憲改歷程，參見Borwornsak Uwanno & Attorney Wayne D. Burns, "The Thai Constitution of 1997：Sources and Process," University of British Columbia Law Review（Vancouver, Canada）, Vol. 32, No. 2（1998）, pp. 227-248.

後續轉型脈絡中必須不斷面對憲改議題的政治壓力。民主轉型初期以一次大幅修憲方式進行憲改的國家，包括亞洲的南韓、南美洲的阿根廷。

（一）南韓

　　二次大戰後的韓國作為新生的獨立國家，透過仿效先進國家的憲法，制定自己的憲法。但是，薄弱的民主主義基礎，再加上南北對立及戰後社會混亂的形勢，迫使韓國試圖透過修憲來打破難關。由於大部分的執政者都是意圖將修憲作為延長執政的手段，所以在制憲後不滿40年內提出12次修正案，其中9次斷然完成憲法的修訂。

　　但是，1987年6月的市民革命後，執政黨與在野黨合意下，與反對黨各推派代表4人組成修憲小組，就當時的憲法進行逐條修正與討論，很快地向國會提出修憲案。修憲案獲得國會通過後，在同年10月27日進行公民投票，以約高達八成的投票率和九成以上的贊成率，通過憲法的修正。此次所制定的被稱為第六共和憲法法案，由於在國會上依和平民主的程序，最大限度的反應國民的願望，透過公民投票得以確立。因此，第六共和憲法與那些獨裁者為延長政權而修訂的前期憲法不同，得以在韓國20多年來一直被尊重 ❶⁹。同時，修憲內容主要是針對政府體制與權力分立的確立與調整，但也觸及基本國策與人權保障。因此，形式上雖然是修憲，也有學者認為實質上應可定位為制憲。

---

❶⁹ Dae-kyu Yoon, Law and Democracy in South Korea: Democratic Development Since 1987（Explorations in Korean Studies）（Lynne Rienner Pub, 2010）.

（二）阿根廷

南美的阿根廷，其憲改契機並非直接源自於 1980 年代末期前蘇聯與東歐等國家的民主化效應，但也有些許關連。1989 年就任的總統梅內姆（Carlos Saúl Menem），成功挽救當時的經濟危機，其所屬政黨也在 1993 年的國會選舉獲得人民支持；雖然當時阿根廷的憲法不允許總統連任，但政績優異的梅內姆卻仍執意爭取連任總統，其所屬執政黨為此而主張修憲。根據阿根廷憲法的規定，修憲之提議必須由國會三分之二以上議員作成有修憲必要之宣告，並於法律中具體決定修憲代表的選舉與憲法會議的召開。1993 年底，國會通過了前述修憲必要宣告之法律；1994 年 4 月，舉行了憲法會議代表的選舉，執政黨雖然贏得選舉，但並沒有過半數。憲法會議由同年的 5 月進行到 8 月，於 8 月 23 日通過憲法的修正，增加了大約三分之一以上的憲法條文，除了政府體制的相關規定外，還有一整章有關新興人權的保護。因為修憲幅度非常大，對這究竟是修憲或制憲，也曾引發爭論。1995 年，梅內姆競選總統連任成功，但四年後則也遭逢政黨輪替，由反對黨當選總統。

雖然這兩個國家原先修憲內容主要針對政府體制與權力分立的調整，但最後也是觸及基本國策與人權保障，修改幅度非常之大，形式上雖然是修憲，但兩國都有學者認為實質上應可定位為制憲。

五、僅修憲和其他

在東歐國家邁向民主化的制憲過程中，出現兩個特例，即匈牙利和拉脫維亞，前者於 1989 年 10 月步上民主化之後才進行

大幅度的徹底修憲，使原本帶有社會主義濃厚色彩的憲法面目全非，趨同於歐洲三權分立的民主憲法；後者，則於1993年7月6日議會決議，恢復1922年獨立之初所通過的憲法。

（一）匈牙利

實際上，匈牙利在1956年就發動過一次革命，布達佩斯人民發動反俄革命示威，總理納吉（Nagy Imre, 1896~1958）宣布退出華沙公約。雖然當時蘇聯表面上允許匈牙利的退出，但實際上卻扶植以卡達爾為首的工農革命政府，並助其奪取政權。納吉被捕，而匈牙利此次追求民主的革命也宣告失敗。1989年10月7日，匈牙利共產黨宣布與馬列主義決裂，放棄奉行已久的共產主義教條，改組共黨為西方式的民主社會主義政黨，開啟了匈牙利第二次改革的序幕。匈共在10月7日的黨大會中，改名為社會黨。此外，在決議中並舉出了新黨綱、黨員與民主的運作架構。在政治上的變革重點有：更改國號、放棄「人民共和國」，恢復戰前的「匈牙利共和國」；發展多黨議會民主路線，政府體制採內閣制；共和國主席團主席改稱總統，象徵虛位元首。在經濟上則主張公私並存的「混合式社會市場經濟」。

雖然1989年的大幅修憲是由舊共黨政權所主導，但因其修改幅度之大，也有學者認為大幅修改後的憲法，可以說已經是一部「新憲」了。只不過，因為第一次大幅修憲由舊國會所主導，在1990年改革派贏得新國會的選舉後，很快地又進行一次修憲。其後，改革派並沒有繼續強力推動新憲，反而是由前共黨重組的社會黨在1994年贏得國會選舉後，曾積極提議制定新憲，但卻未能獲得廣泛支持而告終。雖然在1989年由舊國會所通過

之憲法修正的前言，清楚提到修憲是為了促進民主轉型，為將來制定新憲而作準備。從 1990 年開始而截至 2004 年為止，匈牙利又分別進行了大小幅度不等共十次的修憲，範圍涵蓋政府體制的調整、公民投票、人權保障、加入歐盟以及憲法上的調整與因應等。但是新憲法卻遲遲未產生 [20] 。

（二）拉脫維亞

　　第 5 屆國會於 1993 年 7 月 6 日決議恢復 1922 年首屆國會通過的憲法。1994 年 1 月 27 日、1996 年 6 月 26 日和 1997 年 12 月 31 日，國會三次對憲法進行修訂。現行憲法共 8 章 116 條，規定拉脫維亞是獨立的民主共和國，國會是國家最高立法機關，總統由國會選舉產生，任期四年，連選得連任一次。拉脫維亞總理由總統任命。

參、制憲與修憲之差異與驗證 [21]

一、傳統見解

　　自 18 世紀美國獨立制憲以及法國大革命後制憲所陸續發展出的自由民主憲政傳統，一向認為制憲是一個創造最根本法秩序的權力（constituent power），而修憲則是在最根本的法秩序

---

[20] 曾討論多時的匈牙利新憲法終於在 2011 年 4 月 18 日以 262 票贊成、44 票反對，1 票棄權，獲得匈牙利國會通過。這部以〈基本法〉命名的新憲法於 2012 年 1 月 1 日正式生效。

[21] 張文貞，〈憲改的正當程序：從國民主權與民主原則的面向來分析〉，新世紀台灣憲改學術研討會，研考會及台大法學院公研中心共同舉辦，2004 年 10 月。

（亦即憲法）已經建立之後，由憲法所創設的權力（constituted power）。從而，修憲必然受到最根本法秩序（亦即憲法）所規範；而制憲則必然是政治力之行使（不論是國民革命或獨裁者的意志），而不可能受到任何法規範的制約。簡言之，傳統理論以為制憲在憲改幅度與內容上幾乎無所不可，而修憲則有一定的界線，並以憲章或憲律為區分。

二、當今理論

不過，此種將制憲／修憲截然二分的觀點，早在二次戰後即受到許多批判與反省。其中最重要的人物，莫過於當代法哲學大師——漢娜・鄂蘭（Hannah Arendt）。鄂蘭批判歐陸法哲學傳統自希葉斯（Sieyès）以降將制憲定位為自然狀態之實力行使，並認為此一定位不但與美國獨立及法國大革命後的實際制憲情況不符，也不是規範邏輯推論上之必然。她認為，多數決定之所以能被認定為正當，並不是因為其多數實力使然，而是因為這個多數決定過程中所體現出的公民意志下的政治決定。亦即，制憲程序以及所有基本秩序的變動程序，都應該受到公民共和理論的指引，並以其為基礎。

例如，美國聯邦憲法的制定，並非是在任何自然狀態或法律真空下進行。費城會議的召開，是在邦聯議會的授權下進行，而將新憲草案交由各州加以批准的權力機關，也還是邦聯議會。前一個憲法秩序（亦即邦聯條款）事實上是後一個憲法秩序（亦即聯邦憲法）的形成基礎。而新的憲法秩序（亦即聯邦憲法）之所以能在規範上取代前一個憲法秩序，其關鍵在於新的憲法秩序在形成的過程中，創造了比前一個憲法秩序更根本的民主共和基

礎，也因此才取得規範上的優越性。而在聯邦憲法的制定過程
中，這個更根本的民主共和基礎是什麼呢？不論是漢娜・鄂蘭或
布魯斯・艾克曼都認為，支持新憲的聯邦論者有意識地在費城會
議（Philadelphia Convention）以及各州制憲大會（conventions）
批准新憲過程中，引起政治上的高度動員與熱烈激辯，如《聯邦
論》在報紙定期刊載後引發各界的嚴肅討論；以及新憲制定過程
中，以費城與各州的制憲大會作為民主審議的政治論壇，加上國
民主權論述，成功地在制憲過程中將「人民」轉化為「公民」，
使聯邦新憲取得規範的正當性與優越性。亦即，違反修憲程序規
定的憲改活動，可以因為新憲制定過程中所體現的一個更根本的
民主共和基礎而加以治癒了。

三、正當程序

在這裡我們可以清楚看到，兩個憲法規範秩序之間，不可能
有真正完全的斷裂。新憲法秩序的形成，往往會建立在原憲法秩
序的基礎上，但其也必須在新憲法秩序的建立過程中，型塑並取
得比原憲法秩序更為根本的規範質素，才能進一步在規範基礎上
超越並取代原有的憲法秩序。如果只是以自然狀態的「實力」或
抽象空洞的「主權者」來解釋憲法秩序建立的來源，不但會淪為
替任何一部憲法（不論是依獨裁者意志而公布、或依殖民國或戰
勝國的意志而強加）背書的後果，事實上也與當代許多國家的制
憲實況不符，更忽略了當代憲法規範秩序背後所蘊含的民主共和
基礎。

當修憲只是在原憲法秩序所規定的修改程序下進行，而其程
序的規範質素，並沒有超越原先制憲程序的規範質素時，修憲的

內容即不當然取得超越原憲法秩序的規範地位。此一觀點，或可作為支持憲法修改有界限論者的論據之一。然而，如果修憲程序所表彰的規範質素，已經與當時制憲程序的規範質素相當、甚至更加超越時，修憲的內容在規範上就沒有任何不應取代甚至超越原憲法規範內容之處。從這個角度來看，此種憲法的修改，應該沒有任何的界限與拘束。換言之，制憲與修憲的區別或是修憲有無實體界限的論爭，應該要放在程序規範質素的觀點，才能正確的加以理解。不論制憲或修憲，真正重要的是「新憲法運動」的過程中，是否真正能夠取得國民的高度動員與思辨，凝聚國民認同。

四、國民主權

　　制憲／修憲的合法正當程序的決定標準，即在於憲法的制定或修改是否基於主權者意志。17至18世紀的民主理論大師，不管是洛克或盧梭，尤其是後者，對由人民選出的代表可以代表國民總體意志的觀念與實踐，毫不感到懷疑。受到此種理論的影響，在歐洲大陸，隨著民主普選代表組成議會的發展，議會主權就等於國民主權，主權議會制定／修改憲法的權力，不受任何質疑，制憲／修憲的正當程序也完全訴諸議會決定。故在議會主權時代，主權由議會所享有，其根本大法的制定與修改，則必須由主權議會（sovereign assembly）為之。

　　然而，在大西洋的彼岸，為了反抗英國王室以及英國議會的酷稅暴政，而積極爭取獨立建國的美國十三州人民，對英國議會此一「主權議會」也可以是一個殘酷壓迫者的經驗還歷歷在目，自然無法認同議會主權即等於國民主權的想法了。從而，美國獨

立制憲時期，制憲派不僅不信任邦聯議會，也懷疑各州州議會是否就真的能夠代表各州人民。最能透徹表達出此一想法，就是美國憲法之父 —— 麥迪遜在聯邦論第10及51篇中所表示的看法。他認為，不管是多數或少數，都是代表部分的利益，而不能真正體現全體的利益。因此，唯一能夠解決此一問題的方法，就是一方面明白肯定國民主權，另方面也清楚認知沒有一個單一的權力可以代表國民主權。

對此種不信任議會主權可以代表國民主權，且對各個權力部門作嚴格的分立與制衡的憲法來說，單由議會來制憲或修憲，顯然並非符合國民主權原則。從而，憲法制定／修改的程序，就必須經過審慎的思考與設計，以能真正體現國民總意。這也是為什麼「以修憲之名、行制憲之實」的費城會議結束後，新憲草案規定必須經過各州制憲大會（Conventions of nine States），而不是各州原來的州議會，加以批准。所以，儘管當時支持制憲派的聯邦論者，非常清楚新憲草案交由各州制憲大會複決的作法，在程序上會更為複雜，也可能滋生更多變數，但為了彼等所堅持「真正」國民主權原則，也必須採取此一在程序規範質素上更能體現國民主權的制憲程序。

除了主權理論外，民主原則也影響制憲／修憲的正當程序。事實上，議會主權的想法，就是一種反映了多數統治的民主（majoritarian democracy）。「經由多數決所選出的代表，可以代表全體人民行使權力」的作法，不折不扣地反映了此種「多數統治、少數服從」的民主原則。而少數為什麼要服從多數所享有的這樣一個絕對的權力呢？其核心就在於多數／少數並非固定，而是會隨著定期選舉有所改變。在這樣一個多數統治的民主觀點

下，根本大法的制定與修改，應該植基於多數的權力，不管它是一個代表多數的議會，還是多數的人民。另外，在多數統治的民主原則下，直接民主往往比代議民主更能達成多數統治的目標，公民制定或複決憲法，也被認為是程序規範質素較高的程序，其結果的正當性也較高。

五、實際檢證

這種傳統制／修憲理論的限制性，也從前述各國家的民主轉型所採取的憲改過程中得到證實。換言之，在最近這一波民主轉型國家的憲改脈絡中，此種傳統修憲界線的理論已受到嚴酷挑戰。有的國家雖然只是修憲，但不管是一次修憲或漸進修憲，修憲幅度都非常大。政府體制、人權清單、甚至是國名，都可以修改。最具體的例子就是匈牙利，在其1989年的第一次修憲時，就已經透過修憲，在原憲法的條文中直接將其國體及國號作修正。

相反地，有的國家雖然是制憲，但因為它們原有的憲法，並沒有與當代民主憲法的內涵發生多大的歧異，這些國家即使是宣稱制憲，所制定新憲法的內容往往沒有與舊憲法產生結構性的差異。例如波羅地海三小國中的拉脫維亞，就選擇以恢復蘇聯統治前所適用之1922年的憲法，來作為獨立之後的「新憲」。

此外，傳統以為只有制憲可能採取公民複決，但是在這一波的憲政改造脈絡中已有所突破。有的國家即使是修憲，也會採行公民複決。例如，前述的南韓，雖然沒有制憲，但在大幅修憲後，也交由公民複決。許多國家甚至直接將公民複決納入修憲程序。相反地，有的國家雖然是制憲，但仍由議會為之，最後並沒

有採行公民複決，例如前述的南非。 ❷❷

肆、結語

　　在舊憲法過渡到新憲法的期間，各國針對此一特殊狀況會採取多元模式，其中包括「先修憲後制憲」、「修憲制憲並進」、「階段式制憲」、「以修憲方式完成制憲」或僅修憲，而其中又透過各種多樣化程序，如由舊國會直接制定新憲法、新政府制定臨時憲法、國會通過制憲程序的法律或是成立特別改革委員會等。

　　重點在於，憲改機制的啟動，憲改程序的決定，甚至比憲改議題的決定與憲改幅度的大小，以及最終會採取（形式或實質）修憲或制憲的選擇，更加重要。因為憲改的實踐往往是多元而動態。現實中的憲法變遷不但充滿變數，也受到客觀環境與社會集體選擇所影響，也就是在現存的主客觀現實，人們希望憲法在該特定社會扮演何種角色，又希望憲法往哪個方向改。採取一次直接制憲與一次大幅修憲之間，在作用上並沒有絕對的優劣，在實施上也沒有嚴格的規範要件，往往都是現實存在的條件，而影響選擇的方向。

　　同樣的，台灣經過7次修憲後，目前有較大幅度進行憲改的新憲主張，如果取得人民的共識，透過社會的集體選擇，決定改弦更張，不論透過修憲或制憲的方式，而對憲法做一次性全面的整理，也不是不可能。果真如此發展，先前的幾次階段修憲也並非全然徒然無功，而是非常重要的歷程與發展條件。 ❷❸

---

❷❷ 同前註 ❼，頁 20。
❷❸ 同前註 ❼，頁 23-24。

參考書目

吳玉山，〈政權合法性與憲改模式：比較台灣與後共新興民主國家〉，《問題與研究》（台北），第 45 卷第 1 期（2006年1-2月），頁1-28。

林子儀、葉俊榮、黃昭元、張文貞編著，《憲法─權力分立》（台北：學林出版，2003年），頁476-484。

林秋山，〈南韓的憲改與政治發展〉，《研考》雙月刊，第21卷第1期（1997年2月），頁35-41。

徐火炎，〈選民的政黨政治價值取向、政黨認同與黨派投票抉擇：第二屆國大代表選舉選民的投票行為分析〉，國家科學委員會研究彙刊：人文及社會科學，第3卷第2期（1993年7月），頁144-166。

張文貞，〈中斷的憲法對話：憲法解釋在憲法變遷脈絡的定位〉，《台大法學論叢》（台北），第32卷第6期（2003年11月），頁61-102。

許志雄，〈制憲權的法理〉，李鴻禧教授六秩華誕祝賀論文集編輯委員會（主編），《現代國家與憲法：李鴻禧教授六秩華誕祝賀論文集》（臺北市：月旦，1997年3月），頁169-170。

陳鴻瑜，〈菲律賓新舊憲法之比較〉，《問題與研究》（台北），第26卷第6期（1987年3-4月），頁1-11。

黃昭元，〈修憲界限理論之檢討〉，李鴻禧教授六秩華誕祝賀論文集編輯委員會（主編），《現代國家與憲法：李鴻禧教授

六秩華誕祝賀論文集》（臺北市：月旦，1997年3月），頁
181-253。

葉俊榮，〈超越轉型：台灣的憲法變遷〉，收錄於《民主轉型與
憲法變遷》（台北：元照出版，2003年1月），頁23-58。

葉俊榮、張文貞，〈路徑相依或制度選擇？論民主轉型與憲法
變遷的模式〉，《問題與研究》，第45卷第6期，民國95年
11、12月，頁1-30。

韓相敦，〈韓國憲法修正略史〉，《憲政時代》，第17卷第1期
（1991年7月），頁88-99。

Ackerman, B., *We the People: Foundations* (Cambridge: Harvard
University Press, 1991).

Ackerman, B., *The Future of Liberal Revolution* (New Haven: Yale
University Press, 1994).

Arato, A., *Civil Society, Constitutions and Legitimacy* (New York:
Rowman & Littlefield Publishers, 2000).

Arendt, H., *On Revolution* (New York: Penguin Books, 1963).

Banting, K. G. and R. Simeon, *Redesigning the State: The Politics
of Constitutional Change in Industrial Nations* (London:
Macmillan, 1985).

Brand, D. J., "*Constitutional Reform- The South African Experience*,"
Cumberland Law Review (Birmingham, AL), Vol. 33, No. 1
(2002), pp. 1-14.

Brunner, G., "*Structure and Proceedings of the Hungarian
Constitutional Judiciary*,"in Lasxlo Solyom & George Brunner,
eds., *Constitutional Judiciary in a New Democracy: The*

Hungarian Constitutional Court (Ann Arbor, Mich.: University of Michigan Press, 2000) , pp. 65-102.

Cole, D. H.,"*Poland's 1997 Constitution In Its Historical Context,*"Saint Louis-Warsaw

第八章

中東歐國家制憲經驗

南華大學歐洲研究所兼任教授

洪茂雄

壹、前言

　　20世紀80至90年代交替之際，東歐前共黨統治國家順應民主潮流，推動劃時代的改革，除匈牙利將匈共統治時期所制定的憲法做了大幅度修改之外，其他國家幾乎都頒布新憲法，使這些中東歐國家朝向歐洲化跨出了一大步。台灣和中東歐國家都屬於世界第三波民主化浪潮行列，有諸多相似之處。例如，原屬馬列政黨統治的國家在執政近半個世紀之後，最終也得放棄一黨專政，回歸多黨民主；昔日被壓迫的異議分子，揭竿而起，結合反對力量，獲得民意支持，有機會躋身執政之路；除舊佈新的改革倡議，是一股推動進步的力量，使一黨專政下暮氣沉沉的社會力煥然一新，充滿希望。台灣和中東歐國家民主化進程上，最大不同之處，莫過於中東歐國家告別獨裁統治後，紛紛制定新憲法，甚至有一半的國家舉行公投制憲（見表8-1），何以台灣經濟條件遠優於這些前共黨統治國家，制定一部新憲法卻是如此難產，朝野認知相距甚遠。為此，本文試就中東歐國家的制憲經驗，能提供哪些可資借鏡之處，他山之石可以攻錯，究竟台灣制定新憲之路該如何排除障礙，國人有必要慎思明辨，凝聚共識來開創新局。

　　本文內容包括：中東歐各國制憲概況、中東歐各國新舊憲法差異、憲政體制運作評析等部分，希望從中東歐各國制憲背景，來瞭解其如何順應民意，與掌握歐洲化的脈動；進而比較新舊憲法的差異，以及新憲法的共同特徵；最後，對各國憲政體制運作情形進行客觀評估，以期作為台灣未來憲政體制如何選擇的參

考，並希望能展現出最大的績效。

　　本文涉獵的範圍多達 17 個國家，因受篇幅限制，無法涵蓋全貌，難免有遺珠疏漏之憾，僅能舉其要則，做一簡介，企盼行家不吝匡正指教。

貳、中、東歐各國制憲概況

　　1989 年東歐社會主義國家邁向民主化之後，各國的制憲情形基本上可分為：其一、先修憲後制憲；其二、修憲制憲並進；其三、僅修憲和其他，茲簡述如下。

一、先修憲後制憲

　　波蘭在第二次世界大戰之後，波共政權制定的第一部憲法在 1952 年 7 月 22 日頒布。其後這部憲法曾修改多次，但仍未偏離社會主義憲法的框架。1980 年團結工會崛起後，喚醒波蘭人民自由民主意識，如何制定一部符合民主潮流的新憲法，乃成為輿論的焦點。1989 年 2 月波共和團結工會舉行圓桌會議，開啟了波蘭邁向民主化的先機；同年 9 月，波蘭出現東歐第一個非共化政府，於是波蘭內部發生了劃時代的變革，首先在同年 12 月 29 日對 1952 年制定的憲法作了重大的修改，如取消共黨為「政治領導力量」並刪去「社會主義國家」和「勞動人民」的字眼，同時將國名改為波蘭共和國，國徽改為戴皇冠的白鷹；允許人民在波蘭自由組成政黨。波蘭憲政體制之演進從共黨政權垮台，國家走向民主化開始，歷經幾個階段朝野協商始告定案。如 1990 年第一次民選總統、1992 年小憲法的出現及 1997 年新憲法的制定。就時

間的先後順序大致可分下列四個時期：

（一）1989年2月至1990年12月：此時期是波蘭圓桌會議召開至雅魯澤爾斯基（Wojciech Jaruzelski）辭去總統職位為止。在圓桌會議中，波共和團結工會雙方決定增設總統一職，讓總統擁有實質的行政權力，同時保留1952年以前議會制的型態，因而形成所謂的準總統制的憲政體制。然而1989年的國會大選中，團結工會在參議院拿下99席、眾議院拿下161席，幾乎是所有席次❶；波共在該次大選中算是慘敗，改由團結工會掌握國會的絕大多數席次。

（二）1990年12月至1992年10月：瓦文薩（Lech Wałęsa）當選總統到實施小憲法為止。由於政府與國會基於各自利益的考量，90年的總統大選由原先的兩院選舉產生改為全民直選；而瓦文薩則為改制後第一任的民選總統。在其總統任職期間，由於具有相當高的民意基礎，且具政權的正當性（legitimacy），因此在施政上表現出十分強勢的作為；復因當時的國會是在圓桌會議上政治妥協下的產物，其權限實不具正當性，因此在權力的運作上無法與總統抗衡。在此期間，團結工會內部逐漸分裂，在總統大選過程中，逐漸形成左右兩派分別支持當時的總理馬佐維耶茨基（T. Mazowieckie）與瓦文薩的局面，終在總統選舉結束後團結工會正式宣告分裂。1991年國會舉行大選，採取仿造德國的比例代表制，而取消了最低得票率的門檻，竟使國會在選舉後出現了二十九個政黨❷。此時，國會中分歧複雜的政黨體系讓總統在國

❶ 參見洪茂雄，〈後共產主義時期波蘭的政治發展：改革與穩定〉，《問題與研究》第35卷6期，1996年，頁53-66。

❷ 同上註。

會無法獲得過半數的支持，產生一連串的政治衝突。有鑒於府會間衝突若如此下去，將使波蘭的民主進程遭受到嚴酷的考驗，總統瓦文薩於1991年提出憲法草案，最後在與國會的妥協下通過了一個過渡性質的憲法，又稱「小憲法」。

（三）1992年10月至1997年5月：從小憲法頒布到新憲法制定實行前。鑒於1989年修憲時並未將總統、總理、國會之間的權責關係釐清以及並無解決衝突的法理依據，以致行政與立法間關係惡化；1992年經協調過後而產生的小憲法，即為因應上述問題而產生。例如小憲法中明載，行政與立法的權責歸屬中，由總理與內閣對國會負責，而不是總統；但當時仍位居總統寶座的瓦文薩希望能擁有更多的實權，使得總統、內閣、國會之間的衝突依舊。1993年國會大選中，代表共黨殘餘勢力的左派政黨捲土重來，拿下國會過半的席次，總理因此由代表左派政黨的農民黨黨魁波拉克擔任，與時任總統的瓦文薩形成左右共治的局面，無疑是給急欲攬權的瓦文薩一記當頭棒喝，其與左派居多數的國會間之衝突愈演愈烈；一直持續到1995年總統大選，代表左派的總統候選人克瓦希涅夫斯基（Aleksander Kwaśniewski）擊敗瓦文薩，成為新一任總統，憲政衝突才暫告一段落。

（四）1997年5月至今：國會民主左派聯盟、農民黨、民主聯盟及勞工聯盟等政黨為加快制憲的腳步，便屬意主導制憲的工作，當時已有相當民意基礎的團結工會卻被排除在制憲的行列之外。因此，團結工會試圖發起全民公投以抵制新憲法的成立，但全民公投的結果卻令團結工會大失所望，仍有52.71%的民眾支持新憲通過，因此，波蘭的新憲法於焉誕生。

　　捷克和**斯洛伐克**，二次大戰結束後，共產主義赤化東歐。在共產主義統治下的捷克斯洛伐克，先後頒布過兩部憲法：第一部憲法在1948年5月9日由共黨控制下的制憲議會所通過的「五九憲法」，這部憲法實施將近12年。第二部憲法在1960年7月11日由國民議會通過。這部憲法表現出當時的共黨政權稱羨捷克斯洛伐克是在東歐共黨政權當中，第一個由「人民民主」政權進步到「社會主義國家」階段的國家。這部充滿社會主義意識形態的憲法，實行了31年，在此期間經歷多次的修憲。❸ 終於在絲絨革命後，拋棄共黨統治時代的憲法，重新修憲。1989年11月29日和12月28日，捷克斯洛伐克社會主共和國聯邦議會批准修改憲法。刪除了保障共黨「一黨專政」的條款，並且剔除帶有社會主義意識形態的用語。憲法不再只是裝飾品，而是能發揮規範功能，以民意為歸向的憲法。

　　在捷共掌權時期，政治上以一黨專政統治捷克，受制於共黨的意識形態束縛下，人民沒有人權尊嚴可言，只能聽命服從。1989年後，捷克與斯洛伐克這兩個共和國對於聯邦與雙方權限問題爭執不休。捷克主張維持現行的聯邦體制，並推崇哈維爾繼續擔任國家元首。但是斯洛伐克主張建立由兩國具有國際法人格地位的共和國組成聯邦或國家，並反對哈爾維連任。1990年3月29日，捷克斯洛伐克社會主義共和國修憲更改國名為捷克斯洛伐克聯邦共和國（The Czech and Slovak Federative Republic）❹。1992年6月5日舉行第二次國會大選。由於捷克和斯洛伐克兩大民族

❸ 李邁先，《東歐諸國史》，台北：三民書局，2002年，頁420-424。
❹ Commonwealth of Independent States:4th Edition,（London: Europa Publications Limited, 1999），pp. 301-302.

組成的政黨對國家體制、經濟改革等議題，意見相左，雙方經過多次談判，無法妥協。7月2日，決定對聯邦分離問題進行協商。同年11月25日，聯邦議會宣告捷克斯洛伐克聯邦共和國至1992年12月31日自動解體，捷克和斯洛伐克各自獨立。捷克於12月16日將制定的憲法重新審議，正式通過，並在1993年1月1日生效。至於斯洛伐克則在1992年7月17日議會通過斯洛伐克新憲法，同年10月1日生效。從此捷克和斯洛伐克從一個聯邦國家走向各自主權獨立的國家。

二、修憲制憲並進

　　羅馬尼亞在1944年8月23日，境內共黨得到蘇聯紅軍的支持推翻了安東尼斯庫政府，奪取政權。羅國在共黨長達四十多年的統治下，曾頒布過兩部憲法。第一部於1948年4月制定，1952年7月重新修訂，同年9月生效；第二部於1965年8月21日通過，也就是齊奧塞斯庫（Nicolae Ceausescu, 1918~1989）剛上台後所制定。這部有所謂《齊奧塞斯庫憲法》之稱的羅國根本大法，曾在1968、1974年3月和12月、1975、1979、1986年，先後進行修訂，共有9章121條。❺ 這部憲法一言以蔽之，充滿社會主義色彩，除了明訂羅馬尼亞是「社會主義共和國」，界定人民政權的基礎是「工農聯盟」，「工人階級是社會的領導階級」，羅共是「整個社會的政治領導力量」等等外，並明確規定羅馬尼亞國民經濟是建立在生產資料社會主義所有制基礎之上。至於政治體制的安排，則抄襲蘇聯模式，大國民議會（形同最高蘇維

---

❺ 國民大會秘書處編，《新編世界各國憲法大全第四冊》，台北：國民大會秘書處，1997年，頁329-354。

埃）為羅國最高唯一立法機關，國務委員會（如最高蘇維埃主席團）乃大國民議會的常設機構，其主席即是國家元首，自1974年修憲後，改稱總統，由大國民議會選舉產生；部長會議是國家最高行政機關，管轄地方的國家行政機關是人民委員會。最高法院是全國最高司法機關，由大國民議會選舉產生。準此以觀，這種政治體制完全為共黨「一黨專政」設計，既談不上行政與立法之間的相互制衡，更遑論司法的獨立性，只是共黨鎮壓異己的工具罷了。

　　1989年12月，齊奧塞斯庫政權經由不到一個星期的流血革命，宣告倒台，改由曾一度是齊氏得力助手的伊利埃斯庫（Iron Iliescu）所領導的救國陣線，接掌政權，隨即更改國名為「羅馬尼亞」，並將沿用40年的藍黃紅國旗中有共黨象徵的徽章予以去除，同時禁止共產黨活動，以及剷除所有共黨象徵或社會主義標誌。伊利埃斯庫上台後，立即承諾，將順應東歐的民主風潮，進行全面改革。1990年由救國陣線廣徵各界意見，成立制憲起草委員會，歷時一年餘的廣泛討論和準備工作。這部羅國劃時代嶄新的民主憲法終於在1991年11月21日經國會批准後，於12月8日再交全民公決正式通過實施。羅馬尼亞乃繼保加利亞（1991年7月12日）之後，成為東歐各國民主化以來，第二個制定全新面貌民主憲法的國家。這部憲法計有基本權利、自由和義務、人民律師團、立法機關、總統、政府、議會與政府之關係、公共行政機構、司法機關、公共經濟與財政、憲法法院、修憲、附則和過渡條款等章，共152條。❻

---

❻ 同前註❺。

　　保加利亞二次世界大戰結束後，東歐國家受蘇聯史達林主義的赤化，史達林的追隨者隨之在東歐各國建立政權，除了在思想上以馬列教條主義控制人民思想，在政治上更以極權的一黨專政，以專權的國家機器和官僚制度深深控制著東歐國家的政治與經濟發展模式。保加利亞自受蘇聯赤化後，其境內的共產黨得到蘇聯的扶植，即開始制定與頒布保共的新憲法，奉行社會主義。此後幾十年間，其憲法也曾數度修改，但始終跳脫不開「史達林憲法」的範疇。憲法的所有規定不外乎強調保障共黨的自身利益堅持一黨治國的原則，共黨為唯一合法政黨，並強調其領導地位，擁有領土變更、國防、對外貿易、國會預算及一般立法大權等。所有公民之權利與義務需適合勞動人民與社會主義結構。

　　自1989年9月起保加利亞一連發生自二次大戰以來規模最大的示威運動，再加上民主化浪潮的襲捲，終於迫使保共宣布廢除憲法中一黨專政的規定。保共和其他許多東歐的共黨一樣，在民意的強大壓力下，為圖在改制後的大選中爭取繼續執政的地位，不惜更改黨名為「保加利亞社會黨」，並於1990年6月舉行自由的選舉，為保加利亞共黨專政劃下句點。

　　1991年7月13日，國民議會通過新憲法，施行多黨議會民主制，確定三權分立的原則，建立民主與法治的國家和公民社會等憲法性條款。以其實質來看，這部憲法在政體的憲法原則、政體結構、進行機制等方面，基本上都屬於西方現代資本主義國家政體範疇，已經完全不同於過去共產黨一黨專政的民主共和政體。❼ 不僅刪除了保障共黨「一黨專政」的條款，而且將帶有社會主

❼ 趙乃斌，〈東歐國家政體演變與特點〉，《東歐中亞研究》第一期，1997年，頁51。

義意識形態用語一一剔除，這也意味著保加利亞的憲政體制已朝向西歐模式發展了。

阿爾巴尼亞境內爭取民主、自由、要求釋放政治犯的群眾於1990年底，將位於首都地拉那中央廣場的史達林銅像推倒。接著在1991年1月6日，當地學生示威抗議，要求政府下台；地拉那市中心的霍查（Enver Hoxha）銅像也被推倒。這些事件象徵著阿爾巴尼亞與奉行半個世紀的史達林主義訣別。[8] 阿爾巴尼亞在共產時期只有一個勞動黨，即阿爾巴尼亞共產黨，1990年12月11日，阿共中央委員會通過放棄一黨專政，採多黨制，於是一個名為「民主黨」的政黨就地成立，其主張為：急進過渡到市場經濟、不動產私有化；1991年4月14日，由阿爾巴尼亞勞動黨分裂出來的二十多位改革派人民議會的議員，另組「社會民主黨」，通過團結中產階級的黨綱。1991年6月10日至13日，勞動黨舉行第十次代表大會，決議改名為「阿爾巴尼亞社會黨」，並將其傳聲筒《人民之聲》報，版面上的「鐮刀與錘子」圖案和「全世界無產階級團結起來」的口號取消。而上述的三黨便成為了阿爾巴尼亞進入後共產主義時期的先驅政黨。

同年底，阿爾巴尼亞由原先一黨制國家改為多黨制，並停止實行《阿爾巴尼亞社會主義人民共和國憲法》。1991年5月，阿爾巴尼亞民主化後首屆國會通過「憲法要則」，規定阿爾巴尼亞為議會制共和國，並將原來的國名「阿爾巴尼亞社會主義人民共和國」改為「阿爾巴尼亞共和國」。「憲法要則」中規定，嚴禁各政黨在國防部、內政部、軍事機構、外交部、駐外機構、司法

---

[8] 尹慶耀，《東歐集團研究》，台北：幼獅文化事業公司，1994年，頁9。

警察部門中進行活動；並在條文中揭示阿爾巴尼亞為非宗教化國家、國家尊重人民的宗教信仰自由，國家經濟建立在多種所有制和國家調控的基礎上，國家保障非本國人在阿國投資建立合資或獨資企業，和匯出利潤的權利。然1994年11月6日，阿國對新憲法草案舉行公民投票，結果否決了這一憲法草案[9]。

　　1991年起，阿爾巴尼亞實行臨時的「憲法協議」（interim constitutional arrangement），而起草憲法的工作卻直到1993年才執行。原本緩慢的憲法改革過程，因為阿爾巴尼亞有機會被允許進入「歐洲安全與合作會議」（Organization for Security and Co-operation in Europe）而加快了腳步。然而憲法草案中規定，修憲或制憲須有全體議員3分之2通過才算成立；但因阿爾巴尼亞國內小黨林立，意見不易整合，而使得多次憲法草案的投票無法過關。這當中，分別於1996年、1997年政府曾多次向議會提出修正後的憲法草案等待過關，但因政黨間互信基礎薄弱、關係日益惡化，屢次使憲法法案無法通過。最後，才在1998年11月28日，藉由公民投票的方式，通過了憲法草案，並在當月實行[10]。

　　克羅埃西亞在1990年5月底舉行二戰後首次多黨制大選，克羅埃西亞民主共同體獲勝執政，同年12月22日通過新憲法，規定克羅埃西亞成為主權民主國家。1991年5月底克羅埃西亞舉行全民公投贊成克羅埃西亞獨立，同年6月25日克羅埃西亞議會通過脫離南斯拉夫宣言，克羅埃西亞並於1992年5月22日加入聯合國，2000年克羅埃西亞議會通過憲法修正案改準總統制為內閣

---

[9] 姜士林等編，《世界憲法全書》，青島：青島出版社，1997年6月，頁681。

[10] Albania, *Eastern Europe and the Commonwealth of Independent States*, London: Europa Publications Limited, pp.109-112.

制，2001 年再度修憲，將兩院制改為一院制。

　　馬其頓還是南斯拉夫聯邦一員時，仍是使用南斯拉夫解體前 1974 年的憲法 ⓫，雖然南斯拉夫當局規定各共和國能自行制定憲法，但實際上那只是一部「裝飾憲法」，主要是因南斯拉夫解體前，任何規定都不得牴觸 1974 年頒布的憲法原則 ⓬。馬其頓共和國獨立之前，議會採三院制：即聯合勞動院、社會政治院和地方共同體院 ⓭。三院各司其職，但是背後擁有實權的仍是共產主義者聯盟。各院之間缺乏真正相互制衡的機制，亦無法擁有獨立自主的權力。共產主義時期的馬其頓，大體上仍是受制於南斯拉夫共產主義者聯盟 ⓮ 的掌控。

　　1990 年 5 月中旬，南共聯盟的解體使南斯拉夫聯邦失去主導權，緊接著，斯洛維尼亞與克羅埃西亞相繼獨立，加速了聯邦體制的土崩瓦解。繼斯、克兩國之後，馬其頓共和國主席格利葛羅夫（Kiro Gligorov）宣布在 1991 年 9 月 8 日就獨立問題舉行公民投票，11 月 20 日便宣布成為獨立國家 ⓯，並早在宣布獨立前 11 月 17 日就頒布新憲法，使馬其頓的憲政歷史進入一個新的里程碑。整體而言，當時南國處於戰爭災難之時，無暇顧及馬國的出走，因此馬國可說是以和平、不流血的方式實現獨立。

⓫ 洪茂雄，〈馬其頓的獨立和加入聯合國的問題〉，《問題與研究》第 32 卷第 6 期，1993 年 6 月，頁 1-10。

⓬ 洪茂雄，〈後共產主義時期馬其頓的政經發展情勢〉，《問題與研究》第 38 卷第 5 期，1999 年 5 月，頁 2。

⓭ 同前註，頁 6。

⓮ 1952 年在札格雷布（Zagreb）舉行的南共第六次代表大會上，將黨名改為南斯拉夫共產主義者聯盟。參見李邁先，《東歐諸國史》，台北：三民書局，1991 年 1 月，頁 491。

⓯ 參見黃鴻釗主編，《東歐簡史》，台北：書林出版社，1996 年 7 月，頁 251-253。

　　斯洛維尼亞1990年5月，舉行二戰後第一次多黨制大選，民主聯盟上台執政。1991年6月25日，斯洛維尼亞國會通過決議，宣布脫離南斯拉夫社會主義聯邦共和國獨立，同年12月23日，斯洛維尼亞國會公布新憲法。1997年和2000年兩次修憲。憲法規定斯洛維尼亞實行行政、立法、司法三權分立。總統由人民直選，任期五年，連選得連任一次。總統可提名總理、中央銀行總裁和憲法法庭大法官等職位，經國會通過後任命。

　　塞爾維亞在南斯拉夫解體之前，和黑山原屬南斯拉夫聯邦內的兩個共和國。1992年4月，南斯拉夫分裂之後，塞爾維亞和黑山合組「南斯拉夫聯盟共和國」，頒布新憲法。但1999年科索沃危機升高，北約乃對塞爾維亞動武，「以戰逼和」，導致塞爾維亞幾乎呈現癱瘓狀態，國內政局甚為不穩。歐盟為了使飽經戰亂之痛的巴爾幹地區走向穩定，2002年開始積極斡旋，力促貝爾格萊德當局重新制憲，始有這部《憲法憲章》的誕生。在這部「憲章」中明文規定，容許黑山有3年過渡期，經由公民投票來決定其未來是走向獨立，或仍與塞爾維亞結盟。

　　2006年5月21日黑山共和國舉行公民投票；支持獨立的黑山人民有55.4%並於6月3日宣布獨立，塞爾維亞於6月5日，宣布繼承塞黑國際法人的國際地位。2006年塞爾維亞議會通過新憲法，根據新憲法，塞爾維亞是塞民族及所有生活在塞爾維亞公民的國家，建立在法治社會公正基礎上尊重人權與少數民族權利，從屬於歐洲價值觀。科索沃享有高度自治，是塞爾維亞領土的一部分，不過，科索沃於2008年2月17日宣布脫離塞爾維亞獨立。其後塞爾維亞提交海牙國際法庭仲裁，2010年7月22日國際法庭法官終以10比4的絕對優勢裁定，科索沃宣布獨立並沒有違

反國際法。

　　黑山於 2006 年 5 月 21 日就國家獨立議題進行公民投票，獲得通過，同年 6 月 3 日黑山議會宣布獨立，6 月 28 日黑山加入聯合國，在 2007 年 10 月 19 日經議會審議通過獨立後首部憲法，同年 10 月 22 日生效，正式改國名為黑山。

　　愛沙尼亞現行憲法於 1992 年 6 月 28 日通過，7 月 3 日生效，除序言部分外共分 15 章 468 條。第一章確定愛沙尼亞是主權獨立的民主共和國，實行三權分立的議會民主制，國家主權屬於人民，獨立和主權至高無上。

　　立陶宛憲法於 1992 年 10 月 25 日由全民公投通過制憲，11 月 2 日生效，後又多次修定，共 15 章 154 條。憲法規定立陶宛是獨立的民主共和國，主權屬全體國民，公民權利平等。國會為立陶宛最高立法機關，可批准或否決總統提名的總理人選、任命和解除國家領導人的職務、有權彈劾總統，但須經 5 分之 3 以上議員支持。總統由直選產生，任期 5 年，連選得連任一次。凡年齡在 40 歲以上且最近 3 年都居住在立陶宛的立陶宛公民可參加競選。如總統病故、辭職、被彈劾或因健康原因無法履行職務等，其職責由議長代為行使。總統是國家軍隊最高統帥，就重大外交問題做出決策。

三、僅修憲和其他

　　在東歐國家邁向民主化的制憲過程中，出現兩個特例，即匈牙利和拉脫維亞，迄至 2010 年尚未制定新憲法。前者共黨政權建立後，曾於 1949 年 8 月制定憲法，並於 1972 年 4 月及 1983 年 12 月兩度修改。1989 年 10 月匈牙利步上民主化之後才進行大幅

度的徹底修憲，使得這部帶有社會主義濃厚色彩的憲法面目全非，趨同於歐洲三權分立的民主憲法❶。後者，則於1993年7月6日議會決議，恢復1922年獨立之初所通過的憲法，沒有像愛沙尼亞和立陶宛頒布新憲法。

　　匈牙利高柏・托卡（Gábor Tóka）在其《中東歐政黨政治概述》中說過，「從歷史的角度來看，政黨很少能夠在民主轉型的過程中扮演重要的角色，東歐也不例外。在共黨統治期間，多黨政治與政黨競爭是不存在的。因此，到1989年及1991年的民主轉型期間，真正使得上力的只有共黨與其尾巴政黨。而在政治協商過程中，只有匈牙利的民主人士真正能夠居於主導地位，進而發展出政黨認同。」❷

　　匈牙利民主化的特色除在於他是起於經濟改革之外，另一個就是匈共在1989年革了自己的命，整個政權的和平轉移乃是因為共黨本身的蛻變。

　　實際上，匈牙利在1956年就發動過一次革命，布達佩斯人民發動反俄革命示威，總理納吉（Nagy Imre, 1896~1958）宣布退出華沙公約。雖然當時蘇聯表面上允許匈牙利的退出，但實際上卻扶植以卡達爾為首的工農革命政府，並助其奪取政權。納吉被捕，而匈牙利此次為求民主的革命也宣告失敗。1989年10月7日，匈牙利共產黨宣布與馬列主義決裂，放棄奉行已久的共產主

---

❶ 曾討論多時的匈牙利新憲法終於在2011年4月18日以262票贊成、44票反對，1票棄權，獲得匈牙利國會通過。這部以《基本法》命名的新憲法於2012年1月1日正式生效。

❷ 田弘茂、朱雲漢、Larry Diamond、Marc Plattner主編，《鞏固第三波民主》，台北，業強出版社，1997年，頁188。

義教條，改組共黨為西方式的民主社會主義政黨，開啟了匈牙利第二次改革的序幕。匈共在10月7日的黨大會中，以近4分之3的黨代表投票通過廢除「舊黨」，即匈牙利社會主義工人黨，並改名為社會黨。此外，在決議中並舉出了新黨綱、黨員與民主的運作架構。在政治上的變革重點有：更改國號、放棄「人民共和國」，恢復戰前的「匈牙利共和國」；不再以「人民民主專政」為訴求，而改以尋求發展多黨議會民主路線，並願意與有志改革的共黨籍西方的社會黨或社民黨結盟；政府體制採內閣制；共和國主席團主席改稱總統，象徵虛位元首。在經濟上則主張公私並存的「混合式社會市場經濟」。

　　拉脫維亞第5屆國會於1993年7月6日決議恢復1922年首屆國會通過的憲法。1994年1月27日、1996年6月26日和1997年12月31日，國會三次對憲法進行修訂。現行憲法共8章116條，規定拉脫維亞是獨立的民主共和國，國會是國家最高立法機關，總統由國會選舉產生，任期4年，連選得連任一次。拉脫維亞總理由總統任命。

　　波赫的制憲也算是一個特例，現行憲法未經全民或議會程序完成憲法，在1992年3月1日宣布獨立以前，曾就1974年南斯拉夫解體前所頒布的憲法，先後於1989年、1990年和1991年進行過3次的修改，1992年3月，波士尼亞舉行是否脫離南斯拉夫聯邦共和國獨立的公民投票，波赫境內三大族群因對獨立的看法嚴重分歧，其中穆、克二族贊成獨立，塞族反對，因而爆發了長達三年半的內戰衝突❽，國家內部陷入混亂。

---

❽ 現居在波赫境內的三大族群為塞族人、克羅埃西亞族人和穆斯林人。

　　一直到1995年12月14日在美國強勢主導之下，波赫三方所簽訂達頓協議（The Dayton Peace Agreement）生效後，戰火始告趨緩。達頓協議主要在規範統一的波赫國家權利，其中，附件四揭示了波赫必須有一套新憲法，故波赫現行憲政體制乃根據達頓協議內文來安排與運作。

　　1995年11月《達頓波赫和平協議》，為波赫制定新憲法，可謂國際社會干預下誕生的憲法，而非全民參與的制憲。新憲法規定波赫的正式名稱為波斯尼亞和赫塞哥維那，包括穆斯林、克羅埃西亞和塞爾維亞三個主體民族，共和國由穆克聯邦和波赫塞爾維亞共和國兩個政治實體組成，波赫設3人主席團，分別由三個主體民族代表擔任，主席團成員在兩個實體中直接選舉產生，第一屆主席團任期兩年，以後每屆為4年。

　　2005年11月21日，正是達頓協議簽署10週年之際，一方面，波赫內部有感於達頓協議已不足規範當前政經發展的現實，另一方面，歐盟也基於巴爾幹局勢穩定的需要，有必要逐步引導其融入歐洲社會。因此，波赫如何重新制定一部符合現實，又有利境內族群融合，走向歐洲化的新憲法，成為刻不容緩的課題。

表8-1　中東歐各國制憲與公民複決比較

國名	憲法通過時間	憲法生效時間	憲法條文	憲法通過機關及公民複決修憲方式	備　註
阿爾巴尼亞	1991.04.29	1991.04.29	4章46條（1991年憲法）	國會；國會修憲與公民複決修憲並行。	1991年5月通過「憲法法則」，1994年11月6日並對此憲法草案舉行公投，但公投結果為國會否決此草案。1998年10月21日，新憲法草案為國會所通過，11月全民公投後實施。
保加利亞	1991.07.12	1991.07.13	10章169條	國會	1971年5月16日曾舉行憲公投。
波蘭	1997.04.02 1997.05.25	憲法公布三個月後	13章242條	1997.04.02由國會通過，同年5月25日再由公投批准；國會修憲與公民複決修憲並行。	1989年4月5日、12月29日以及1990年和1992年4月分別通過憲法修正案，92年通過的憲法修正案並於同年12月8日正式生效，即俗稱的小憲法（共分為6章78條）。
波赫	1995.11	1995.11.21	岱頓協定共10條	以達頓協定中有關波赫的規定為過渡草案。	以1974年共和國憲法為基礎，1989、1990和1991年分別通過憲法修正案。
捷克	1992.12.16	1993.01.01	8章113條	國會	—
匈牙利	1989.10.18	1989.10.23	15章74條	國會	新憲法係以1949年8月18日的憲法為藍本，該憲法先後於1972年4月以及1983年12月再修改過，非共化後的匈牙利則於1989年10月18日將其修改為民主憲法。
克羅埃西亞	1990.12.22	1990.12.22	9章142條	國會	2000年11月議會通過憲法修正案，改半總統制為議會內閣制，2001年3月議會再度修憲，取消省院，改兩院制為一院制。

國名	憲法通過時間	憲法生效時間	憲法條文	憲法通過機關及修憲方式／公民複決修憲方式	備　註
羅馬尼亞	1991.11.21	1991.12.08	7章152條	羅馬尼亞立憲會議；國會提案、公民複決修憲。	新憲法主要係依據法國第五共和國憲法而成，並於1991年11月21日由羅馬尼亞立憲議會通過，同年12月8日再經由公投通過，正式生效。
馬其頓	1991.11.17	1992.01.06	9章134條	1991年公投	1992年1月6日修改憲法，增加對鄰國領土沒有要求、不干涉他國主權和內政的條款。2001年再次修憲，擴大阿爾巴尼亞族自治權利。
塞爾維亞黑山	2006.11	2006.11		國會	1992年4月27日和黑山合組南斯拉夫聯盟共和國，2006年五月和平分離。
斯洛伐克	1992.07.17	1992.10.1	9章156條	國會	──
斯洛維尼亞	1991.12.23	1991.12.23	10章174條	國會；國會修憲與公民複決修憲並行。	2001年2月修憲，增訂集體安全條款等。
立陶宛	1992.10.25	1992.11.2	15章153條	國會；國會修憲與公民複決修憲並行。	──
拉脫維亞	恢復1922.02.15通過的憲法	1993.07.06	8章116條	國會	──
愛沙尼亞	1992.06.28	1992.07.3	15章168條	國會	──

資料來源：作者根據相關資料自行整理

參、中東歐各國新舊憲法差異

雖然中、東歐各國修改或制定新憲法的程序、進程、方式及阻礙各有不同，但總的來講，各國新、舊憲法的差異可由下列幾點來做說明：

首先，就國家體制而言：相較於前共黨時期的社會主義國家形態，非共化後各國制定的新憲法皆揭櫫國家為一民主共和國，如保加利亞、匈牙利、羅馬尼亞、斯洛維尼亞、捷克、斯洛伐克以及馬其頓的新憲法皆開宗明義的在憲法第一條即宣示該國為一自由民主及獨立的國家；雖然將原本國名上的「人民」字眼摘掉，殊不知，這才真正成為以「民」為「主」的國家！

其次，就政治制度而言：雖然各國憲法皆明文規定國家行議會民主，但各國對於政府體制的選擇也不盡相同，例如阿、保、捷、匈、馬、塞黑、斯洛伐克以及斯洛維尼亞等施行內閣制。而波蘭和羅馬尼亞則採雙首長制，唯不同點端視其為「總統—總理制」抑或「總理—總統制」（見表8-2）。再則，新憲法不再是保障「一黨專政」的工具，而是保障一個多元政治形態，揭櫫政黨政治的憲法。各國新憲法中皆明示，任何人民皆可依據憲法自行組織政黨；新憲法亦確立議會民主制度，施行三權分立，行政權、立法權、司法權各自獨立運作。由此可見東歐各國的確是朝西方政治模式和政黨政治的方向發展，任何政黨及議員皆得接受民意歷練，沒有任何政黨或個人能罔顧真理，我行我素。

再其次，就經濟體制而言：依新憲法的規定，各國不再遵循社會主義的經濟路線，而係按市場機能實行市場經濟、保護私人

財產、國家經濟制度納入自由市場機能。

　　最後，就基本人權而言：過去在共黨執政時期，各國草菅人權是不爭之事實，司法機關也只是共黨統治工具，形同虛設，未能替人民保障其應有之權利。非共化後新憲法則揭示國家是屬於人民的，主權在民❶，任何人皆受憲法之保護，得享有各項權利及盡其應盡之義務。人權條款已然成為新憲法的一部分❷，且當其權利受損之際，亦可透過司法機關，使其權利得以確保。而司法機關根據新憲法的規定則為一獨立體系，不受任何個人或團體之影響。❸ 由此可知各國對於人權的保障確實走向正常化，這正宣示了各國邁向歐洲化的決心。

　　其他方面，成立憲法法院，來監督政府各項措施和各項法案符合憲法，以保障司法的獨立性和社會正義；確定總統直接民選，如保加利亞、波蘭、克羅埃西亞、羅馬尼亞、馬其頓以及斯洛維尼亞；或由國會代表全國人民以間接選舉的方式產生如阿爾巴尼亞、捷克、匈牙利。

一、共同特徵

　　儘管中、東歐各國非共化後的民主進程不一，受到的阻礙也不盡相同，但就各國非共化後憲政體制的選擇而言，由表8-2可以清楚看到，中、東歐各國在憲政體制上有下列幾點共同特徵：

---

❶ 如保加利亞憲法第1條第2項、斯洛伐克憲法第2條第1項、匈牙利憲法第2條第2項、捷克憲法第2條第1項、斯洛維尼亞憲法第3條第2項及羅馬尼亞憲法第2條第1項。

❷ 如斯洛伐克憲法第14至43條、羅馬尼亞憲法第22至33條、匈牙利憲法第54條至70條和波蘭憲法第30至86條。

❸ 相關條文如捷克憲法第81和82條、波蘭憲法第173條及斯洛伐克憲法第124條。

（一）政府體制採行內閣制：非共化各國在國家體制上的選擇，大都採行內閣制，如阿、保、波赫、捷、匈、馬、斯洛伐克以及斯洛維尼亞等國，僅波蘭和羅馬尼亞係採雙首長制，政府除對國會負責外，還需對總統負責。

（二）確立三權分立制度：中、東歐各國非共化後，國家權力的劃分則實行行政、立法與司法三權分立，行政權歸屬內閣，立法權則掌握在國會手中，司法權則分屬各層級的司法單位。

（三）總統為虛位元首：由於中、東歐各國在國家體制上大都施行內閣制，因此總統皆虛位元首，僅對內、對外代表該國，並無行政實權。但各國即便係採行內閣制，其與西歐國家的內閣制還是有些微出入，以總統的屬性而言，各國總統雖為虛位元首，但還是擁有部分的實權，例如行使特赦權、任命和免除法律規定的國家公務員如：憲法法院法官、任命和免除駐外人員以及任命和罷免總理及政府其他委員。在上述章節中，曾經討論過波蘭在1997年所制定的新憲法條文中，即相當明確地規範了總統與總理之間的權責劃分：原本國會對內閣提不信任案時，或因總統相對提出解散國會的議案，會有造成政治僵局之虞。新憲法中規定，國會在提倒閣案的同時，亦需提出新總理的人選，如此一來，上述情形便不會產生，總統今後亦無須解散國會，換言之，總統權在此便削弱一部分。[22] 在斯洛伐克，雖然其係採內閣制，但總統的權力則較其他採行內閣制的中、東歐國家總統為大，為一實權總統，除擁有上述的權力外，依據斯洛伐克憲法之規定，總統對外尚有締結國際條約的權力，如斯洛伐克憲法第102條第

---

[22] 波蘭新憲法第158條。

1項之規定：「斯洛伐克總統對外代表斯洛伐克共和國，可締結或批准國際條約。」至於克羅埃西亞，因其獨立後先採雙首長制其後改行內閣制，按獨立時的憲法規定，總統為實權元首，其行政實權如克羅埃西亞憲法第94條規定總統需負政府正常運作之責；或第98條規定總統有任免總理的權力以及第99條規定，總統可以根據政府之提議任命或召回駐外代表：必須注意到的是，克羅埃西亞總統面臨國會對內閣提不信任案時，有權主動解散國會；所以，若吾人欲清楚地劃分克羅埃西亞的政府體制，或可將之稱為「總統—總理制」。羅馬尼亞因採行雙首長制，總統同樣亦為實權總統，享有部分實質的權力，如羅馬尼亞憲法第88條規定總統得向議會提交有關國家主要政治問題的咨文。

（四）總統連選得連任一次：由於各國對於總統任期之規定不一，如阿、保、波、捷、匈、馬、克以及斯洛伐克、斯洛維尼亞與塞爾維亞為5年一任；僅羅馬尼亞為4年一任，一般而言，對於總統任期皆規定連選得連任一次。

（五）成立憲法法院：中、東歐各國在非共化後，為了保障人權、落實社會正義，以及維護司法的獨立，特仿西歐成立憲法法院，職司下列權柄：審核法律或行政命令是否違憲，以確定法律或行政命令與憲法的一致性，以及解決行政、立法與司法部門主管之間職權上的爭執等。

表8-2　中東歐國家總統權限的比較

國別	政府體制	總統屬性及其產生方式	總統任期	國會（席次）（任期）	總理要求總統解散國會權	宣布緊急狀態	憲法法院
阿爾巴尼亞	內閣制	國會選舉	5年一任	單一國會（4年）（議會140席）	—	—	—
保加利亞	內閣制	虛位元首 直接民選	5年一任（連選得連任一次）	單一國會（4年）（國民議會240席）	有	由國會依總統或部長會議之建議宣布	有
波蘭	總理—總統制	雙首長制 直接民選	5年一任（得連任一次）	眾議院（460席）（4年） 參議院（100席）（4年）	有（眾議院）	由眾議院宣布	有
波赫	總理—總統制	3人主席團輪流擔任每8個月輪值一次直接民選	4年一任	眾議院（42席）（4年） 民族院（15席）	—	—	有
捷克	內閣制	虛位元首 國民議會（眾+參）選舉產生	5年一任（得連任一次）	眾議院（200席）（4年） 參議院（81席）（6年）	有（眾議院）	由國民議會宣布	有
匈牙利	內閣制	虛位元首 國會選舉	5年一任（連選得連任一次）	單一國會（386席）（4年）	—	總統根據國會決議宣布	有
克羅埃西亞	內閣制	直接民選	5年一任（連選得連任一次）	一院制153席（4年）	有	由議會宣布或由總統根據國會決議宣布	有
羅馬尼亞	總統—總理制	實權元首 直接民選	4年一任	眾議院（334席）（4年） 參議院（137席）（4年）	有（議會）	由聯席會議（眾+參）宣布	有
馬其頓	內閣制	虛位元首 直接民選	5年一任（得連任一次）	單一國會（120-140席）（4年）	有	議會根據總統、政府或至少30名議員代表之提議而決定	有
塞爾維亞	內閣制	直接民選	5年一任（得連任一次）	（一院制）250席（4年）	有	由議會宣布	有
斯洛伐克	內閣制	實權總統 直接民選	5年一任（得連任一次）	單一國會（150席）（4年）	有	總統根據共和國政府建議或國會決議及憲法性法令宣布	有
斯洛維尼亞	內閣制	虛位元首 直接民選	5年一任（得連任一次）	單一國會（90席）（4年）	有	國會根據政府的建議宣布	有

資料來源：作者根據相關資料自行整理

二、憲政比較

　　另外，就中、東歐各國在憲政體制上的差異而言，比較各國憲法對於該國國體、國會形式、總統職權及其產生方式以及政府的權限等相關之規定，各國在憲政體制的差異，可歸納出下列五點：

　　（一）就國會組成形式而言：由表8-2看來，中、東歐各國國會的形式可分為兩種：一為單一國會，如阿、保、匈、馬、克以及塞爾維亞、斯洛伐克和斯洛維尼亞；二為兩院制，如波、波赫、捷、羅馬尼亞。

　　（二）就國會選舉制度而言：由表8-3可以看到，中、東歐各國國會選舉方式，可歸納為下列三種：

　　1. 比例代表制：採取比例代表制的國家，如保加利亞、羅馬尼亞、斯洛伐克以及斯洛維尼亞，以保加利亞為例，該國採行單一國會制，國會總席次為240席，全數依比例代表制選出，而羅馬尼亞國會雖係採兩院制，但參、眾議院則全採比例代表制，唯獨眾院尚保留15個席次給境內的少數族群。

　　2. 比例代表制與單一選區制混合：比例代表制與單一選區制混用的國家，如捷克與匈牙利，以捷克為例，捷克眾議院總席次為200席，全數依比例代表制選出，參議院則為81席，全數採單一選區制選出。

　　3. 比例代表制與絕對多數選區制：此類國家如波蘭，波蘭國會係採兩院制，眾議院400席，其中391席依比例表制選出，另外69席則為僑選議員，同樣依比例代表制選出，至於參院方面，共計100席，其中分為47個雙選區以及2個3選區。

表8-3　中、東歐各國選舉制度比較

	眾議院	參議院
	單一國會	
保加利亞	單一國會，總席次240席，依比例代表制選出	
波蘭	總席次為400席，391席依多數選區比例代表制選出，69席為僑選議員，同樣依比例代表制選出	總席次100席，分為47個雙選區（two-seats constituencies），2個3選區（three-seat constituencies）
捷克	總席次為200席，全數依比例代表制選出	總席次81席，全數依單一選區制選出
匈牙利	單一國會，總席次386席，176席依單一選區制選出，210席則依比例代表制選出	
羅馬尼亞	總席次343席，328席依比例代表制選出，15席為境內少數民族保障名額	總席次143席，全數依依比例代表制選出
斯洛伐克	單一國會，總席次150席，全數依比例代表制選出。	
斯洛維尼亞	單一國會，總席次90席，88席依比例代表制選出，2席係境內義大利及匈牙利少數族群的保障名額	

資料來源：作者根據相關資料自行整理

（三）就總理要求總統解散國會權而言：由表8-2看來，依據各國憲法相關規定，各國總統皆有權解散國會，唯獨不同的，乃在於部分採行兩院制國會的國家，如波、捷，總統解散國會權指的係解散眾議院的權力，至於羅馬尼亞憲法對於總統解散國會權之規定，依據憲法第89條第1項之規定：「若議會在總統第一次提出要求之日起60天內，未就政府組閣投信任票，並且只有在至少兩次拒絕授職要求的情形，羅馬尼亞總統才可以解散議會」，但再就羅馬尼亞憲法第58條第2項看來，該條款規定：「羅馬尼亞議會由眾議院及參議院組成」，因此依據此兩條款之規定看來，羅馬尼亞總統解散國會權指的係解散由眾議院及參議院所組成之議會的權力。

　　（四）就總統選舉制度而言：中、東歐各國非共化後，雖然大都採行內閣制，但就總統產生的方式而言，還是有所差異，綜觀各國總統產生的方式，可將其歸納為兩種方式：一為透過國會選舉產生，如阿、捷、匈以及斯洛伐克；二為直接民選，如保、波、克、羅、塞以及馬其頓和斯洛維尼亞。

　　（五）就國家緊急狀態之宣布而言：各國憲法對於國家緊急狀況之宣布，不外三種方式：一、由總統依據政府之建議或國會之決議而宣布，如匈牙利和斯洛伐克；二、由國會根據總統或政府之建議而宣布，如保加利亞、馬其頓以及斯洛維尼亞；三、由國會自行決議與宣布，如波蘭（由眾議院）、捷克（由國民議會）、羅馬尼亞（由聯席議會）以及塞爾維亞（由議會）。

肆、憲政體制運作評析

一、國會生態

　　依據新憲法之規定，中、東歐各國非共化後大都採行議會民主制，並相繼舉行第一次國會大選，如捷克於1990年6月、波蘭1991年10月、匈牙利1990年3、4月、保加利亞1990年6月、羅馬尼亞1990年6月 ❷❸。然由於各國40年來人民第一次自由選舉，各國國會政黨林立情形相當普遍，且第一次選舉係在毫無民主化經驗下的學習過程中渡過，因此若以其作為各國民主化進程評估則太過於嚴苛，亦無法看出各國政黨政治發展情勢穩定抑或不穩。而由各國第2次甚至第3次的大選結果看來，由於已有第1

次大選的經驗，加上各國人民接收西方資訊管道相當多且完整，綜合這些因素來分析各國第2次或第3次的大選，可發現各國國會政黨生態有下列3點相同之處：

（一）聯合內閣：由表8-4可以發現，在國會獲得最多票數的第一大黨席次均不過半，如捷克1998年6月及11月的大選，捷克社會民主黨（Czech Social Democratic Party / CSDP；　eská strana sociáln　demokratická / SSD）在該次大選大有斬獲，於總席次81席的參議院中獲得23席，同時在總席次200席的眾議院中亦拿下74席，但總席次仍舊不過半（表8-4）；斯洛伐克1998年9月大選中，則以斯洛伐克民主聯盟（Democratic Union of Slovakia；DEUS / SDK）所獲得之42席最多，但在總席次150席的斯洛伐克國會中亦無法獲得絕對多數；同樣的情形在匈牙利1998年大選，以及羅馬尼亞和斯洛維尼亞在1996年的大選中，第一大黨在國會中的席次，亦是不過半。即便是波蘭在1997年大選中，以團結工會為主幹的右派政黨所組成的「團結選舉聯盟」（Solidarity of Election Action; AWS），在總席次460席的眾議院中，亦僅拿下不過半的201個席次。

各國執政黨國會席次不過半的情形也導致各國執政黨大都以聯合其他政黨的方式組成聯合內閣，共同參與執政，以期各項政策和各項改革法案能順利推展。以保加利亞為例，該國在1997年舉行非共化後的第4次國會大選，該次大選中，則由保加利亞農民人民聯盟（Bulgarian Agrarian People's Union）保加利亞民主論壇（Bulgarian Democratic Forum）保加利亞社會民主黨（Bulgarian Social Democratic Party）以及基督民主聯盟（Christian Democratic Union）和基督解放聯盟（Christian "Salvation" Union）

所組成的民主力量聯盟（Union of Democratic Forces）獲得最大的勝利，選後政府並由以這五個政黨為首的聯合內閣繼續領導保國朝政治民主化、經濟自由化以及歐洲化的路線前進。

其他國家如匈、羅以及斯洛伐克和斯洛維尼亞，則同樣也採取聯合內閣的模式執政。因此，相較於西方國家，執政黨大都在國會占有「絕對多數」、內閣由一黨所組成的政治模式，「聯合內閣」顯然已是當前中、東歐各國「非共化」後在憲政體制運作上的主要特色之一。

表8-4　中、東歐各國90年代大選國會執政黨（聯合內閣）席次概況比較

國　別 （年、月）	國會總席次		執政黨 （聯合內閣）	第一大黨國 會席次及得 票率 %	聯合內閣國 會席次及得 票率 %
捷克 1998.06.19/20 1998.11.13/14 1998.11.20/21	281席	參議院81席	捷克社會民主黨 （第一大黨）	參議院23席	參議院23席
		眾議院200席		眾議院74席 32.3%	眾議院74席 32.3%
斯洛伐克 1998.09.25/26	150席 （單一國會）		斯洛伐克民主聯 盟（第一大黨）、 左派民主黨、 SMK、SOP	42席26.3%	93席 58.1%
波蘭 1997.09.21	560席	參議院100席	團結選舉聯盟	參議院51席	參議院51席
		眾議院460席		眾議院201席 33.8%	眾議院201席 33.8%
匈牙利 1998.05.10/24	386席 （單一國會）		青年民主者聯 盟（第一大黨）、 獨立小農和公民 黨、民主論壇	148席29.40%	213席45.40%
羅馬尼亞 1996.11.03	501席	參議院143席	羅馬尼亞民主大 會（第一大黨）、 社會民主聯盟、 羅馬尼亞匈牙利 民主聯盟	參議院53席 30.60%	參議院87席 50.20%
		眾議院343席		眾議院122席 37.20%	眾議院200席 61.00%

國　別 (年、月)	國會總席次		執政黨 （聯合內閣）	第一大黨國 會席次及得 票率 %	聯合內閣國 會席次及得 票率 %
斯洛維尼亞 1996.11.10	130席	參議院40席	自由主義者聯 盟（第一大黨）、 斯洛維尼亞人民 黨、退休人員民 主黨	—	—
		眾議院90席		眾議院25席 27.01%	眾議院49席 50.71%
保加利亞	240席 （單一國會）		民主力量聯盟 （包括保加利亞 農民人民聯盟、 保加利亞民主論 壇、保加利亞社 會民主黨、基督 民主聯盟以及基 督解放聯盟）	137席 52.57%	137席 52.57%

資料來源：作者根據相關資料自行整理

　　（二）政黨林立現象已有明顯改善，政黨政治穩健發展：前
東歐共產國家解體後，各國邁向民主化的第一步即是朝政黨政治
發展，匈牙利是第一個由「一黨專政」的政治形態走向政黨政治
的國家[24]，而後各國亦緊隨匈牙利腳步走向政黨政治、政治多元
化的民主化路途。然各國在前共黨長達40多年的統治之下，民
主意識或許早已萌生，但畢竟經過共黨長期的控制，人民的民主
素養顯然還是相當欠缺。各國在非共化後，先後制定或修改國家
基本大法，憲法明文保障人民集會結社自由、保障人民參與政治
的權利，而人民鑑於過去長達40多年，其應有之基本權利絲毫
未受保護，甚至被迫害至極。因此在新憲法的保障之下，紛紛自
組政黨以維護其應有之基本權利，此一情形也造成各國普遍都
有「政黨林立」的情況發生。其中尤以波蘭為最，1995年4月為

[24] Geoffrey Pridham and Tatu Vanhanen, Democratization in Eastern Europe,（New York:
　　Routledge, 1994）, p.157.

止，正式登記的合法政黨大小共有272個，[25] 1991年10月27日的波蘭大選甚至有超過29個政黨在國會擁有席次，[26] 此種國會政黨林立之現象即所謂的「威瑪共和國現象」[27]。

再者如匈牙利和羅馬尼亞則分別在1990年3月25日、4月8日及1990年5月20日的第一次國會大選中，匈牙利亦有超過11個以上的政黨在國會中占有一席之地，羅馬尼亞甚至還高達18個政黨以上。[28]

然從各國最近兩次的國會大選看來，政黨林立的現象則有明顯的改善，各國國會主要政黨皆已精簡到6至8個政黨，如捷克1998年大選後，國會主要政黨已縮減為六個；斯洛伐克（1998年）、波蘭（1997年）、匈牙利（1998年）以及羅馬尼亞（1996年）同樣亦為6個；斯洛維尼亞（1998年）則有7個以上；保加利亞（1997年）則為5個。當然這主要是因為各國國會設有門檻的規定。如波蘭國會設有百分之五的門檻、政黨聯盟則為百分之8。[29] 匈牙利國會則為百分之5；捷克與保加利亞則同樣係百分之4；斯洛維尼亞國會則為百分之5，政黨聯盟2至3個時，為百分之7，超過3個以上則為百分之10。此舉不僅杜絕了各國早先政黨林立的現象，相對的，國會內政黨數目減少的結果也使各項法案及政府的各項改革措施得以加速通過，大大提昇政府行政效

[25] The Europa World Year Book 1997 Volume II ,（London: Europa Publications Limited, 1997）, p.2682.

[26] Geoffrey Pridham and Tatu Vanhanen, op.cit., p.132.

[27] 洪茂雄，〈後共產主義波蘭的政治發展：變革與穩定〉，《問題與研究》第3卷第6期，1996年6月，頁60-61。

[28] Geoffrey Pridham and Tatu Vanhanen, Ibid., pp.139-140.

[29] The Europa World Year Book 1997 Volume II （London: Europa Publications Limited, 1997）,p.2682.

率，這對各國政府加速政治民主化的改革，誠是一大助益。

（三）反對黨仍有活動空間，其勢力不容忽視：由各國最近兩次的國會大選看來，各國聯合內閣在國會的席次雖大都已能過半數，如匈牙利1998年國會大選後，以青年民主主義者聯盟為首的聯合內閣，在總席次386席的國會中，即拿下213票（反對黨173席），同樣羅馬尼亞（1996年）以羅馬尼亞民主大會為首的聯盟內閣，在總席次343席的眾議院則獲得200席（反對黨143席）於總席次143席的參議院中則占有87席（反對黨46席），保加利亞1997年的國會大選，由五個政黨所組成的民主力量聯盟，亦在總席次240席的國會中取得137席（反對黨103席）。波蘭和捷克方面，波蘭1997年聯合內閣國會（眾議院）總席次則為201席，在野黨則為259席；捷克1998年執政黨在眾議院席次則為74席，反對黨則有126席，這兩個國家在野黨在國會的勢力同樣都凌駕執政黨。因此由上述的例子看來，基本上各國反對黨仍有其活動空間且勢力不容小覷，也因此執政黨在進行各項改革措施之際，尚需與在野反對勢力進行溝通，不能全憑一黨「黨政綱要」而斷然加諸施行於國家，而反對黨的監督亦是各國政治多元化、民主化的保障。

由上述三點看來，各國政黨政治發展的進程，確實是有相當程度的進步，顯示各國政治民主化改革的陣痛期已過，其改革成效已逐漸顯現出來，政黨政治的發展已愈趨成熟穩健。

二、議事運作

非共化後各國採行三權分立的行政體系，立法權歸屬國會，而各國國會運作的情形，基本上可由下列幾個指標來觀察：

　　（一）就國會議員任期、產生方式及其代表性而言：各國非共化後，國會形式雖有不同，有採用單一國會制者如匈牙利和保加利亞，亦有援用兩院制者如捷克和波蘭，但就各國對國會相關規定綜合而論，不論其係採單一國會制抑或行兩院制，各國對於國會議員任期、產生方式及其代表性而言，有其一致性和普遍性。各國國會議員按普通、平等、直接、以及無記名的方式由人民直接選舉產生，任期則為4年一任（亦有例外情形，如捷克參議院為6年一任、波赫眾議院為2年一任），且因其係由人民直選產生，擁有民意基礎，故國會為人民的代表，其代表性不容置疑。同時，國會透過自由選舉的機制，受人民的監督，任何私人或團體在國會亦無法為所欲為。

　　（二）就國會立法權而言：由於各國採行三權分立制度，立法權專屬國會，依據各國憲法之規定，各國國會對於立法權規定之差異，可由下列三項指標來看：

　　1.法案提案權：就法案提案權而言，各國對於法案提案權之規畫可分為三類：一為議員及政府擁有法案提案權：如保、波、匈、克、羅、馬、塞、黑、斯洛伐克和斯洛維尼亞等9國；二為總統擁有法案提案權：如保加利亞和匈牙利；三為選民具有法案提案權：如波、羅、馬、南以及斯洛維尼亞等五國，第一類通常都有人數上的門檻規定，如波蘭規定至少10萬人以上具有選舉資格的公民，才能聯合提出立法建議；羅馬尼亞至少25萬人；馬其頓至少1萬人；塞黑至少3萬人以及斯洛維尼亞至少5千人。

　　2.法案審核與決議：由表8-5看來，當法案送交國會審核時，各國一般規定由國會以出席總人數之相對多數通過即批准該法案，唯獨斯洛伐克係以出席總人數之絕對多數批准，法案才算

通過。另外，國會採兩院制的國家如波蘭以及羅馬尼亞，在眾院通過該法律草案後，仍須送交參院審核，若參院拒絕，則法案將送回眾院重新審議。而捷克方面，法律草案則係交由眾院以及參院組成的國民議會審核，以獲得半數出席的眾議員和參議員支持，該法案即算通過。至於採單一國會制者，如斯洛維尼亞，在國會通過該法律草案後，「國務委員會」（The National Council）仍可要求國會對該法案進行複決，以避免國會立法過於粗糙。

　　3. 法案之作成、公布與生效：法案由國會通過後，一般係送交給總統，由總統簽署後，公布於官方公報上，該法案才算正式生效。但部分國家，在國會通過該法案後，除要求總統簽署與公布外，尚要求國會主席（如捷克、匈牙利、馬其頓和斯洛伐克）以及政府總理（如捷克和斯洛伐克）簽署，方得以頒布於公報之上。

表8-5　中、東歐各國國會立法程序比較

	法案提案權	審核階段	法案作成 公布與生效
保加利亞	國會議員及政府	經國會二輪投票討論與通過，國會可決議二輪投票在一次會議中進行。	法案通過後15日內由總統公布於國會公報。
波蘭	參、眾議員、總統和政府或至少10萬具有選民資格的公民聯合提出	1、法案由眾院以出席總數相對多數批准即通過； 2、眾院通過後需送交參院，參院於30天內對此做出決議，若參院拒絕或對此提出修正，眾院應接受，除非眾院以出席人數之絕對多數拒絕。	1. 法案通過後需送交總統，總統並應於21日內簽署該法案，同時應將其公布在波蘭官方公報上； 2. 總統簽署該法案時，與此同時，亦可敦請憲法法院對該法案是否違憲做一解釋。

	法案提案權	審核階段	法案作成 公布與生效
捷克		由國民議會決議通過之法律需徵得半數以上出席之眾議員和參議員之同意即通過，除非憲法另有規定。	1. 眾議院應及時將已同意之法律草案移交給參議院； 2. 若參院未通過，眾院需重新審議，若半數通過，則草案通過； 3. 總統有權在已通過的憲法性法律提交給他的15日內，對其提出意見並退回眾院覆議，若眾院有半數以上堅持通過退回之草案，則該法律應及公布； 4. 通過之法律需由眾院主席、總統以及政府總理簽署。
匈牙利	總統、政府、國會委員會、議員	由國會以出席總人數之相對多數通過該法案，除非憲法另有規定，如程序法和憲法修正案需國會議員出席總人數3分之2之相對多數。	1. 法案通過後需由國會主席簽署，並將其送交總統，總統於15日內，若國會主席要求，則於五日內，簽署該法案，同時公布於官方公報上； 2. 若總統拒絕簽署，則法案將送回議會重審，在國會通過後，再次送交總統，總統則需於五日內簽署並公布於官方公報上； 3. 若總統覺得該法案有違憲之疑，可敦請憲法法院對此法案做一說明。
克羅埃西亞	克羅埃西亞議會（眾議院）	1. 草案交由眾議院審核，經出席議員相對多數贊同即通過。 2. 參議院可於眾議院通過法案日起15天內附帶說明退回眾議院重新做出決定。	法案自眾議院通過後，依憲法規定8日內需由總統公布，並於刊登後第8日正式生效，除非另有規定。

	法案提案權	審核階段	法案作成公布與生效
羅馬尼亞	眾議員、參議員、政府或由25萬具有選民資格的公民聯合提出。	普通法或決議由各院出席的議員以相對多數通過，議會兩院中一院通過之法律草案或立法建議需向另一院傳達，若接受一方否決，即將其送回通過之一方重新審議，再次否決，則為最終否決。	法案自國會通過後，交由總統公布，總統並應自收到法律之日起20天內共布於羅馬尼亞官方公報上，法律並自公布日起生效，除非另有規定。
馬其頓	議員、政府或至少1萬人的選民團體。	由國會以相對多數通過法案，除非該議題憲法有特殊規定，如程序法以及變更國界之決定需有出席總數3分之2多數通過。	要頒布之法律需經由總統以及國會主席簽署後方可頒布，若總統拒絕簽署，則需送回議會重審，若經議會3分之2多數通過，則總統有義務簽署頒布。
南斯拉夫	議員、聯盟政府或至少3萬名具有選民資格的公民聯合提出。	由聯邦議會（公民院＋共和國院）以出席總數之相對多數審核通過，除非憲法另有規定，如總統選舉法以及公民院議員選舉法，需有出席總數3分之2通過。	法律或其他法規自公布日起最早從第8日起生效。
斯洛伐克	國會各委員會、國會議員或共和國政府。	由議會以絕對多數批准，但通過憲法、修改憲法、通過憲法性法案、選舉或解除總統職務以及對他國宣戰則需至少5分之3多數通過。	1. 國會審核之法律應由國會主席、總統以及政府總理簽署； 2. 總統若駁回該項法律或憲法性法令，則需退回國會重新審核，若經批准，該法律就必須公布； 3. 法律應自公布後生效。
斯洛維尼亞	議員、政府或至少5千名具備選舉資格的公民提出。	1. 由國會議員以出席過半批准即通過法律，除非另有規定，由公民公投程序需由出席議員3分之2多數通過。 2. 國務委員會可在法律通過7日內暨法律公布前，要求國會對該法進行複決。	法律由總統在法律通過後8日內公布。

資料來源：作者根據相關資料自行整理

（三）就國會監督權而言：由於各國採行內閣制，內閣能否在位，以取得國會信任為準，因此國會除擁有上述的立法權外，對於國家行政機構也具備監督的權力，以避免政府為私人或團體所控制，此種權力如其一、質詢權：可質詢政府各部會的相關政策，於此同時，受質詢之各部會需依法回應；其二、提出對政府的不信任案：國會對於政府的不信任案，可視為其對政府行使監督權的最高表現，與此同時，若國會通過對政府的不信任案，內閣則必須總辭，以示負責。

伍、結論

一、重要發現

總體觀察中東歐過去20年來的變革，雖然各國的歷史背景、社會條件和改革模式各有所本，不盡相同，但仍可發現一些特點：

第一、中東歐國家的制憲經驗證明「社會主義體制的不可改造性」：具體實踐是檢驗體制可行性不可或缺的判決。從中東歐各國的制憲經驗即可找到明確證據，證明社會主義體制的不可改造性。從1950年代南斯拉夫試行甚引世人側目的「市場社會主義」，1960年代匈牙利推行務實的「新經濟機制」改革模式，也一度受到西方國家矚目；乃至1980年代中期，以「新思維」改變戰後東西方冷戰關係的蘇聯新一代領導人戈巴契夫，試圖「改造」社會主義，來挽救蘇聯經濟停滯沈　，以及中東歐各國也曾先後進行不同程度的改革，但均告失敗；戈巴契夫甚至被他們掀起的劃時代改革浪潮所推倒，凡此事實不就說明社會主義體制的

不可改造性，最終也得告別社會主義，師法西歐三權分立的憲政，始能帶動中東歐的生機。

第二、比較東歐前社會主義國家民主化之後的憲政選擇，文化影響因素至為明顯。如捷克、斯洛伐克、匈牙利、斯洛維尼亞等國接受日耳曼文化影響，都曾是奧匈帝國的管轄範圍，戰後又與德、奧互動密切，故選擇實行內閣制。反觀波蘭和羅馬尼亞，則因在歷史上波蘭遭遇過普奧三次瓜分，羅馬尼亞也曾被奧匈帝國統治，故波、羅二國較仰慕法蘭西文化，選擇實行法國式雙首長制。

第三、從中東歐國家的憲政選擇證明，內閣制國家較其他體制國家相對穩定。從本文所收集的資料整理發現，民主法治不夠健全，極有可能連帶影響到國內經濟發展和社會穩定。一套既完整又明確的政府體制，則是國內政經發展的基石。目前中東歐國家大都採行內閣制，向西歐的政府體制看齊，有助維持其政治穩定，和經濟持續成長。內閣制的「責任政治」設計，的確遠優於權限模糊不清的雙首長制。再者，法國實行雙首長制有其憲政文化傳統，而東歐某些國家實行法國式雙首長制，則是長期被共黨扭曲的憲政文化孕育而成，並不具備法國實行雙首長制的條件。

第四、由中東歐國家的制憲經驗看來，愈富有改革或自由化運動經驗的國家，民主化進程較具穩定性；反之，民主化步伐則欠穩定性。匈牙利、波蘭和捷克在1950年代到1980年代都曾先後出現自由化運動或要求改革呼聲，如1956年匈牙利抗暴事件，1956、1970、1976和1980年波蘭多次發生工潮，1968年捷克的「布拉格之春」等，使改革和自由民主思想深植人心，提供爾後民主化不可或缺的動力。因此，匈牙利、波蘭、捷克三國的

民主化發展，要比其他東歐國家來得穩定。反觀，羅馬尼亞、保加利亞、阿爾巴尼亞等國，則欠缺改革思想，民意屢遭踐踏，導致其邁向民主化路途較為坎坷。

綜觀後共產主義時期上述中東歐各國的憲政發展表徵，可得到如下結論：中、東歐國家如波蘭、捷克、匈牙利，無論是地緣政治，或地緣經濟全靠近西歐，愈受西方文化影響，以及宗教信仰也和西歐相似，其「歐洲化」進程也就愈順利，愈受歡迎；相反地，如羅馬尼亞、保加利亞、阿爾巴尼亞、塞爾維亞等國，其客觀條件遠不如波、匈、捷三國，「歐洲化」腳步就顯得遲緩，西歐國家也因力不從心，較不積極協助其「歐洲化」進程。準此以觀，東歐共黨政權得以經由民主改革實現和平演變，是20世紀人類史上的重要創舉，其影響所及，不僅與1789年法國大革命前後相輝映，樹立共黨極權統治和平轉移的典範，而且也提供社會主義體制如何變革，前所未有的寶貴經驗。

二、對我國憲政改革的啟示

第一、在中東歐國家當中，由一國分裂成兩個以上國家，如捷克斯洛伐克1993年和平分離成為捷克和斯洛伐克兩個各自獨立的國家；南斯拉夫1992年由一個聯邦國家分裂成五個各自獨立的共和國；1992年4月在南斯拉夫聯邦解體後甫成立的南斯拉夫聯盟共和國，也於2006年、2008年因黑山、科索沃的先後獨立，使殘餘的南斯拉夫僅剩塞爾維亞。在這些國家都各自成為主權獨立國家時，從未見某一國將過去尚未分裂之前的舊憲法，進行某種程度的修改，讓其繼續運作。其中最明顯的例證，如塞爾維亞一直自認是南斯拉夫的繼承者，但並不狂妄而脫離現實，將

1974年狄托時代所制定的憲法繼續沿用，也得重新頒布合時合身的新憲法。反觀台灣，卻死抱著1947年所制定的不合時代潮流的舊憲法不放，誠是讓人百思不得其解。

　　第二、觀察邁入民主化進程的中東歐國家中，正如前文所論述，雙首長制較易引發府院間職權誰屬之爭議，導因在總統、總理間對於施政程序的認知並無一先前的「共識」；然共識的形成，在憲法條文上既無法立即尋得，亦非事到臨頭才及時會商。唯具有憲政文化的涵養，國家機器的雙頭馬車才得以解決。雙首長制至目前最為人所稱頌者為法國的「左右共治」，過去法國總統、總理所分屬黨派不同，理念各異，然外交、內政之職權分野清楚，一旦遇到議題上之分歧，即主動展開雙邊的協商，妥協出一符合國家利益的最大公約數。其餘各國或因憲法條列不清、或因刻意仿效，卻欠缺健康的憲政文化，無法掌握雙首長制實行之精髓，因此台灣未來的憲政體制選擇，宜朝內閣制設計。

　　第三、台灣之現行憲政，自蔣介石政權流亡來台，歷經「一黨專政」時期，至解嚴，步入民主時期，雖有過7度修憲，卻始終修不出令人滿意的結果。這種情況下，與東歐雙首長制國家有約略相同之處，無助政局穩定；雙首長制在波、羅等國實行失敗的經驗，再加上當前國內立法院向下沉淪的政治亂象，正點出台灣亟需一部既合身又符合現實的新憲法；同時，有必要對全體國民加強憲政教育，滋養更健康的憲政文化，如此台灣的憲政體制才得以長治久安。

參考書目

中文書籍

1. 尹慶耀,《東歐集團研究》,台北:幼獅文化事業公司,1994年。

2. 田弘茂、朱雲漢、Larry Diamond、Marc Plattner 主編,《鞏固第三波民主》,台北:業強出版社,1997年。

3. 李邁先著,洪茂雄增訂,《東歐諸國史》台北:三民書局,2002年。

4. 洪茂雄,《南斯拉夫史－巴爾幹國家的合與分》,台北:三民書局,2005年。

5. 洪茂雄,《羅馬尼亞史－在列強夾縫中求發展的國家》,台北:三民書局,2008年。

6. 洪茂雄,《波蘭史－譜寫悲壯樂章的民族》,台北:三民書局,2010年。

7. 張文武等主編,《東歐概覽》,北京:中國社會科學出版社,1991年。

8. 黃鴻釗主編,《東歐簡史》,台北:書林出版社,1996年。

9. 姜士林等編,《世界憲法全書》,青島:青島出版社,1997年。

10. 國民大會秘書處編,《新編世界各國憲法大全第四冊》,台北:國民大會秘書處,1997年。

外文書籍

1. Albania, *Eastern Europe and the Commonwealth of Independent States* (London: Europa Publications Limited,1999).

2. Pridham, Geoffrey and Vanhanen,Tatu, *Democratization in Eastern Europe* (New York: Routledge,1994).

3. "The Czech Republic: Chronology," *Eastern Europe and the Commonwealth of Independent States:4ᵗʰ Edition.* (London: Europa Publications Limited, 1999).

4. *The Europa World Year Book 1997 Volume II,* (London: Europa Publications Limited,1997).

5. Weiner Rebert, *Change in Eastern Europe* (London: Praeger Publishers ,1994).

期刊論文

1. 洪茂雄,〈東歐國家的政治變遷:特點與影響〉,《中山社會科學季刊》第5卷第2期,1990年,頁37-39。

2. 洪茂雄,〈保加利亞的民主化進程及其困境〉,《問題與研究》第31卷第9期,1992年,頁18、19、22、23、24、28。

3. 洪茂雄,〈馬其頓的獨立和加入聯合國的問題〉,《問題與研究》第32卷第6期,1993年,頁1-10。

4. 洪茂雄,〈東歐國家前共黨演變概觀:變遷與適應〉,《問題與研究》第33卷第10期,1994年,頁51。

5. 洪茂雄,〈後共產主義時代匈牙利的政治發展〉,《問題與研究》第33卷第8期,1994年,頁54-55、57。

6. 洪茂雄,〈後共產主義時期波蘭的政治發展:改革與穩定〉,

《問題與研究》第35卷6期 ，1996年，頁53-66。

7. 洪茂雄，〈後共產主義時期捷克的政治發展：民主化與歐洲化〉，《問題與研究》第36卷第9期，1997年，頁15。

8. 洪茂雄，〈後共產主義時期馬其頓的政經發展情勢〉，《問題與研究》第38卷第5期，1999年，頁2-5。

9. 趙乃斌，〈東歐國家政體演變與特點〉，《東歐中亞研究》第1期，1997年，頁51。

第九章

制憲與憲改的跨國比較經驗：法國

東吳大學政治學系副教授

吳志中

L'opinion publique est souvent une force politique, et cette force n'est prévue par aucune constitution.

民意是一股政治力量，是沒有寫在任何憲法裡之一股力量。

Alfred Sauvy，法國經濟與社會學家（1898～1990）

壹、前言

綜觀世界政治局勢之現況與發展，民主政治的實施是現代化國家的重要指標。在21世紀裡，除了少數國家如中國，北韓，緬甸，越南，古巴，利比亞，沙烏地阿拉伯，敘利亞……等國之外，大部分國家都已經走向民主化，或者允許反對政治勢力存在以進行監督之責任。而由人民所主導，制定一部合時合身之憲法，更是國家人民之基本權利。

一般而言，憲政制度在現代民主政治體系中，主要是以美國的「總統制」、英國的「內閣制」、法國的「半總統制」為代表。回顧歷史，美國自1776年宣布獨立之後，以及英國於1215年公布「大憲章」（Magna Carta）以來，皆以相當穩定的步伐發展。反觀法國，要一直等到1789年法國大革命之後，才開始走入民主的政治發展道路上。然而，在大革命之後，法國的憲政制度仍然持續在動亂當中。要一直等到1958年第五共和的出現，法國才發展出比較有法蘭西特色之半總統制政治制度，並且持續穩定運作至今日。在過去兩百年期間，法國曾經嘗試了英國的內閣制，也效法過類似美國的總統制，直到最後才有目前半總統制的產生。就各種不同之憲政制度特色而言，總統制之特色是穩

定，但是有可能形成僵局。因為總統制之總統任期雖然受憲法保障而相對穩定，但如果總統與國會之多數是不同政黨，則政府之運作比較容易形成僵局。內閣制之特色則是運作順暢，由於內閣政府是由國會之多數所形成，因此不會形成僵局。但是，內閣制的政黨運作機制如果不健全，則容易形成倒閣頻繁的局勢，使得政府不斷更換變得很不穩定。相對而言，法國認為他們所使用的半總統制排除了總統制與內閣制的缺點，使得政府可以有效率的運作。法國政府為了找到最適合國家之政治制度，從1789年以來，總共實施了15部憲法，現在之第五共和也修憲了24次。事實上，制憲與修憲是現代公民之基本權利。在民主社會的時代，人民有權利建構一部可以讓自己的生活更好，國家運作更有效率之遊戲規則，也就是國家之根本大法。臺灣是有特殊之地緣政治考量，因為威權之中國不斷以武力威脅臺灣，使得我國人民有著不同之擔憂。相較之下，與我國大約在同樣時期走向民主化之鄰邦韓國也同樣受到獨裁北韓之軍事威脅，然而，韓國卻已經建立了第六共和，以強化其民主制度，增加國家之競爭力。由於此可見，修改憲法或者制定一部新憲法並不是洪水猛獸，更非不可碰觸之圖騰。

在政治發展與創新的領域裡，法國一向扮演極為重要之角色。在1215年時，英國之大憲章是在法國所撰寫；1648年時，法國與其盟邦打贏宗教戰爭，歐洲各強權簽訂「威斯伐利亞條約」（Peace of Westphalia），開始了現代主權國家主導之現代國際關係體系；1789年之法國大革命推翻了當時世界強權法國之王室政權，帶動了整個歐洲之民主革命浪潮，也在民主化世界各國的政權扮演了重要之角色。因此，本文將以世界政治發展之重

鎮法國作為研究對象，探討一個國家之制憲與修憲程序是如何進行，以便提供給臺灣做為參考，以期對臺灣之民主化道路有微薄之學術貢獻。

貳、法國制憲的經驗

一、推翻獨裁政權之革命的時代

在1789年之前，法國是世界上最強大的國家之一，美國在那個時候則是剛剛建國，毫無國際影響力。獨立戰爭在1775年爆發，法國在1776年開始援助美國，並且於1778年正式參戰協助美國對抗英國。美國獨立戰爭在1783年正式結束，並且在巴黎簽訂條約，英國承認戰敗接受美國之獨立建國。然而，因為法國在過去參與「七年戰爭」（Seven Years' War），再加上這一次之美國獨立戰爭，結果使得國家負債累累，陷入嚴重之財政危機。因此，在1788年時，法王路易十六特別召開類似國會之「三級會議」（les États généraux），希望加稅以解決國家之財政危機。然而，三級會議成員也趁機要求更多之政治權力，結果引起路易十六的不滿而想要趁機解散該會議。終於，在1789年7月發生大革命。三級會議起初的要求是改變君主封建制，以表達會議成員對於王室腐敗的不滿。三級議會於是自我任命為法國制憲議會，頒布人權宣言，並且成為法國國民議會的前身，制定了君主立憲的制度，使法國成為歐洲大陸上讓議會在政治權力中心有重要角色扮演之共和國。然而，縱使有著激烈革命之發生，社會人民的思想改變也並非如此快速，因此，法國政治學家杜維傑（Maurice Duverger）就說，在1789年7月14日革命之時，

法國是由兩個權力所統治，一個是王權，另外一個是制憲國會
（*Assemblée nationale constituante*）。法國國會的權力誕生於法國
大革命，以制衡曾經是極權政治象徵的法國王室 ❶。在隨後的政
治制度演化過程裡，國會成為法國永久的制度機關，然而，其權
力以及與行政權之間的關係卻不斷在變化。在第一共和的時代，
法國國會曾經是法國的權力中心。不過，隨後拿破崙王朝的帝制
以及王室的復辟卻讓國會的權力受到相當程度的壓制。因此，法
國的國會也開始學習如何與行政權分享治國的權力。在第二共和
時代，法國學習美國的總統制，讓三權分立的制度確實執行，使
得國會也扮演相當程度的角色。第三共和與第四共和則成為法國
國會的黃金時代，然而卻因為政黨政治的利益分贓，使得法國政
府的行政效率一直不彰。到了1958年，內有政治問題，外有阿
爾及利亞追求獨立問題，厭惡政黨政治的戴高樂重回政壇，建立
第五共和，並且在隨後限縮國會的權力，使得法國的政治制度
成為：「理性的議會制度」（*Parlementarisme rationalisé*）。在臺
灣，短短二十多年的民主發展尚難確立什麼樣的制度將是永久的
成果。或許，以投票的方式決定國家社會的前途這一項政治行
為，是目前我們尚可以確認不會被放棄之民主化成果。

　　在法國，大革命隨後帶動了歐洲大陸上的民主政治改革風
潮，促使許多「姊妹共和國」（*Les Républiques Sœurs*）的出現，
讓歐陸上的其他王室很不安，認為法國大革命的精神會威脅到這

---

❶ 法國王室的極權以太陽王路易十四世最具代表。在路易十四76年的生命裡，在
位72年，是法國王室在位最久的國王。路易十四最經典的一句名言來說明法國
當時之政治制度即為：「國家即朕 *l'État c'est moi*」。

些王朝的統治合法性❷。為了維護歐洲各王室的權益，法國因此受到英國、奧地利、荷蘭、普魯士、西班牙、薩丁尼亞（現今為義大利）軍隊的包圍，使法國必須號召全國的成年男子加入軍隊以因應這樣的局勢。除了外部的威脅，內部還有王室的不信任及革命後君主立憲制度（1789～1792）挫敗的內憂。因此，法國國民大會（*La Convention Nationale*）在1792年宣布廢除王室制度，終結國會與王室共同治理法蘭西帝國的時代，第一共和就此產生，由執政團取代國王，一直到1799年被拿破崙發動政變推翻為止。

　　法國大革命後，君主立憲的挫敗可說是第一共和的重要推手。法國新的憲法政府，希望能盡快建立穩定的政治體制，重回歐洲第一大強權的地位。而第一共和可再細分為1792-1795年和1795-1799年兩個時代，前半段的行政權由剛成立的政黨國會所掌握，分別是吉倫特（*La Convention girondine*）、雅各賓（*La Convention jacobine*）、熱月（*La Convention thermidorienne*）三個國民大會政府；後半段則被稱為「執政團政府共和國」（*La République du Directoire*），出現法國史上首次的國會雙院制，分別由被稱為「共和國的理性」的兩百五十個議員組成的元老院（*Le Conseil des Anciens*）及「共和國的想像力」的五百人議會（*Le Conseil des Cinq-Cents*）所組成，採一任三年，每年改選三分之一的方式，希望保持政治體制的穩定。「執政團政府共和國」

---

❷ 關於這些姊妹共和國的資料，可以參考法國學者 Jean-Louis Harouel 在1997年所著之《姊妹共和國 Les Républiques Soeurs》。這些姊妹共和國意圖從各歐洲王室分離，都是響應法國大革命精神的結果，但是都沒有持續很長的時間。比較有名，並且持續下去的有瑞士的前身赫爾蒂亞共和國 Republique Helvetique（1798-1803），或者是義大利共和國 Republique Italienne（1802-1805）。

是由五位執政官組成執政團，而執政官的產生是由五百人議會提名十位候選人，再由元老院選出。政府與國會的權力劃分相當清楚：執政官無權要求國會開會，亦無法解散國會；國會不能質詢執政團隊，亦不能要求行政官員為負起政治責任而去職。然而，當時距離法國大革命只有短短六年的時間，法國仍然處於君主立憲派和共和國派的分裂狀態，需要依靠中間派的議員支持才能取得國會多數。而且，民主經驗的不足，也使得政變頻繁，軍隊不斷介入選舉，最後在 1799 年底，拿破崙率兵進入巴黎，任命自己與 *Sieyès* 及 *Ducos* 為新的執政官，建立社會新秩序，第一共和就此瓦解。

　　拿破崙制定新憲，建立第一帝國（1799～1814），將雙院制的國會改為四院制，以增加行政權力。四個議會分別為（1）成員由拿破崙任命的行政法院（*Le Conseil d'État*）；（2）終身職的參議院（*Le Sénat*）；（3）由人民選出、參議院作最後決定的法案評議委員會（*Le Tribunat*）；（4）立法議會（*Le Corp Législatif*）。運作方式為：行政法院準備法案，法案評議委員會討論法案但不能投票，立法議會則投票不討論。雖然國會效率較第一共和大幅提升，但是被弱化到無法平衡拿破崙的行政權。

　　拿破崙被歐洲聯軍擊敗後，法國王室復辟，由路易十八（1814～1824）與查理十世（1824～1830）先後繼位，公布新憲法，採取接近內閣議會的制度。新的國會由各縣市選出，包含一任五年的下議院（*Chambre des députés*），以及由國王任命，任期為終身職的貴族院所組成（*Chambre des pairs*）。國王可以任意召集和解散下議院，並且有權否決國會通過的法案。1830 年 7 月時，查理十世企圖解散同年也是七月剛選上的新國會，並且取

消新聞自由。這樣的政策立刻引起中產階級與工人階級的不滿，法國人民因此再度走上街頭發動革命，推翻了查理十世，迎接其表親路易菲力普為新國王。路易菲力普（1830～1848）是法國史上最後一任國王，他所制定的新憲法，大幅提升國會權力，使國王與國會的位階平等，其制度和現在第五共和有些類似。十八年後，路易菲力普的君主立憲政府面臨嚴重的經濟危機，再度引起新的革命。第二共和（1848～1851）也在軍隊向無辜民眾開火後成立，被民眾推舉出來的新總統是拿破崙的姪子路易拿破崙。

　　路易拿破崙是法國歷史第一位使用法蘭西共和國總統 *Président de la République française* 做為頭銜的國家元首，但同時也是最後一位法國皇帝。拿破崙總統在1848年12月10日以74%的支持度選上新的共和國總統。有鑑於學習英國的君主立憲制不成功，路易拿破崙決定效法美國，建立三權分立的總統制。但是法國的立法權是由一個立法國民議會（*Assemblée Nationale Législative*）所組成的單一國會制度，有別於美國國會之兩院制。總統一任四年，不得連任，且不能否決國會通過的法案。然而，路易拿破崙受到權力的誘惑，在1851年任期屆滿前夕發動政變，任命自己為法國新元首，任期十年。第二共和時代畫下句點，法蘭西第二帝國因此而產生。

　　第二帝國（1852-1870）的國會再度從單一議會變成三院制，分別為：（1）行政法院（*Le Conseil d'État*）：由公務員組成，負責準備法案；（2）立法議會（*Le Corp Législatif*）：由人民直接選舉，一任六年，職責為討論並且投票決定法案；（3）參議院（*Le Sénat*）：終身職，由皇帝直接任命。路易拿破崙的稱帝，讓當時的大文豪也是政治家雨果 *Victor Hugo* 非常不滿，直接撰

文稱呼為：「拿破崙小帝 *Napoléon le Petit*」諷刺路易拿破崙想當拿破崙一世大帝，卻沒有其能力。新制度下的國會喪失與執政權平等的地位，1852～1860是路易拿破崙最專制的時代。但是受到工業發展、社會主義興起的影響，1860年後到1870年垮台前，已經朝向民主化邁進。1870年7月，普法戰爭爆發，第二帝國因此垮台。第三共和隨即成立，這是一個以議會運作為主的政治制度，是法國國會自大革命以來最有影響力的時代。

二、戰敗後所建立之第三共和

第三共和是法國政黨的發展時期，其政治制度一開始極不穩定，主要是處理普法戰爭後的問題。由於路易拿破崙被俘虜，國會必須盡快組成新政府對抗來勢洶洶的普魯士軍隊。普軍在色當擊敗法軍之後，立即調兵遣將包圍巴黎，最後，法國新成立的政府也不得不在1871年1月投降，並且割讓阿爾薩斯及洛林兩省給普魯士。這場戰爭的結果摧毀了法國第二帝國，但是讓新的德意志帝國（Deutsches Reich）在俾士麥的主導之下誕生❸。從此，法國在歐洲大陸稱霸的時代結束，德國開始興起。

新的共和國在投降之後，所組成的內閣政府最初是在處理戰後的問題，因此沒有積極去思考新的政治制度。當時法國人民所面臨的情況是，法國政府在投降之後，德軍直接先進入巴黎，並且於3月1日在香榭里樹大道閱兵。而國會及政府則於3月10日

---

❸ 普法戰爭事實上是日耳曼民族所組成的北德意志聯邦對法國的戰爭。當初的這些日耳曼人所組成的國家並非是統一的狀態。法國皇帝拿破崙三世戰敗，巴黎被圍，這些邦國因此在凡爾賽聚會，包含巴伐利亞、普魯士等邦國決定合併成立德意志帝國，公推普魯士國王威廉一世為新的皇帝。

由波爾多遷去由德軍所控制的凡爾賽。這些舉動引起一直被圍困的巴黎市民極大不滿，隨後引發類似內戰的巴黎公社之衝突❹。

　　在1875年，國會終於通過建立第三共和的相關法律。第三共和的建立並不是像法國的傳統一樣，建立一部憲法。因此，沒有第三共和憲法。反而是一系列的法律建構了第三共和的制度性運作。這些法律分別是1875年2月24日有關參議院之法律案 *La loi du 24 février relative au Sénat*，1875年2月25日有關於公權力之組織法 *la loi du 25 février relative à l'organisation des pouvoirs publics*，1875年7月16日有關於公權力機關彼此之間的關係 *la loi du 16 juillet relative sur les rapports des pouvoirs publics*。第三共和的總統沒什麼實權，是由參眾兩院議員在凡爾賽宮集會選出，其政策都必須有內閣部長們的簽署背書。在第三共和政治制度的運作之下，法國的政黨政治漸趨成熟，自法國大革命後保皇派與共和派的對抗至此也穩定下來，多黨制也成為法國政治的重要特色之一。此外，法國的共和國總統因為是參眾兩院所選出之重量級政治人物，所以還是比傳統內閣制的英國王室具有影響力。因此，法國第三共和產生了一個擁有強大力量之國會，同時影響力卻不小的共和國總統。相對而言，最衰弱的就是內閣政府。第三共和的內閣政府，在國會的運作之下，平均組閣的壽命只有8個月。在第一次世界大戰之前，平均壽命是9個月，在戰後則是半年。

　　第一次世界大戰爆發後，由於法國在實質上相當程度的抗拒

---

❹ 巴黎公社是法國大革命之後，最後一次的大規模流血衝突式的革命手段。巴黎公社不僅是法國愛國主義對抗德國的表現，也是反抗威權追求自由平等的革命。馬克思則將巴黎公社推崇為第一次的工人革命。

了德軍之侵略，因此，雖然國家損失慘重，但是第三共和並沒有因此而垮台。然而，到了第二次世界大戰爆發之時，鑑於第一次世界大戰所付出之慘痛代價以及國防政策之錯誤戰略選擇（馬奇諾防線），法國軍隊似乎喪失了抵抗德軍之意志力與能力。面對希特勒軍隊的勝利，雖然當時的總統 *Albert Lebrun* 與政府內閣議會主席 Paul Reynaud 都拒絕投降，但是最後只能寄望第一次世界大戰的英雄 84 歲的貝當元帥（*Maréchal Pétain*）為新的內閣總理為國家爭取最大之利益。結果，貝當將軍選擇向希特勒投降，也因此結束了第三共和的時代，歷時 70 年。

三、亡國之後所建立之第四共和

在第二次世界大戰期間，法國是建國之後歷史上第一次整個國土都被敵人所占領。若非戴高樂在非洲阿爾及利亞持續抵抗，法國幾乎是亡國。在實質之外交關係上，澳洲在整個戰爭的過程當中，一直維持「兩個法國原則」，不但與戴高樂的自由法國維持外交關係，也與占領區的貝當維琪政府互相承認。美國與加拿大也持續承認維琪政府，一直到 1942 年 11 月德軍完全占領法國為止。蘇聯則承認維琪政府至 1941 年。唯有英國，完全不承認維琪政府。

在戰後，第一次的全國性選舉於 1945 年 10 月 21 日舉行，選出新的制憲議會。法國女性也在這一場選舉中，第一次獲得投票權。選舉結果，在國會 586 席中，法國共產黨 PCF 成為第一大黨，獲得 159 席，中間派人民共和運動 MRP 得到 150 席，是第二大黨。左派的社會黨 SFIO 得到 146 席，是第三大黨。右派因為在戰前支持貝當將軍，成了最大的輸家，在國會的席次比第三共和

的時候減少了169席，只剩下53席。左派的共產黨加上社會黨已經過了半數，但是由於戴高樂在第二次大戰時的功勞與威望，因此一致同意戴高樂為法國臨時新政府的元首。而法國第一次形成遠遠超過半數，由法國共產黨、中間派人民共和運動以及社會黨三大政黨所組成之三黨聯盟體系（Tripartisme）形成政府。由於各派對政治體系的主張不同，戴高樂對共產黨之不信任而呈現緊張關係，社會黨要求刪減國防軍費，結果使得戴高樂決定辭職，同時間還有新憲法的政治制度也遭到全民否決，必須再次選出新的制憲會議。新的國會仍是三黨聯盟體系，並為兩院制，下院為國民議會與上院的共和國議會，但是地位並不平等，前者由人民直接選舉，後者由各地方民意代表選出。國民議會與政府間相互對對方負責，政府可以要求國民議會對政策的信任進行投票，國民議會也可以對政府提出不信任案。造成的影響是政府更迭頻仍，而政府時常被倒台的結果，使得政府衰弱不堪。

且在整個第四共和時代，西方都忙著與共產世界對抗，使身為法國第一大黨的共產黨一直處於孤立狀態。因此在需要共產黨對新政府投下贊成票的時候，他絕對不會配合，但是要倒閣時，所有政黨都可以獲得共產黨的奧援，愈發增加了第四共和政府更多的不穩定，政府時常被倒閣。整體而言，第四共和政府的平均壽命只有6個月，與第三共和差不多。在第四共和的政府生命裡，有22次被總統任命的內閣議會主席無法成立政府，有兩任政府壽命僅僅只有1天，兩任政府壽命2天，一任政府壽命6天。壽命最長的政府，是1956年社會黨的Guy Mollet的政府，總共存活了16個月，一年半都不到。第四共和政府的不穩定與衰弱由此可見。

　　而衰弱的政府，是否起因於運作不良的國會政黨政治呢？第
四共和的主要政黨事實上與第三共和有很大的差別。第三共和時
代左派最大的政黨是社會黨，也有明顯的右派政黨。到了第四共
和，共產黨在第一次的制憲議會獲得26%的選票成為法國第一
大政黨，在新憲法之後1946年11月第一次國會大選中再度獲得
超過28%的選票。確認了法國共產黨第一大黨的地位，並且一直
能在第四共和的整個時代維持第一大黨的身分。法國共產黨之所
以能夠如此，是因為在第二次世界大戰期間，法共在法國的地下
抗德活動中扮演了非常重要的角色，因此成了打贏德軍名符其實
的愛國分子。再加上，法國過去發動革命進行改革的傳統，使得
法共在第二次世界大戰結束之後獲得人民支持的地位能在第四共
和政治制度下屹立不搖。而傳統的右派則因為在第二次世界大戰
時，曾經支持投降的貝當政府，使得其支持度在戰後一落千丈。
能夠暫時取代右派的政黨，變成中間偏右的的勢力，但是又不能
滿足原來右派的意識形態。而原來強大的社會黨，在第四共和時
代，反而選民都被共產黨所吸收，而無法成為左派的代表性政
黨。

　　在第四共和的末期，1957年9月30日時，撐了3個半月的中
間派PRR的Maurice Bougnès-Maunoury政府被國會倒閣，緊接
下來的社會黨Guy Mollet與左派UDSR的René Pleven都找不到可
以組成多數的聯合政府。右派的Antoine Pinay政府在10月17日
組成，第二天就倒閣了，總共只維持了一天。Mollet再度授命組
閣，這一次撐了6天。隨後的Felix Gaillard政府總算維持了5個
月。倒台之後，Bidault與Pleven再度面臨無法組閣的窘境。最後
Pierre Pflimlin才勉強在1958年5月14日凌晨2：00得到國會的通

過組成一個16天的政府，但是整個第四共和事實上已經陷入極度困難之政治僵局。

1958年5月14日Pflimlin組成政府的時候，法國正陷於阿爾及利亞追求獨立的戰爭當中。阿爾及利亞的法國軍隊因為懼怕新的政府妥協放棄阿爾及利亞，因此隨即占領阿爾及利亞的法國總督政府，組成阿爾及利亞公共安全委員會Comité du Salut Public，要求戴高樂重新掌權帶領法國走出危機。5月15日，戴高樂發表公開談話，表示：「我已經準備好接受共和國所賦予的權力／*Je me tiens prêt à assurer les pouvoirs de la République.*」。5月27日，戴高樂再度宣布：「我已經在昨日啟動所有正常及必要程序，以便建立一個共和政權，來保證國家的團結與獨立／*J'ai entamé hier le processus régulier nécessaire à l'établissement d'un pouvoir républicain capable d'assurer l'unité et l'indépendance du pays*」。戴高樂同時並要求法國的軍隊不要輕舉妄動。在第二天，現任內閣會議主席Pflimlin不得已只好辭職。共和國總統René Coty隨即任命戴高樂為新主席，並且要求國會通過新的任命案。第四共和最後一任政府，戴高樂政府於是在6月1日以329票對224票37票棄權通過國會的信任案。6月3日，國會也迅速通過戴高樂政府所提議進行第四共和憲法的修正。經過幾個月的討論，在當年的9月28日法國人民以全民公投，投票通過新憲法。法國第四共和第二任總統也是最後一任總統René Coty則在同年10月4日宣布新第五共和憲法生效。法國第四共和只存活了12年，法國第五共和正式成立。

四、外交挫敗後之第五共和

　　退出政壇之後復出的戴高樂已經高齡68歲，然而仍然精力充沛。這一次重回政壇的方式，似乎有一些政變之味道，但是終究是遵循第四共和的體制，先擔任內閣議會主席，再尋求國會的信任投票，然後要求國會同意進行憲政修改，最後通過新的憲法版本，建立第五共和 ❺。不過也有人認為這是一個：「民主方式的政變」（*Un Coup d'État Démocratique*）。第五共和的出現可說是為了組成內閣多數及解決阿爾及利亞問題來作解套。戴高樂不喜歡國會擁有太多權力，儘管新憲法讓第五共和的政治制度比較像是內閣制，但受到戴高樂總統的政治影響力，使內閣制的運作又帶點總統制的色彩，傾向半總統制的憲政制度。為避免受制於國會，由全國民意代表所組成的選舉人團（*Collège électoral*）取代國會選出總統。所謂選舉人團，是指法國國會的國民議會、參議院，加上全國所有經過選舉程序的地方民意代表、政治人物，總共加起來約80,000人。這使得總統成為民意代表中最具代表性的民意（*l'élu des élus*）。而由總統任命之內閣政府則須向國會負責，這點表現出內閣制的精神。

　　為了避免重蹈第三、第四共和的覆轍，第五共和建立在五個權力機構上：（1）共和國總統（*Le Président de la République*）；（2）參議院（*Le Sénat*），與總統一樣由相同的選舉人團選出；

---

❺ 戴高樂重回政壇的方式是有讓人質疑要透過軍隊發動政變。因此，如同本文在前面所述，戴高樂才公開說明啟動了所有「正常及必要程序」，以便建立一個共和政權，來保證國家的團結與獨立，以降低大眾的疑慮，並且要求軍隊不要輕舉妄動。

（3）政府（*Le Gouvernement*），同內閣制的運作方式；（4）國民議會（*l'Assemblée Nationale*）是由人民選舉產生，與（5）憲法法庭（*Le Conseil Constitutionnel*）。這五個機構所建立的，也就是「理性化內閣議會制度」（*Parlementarisme rationalisé*），如此能夠避免經常性的倒閣，亦使國會多數能夠較輕易的形成。政府不需再屈服於國會意志之下，但必須負起政治責任，訂定正確的國家方針，達到真正「執政」的地步。

　　1961年1月8日，在戴高樂的主導之下，法國本土舉行公投，同意戴高樂逐步讓阿爾及利亞獨立之政策。這樣的舉動，立即引起法國軍方的不滿，而於1961年4月23日進行叛變行動。雖然叛變行動很快就被處理完畢，但是隨後有超過3%大約1,000名的法國現役軍官受到牽連而離職。面對這些來自國家機器的不滿，戴高樂決定強化其威望與政治影響力，因此他決定修改政治制度，讓法國總統的選舉必須受到全民投票的考驗，使法國真正成為半總統制的國家，也增加了政府的合法性。1962年8月22日，法國再度發生軍方企圖暗殺戴高樂的事件，這也促使戴高樂加速改革第五共和政治制度之決心。

　　但是，在法國政壇，大部分政治人物是反對將總統改為直接民選。許多政治人物，認為透過公投將總統改為直接民選是走向獨裁的象徵。戴高樂的政壇盟友Paul Reynaud甚至不惜在10月5日提出不信任投票，以280票超過半數39票之絕對多數推翻了當時龐畢度總理之政府內閣。戴高樂總統立即解散國會，並且決定於10月28日舉行公投，11月18日舉行國會大選。結果法國人民決定以61.7%的贊成通過修憲，在隨後的國會大選，更以32%的超高得票率讓戴高樂的政黨成為第一大黨。對戴高樂而言，這是

一項大勝利，因為法國國會歷史上，只有共產黨單一政黨曾經獲得28%之高支持率，而戴高樂的右派在這一次的選舉創造了新的支持率紀錄。當時的新聞評論就指出，這是一場極為冒險的政治戰爭，而戴高樂總統再度贏得巨大的勝利。真正現代法國的第五共和，也從這個時期開始運作。

參、法國修憲與公投之經驗

為了讓法國政府的運作，更符合整個時代的需要，法國在建立第五共和之後，也進行了24次成功之修憲。法國的修憲程序基本上是可以透過國會與公民投票修憲。修憲的計畫必須由總理所主導之政府，或者國會提出。隨後，由總統決定是要透過公民投票或者國會投票以通過修憲的程序。在法國第五共和裡，修憲是總統、國會與人民政治角力的結果。1962年之修憲，將總統的產生由間接選舉改為人民直接選舉，首先就遭受到國會的強烈反對，甚至對政府進行倒閣之政治動作。總統最後決定解散國會，直接訴諸人民的同意，也獲得政治上之大勝利。然而，在1968年時，法國社會產生大規模以學生為主之抗爭運動。整個法國社會幾乎停止運作。在面對危機的同時，戴高樂再度希望透過修改憲法，改革參議院以挽回聲望。然而，這一次，民意沒有站在戴高樂這一邊，公投修憲在4月27日投票沒有通過。戴高樂立即於4月28日決定辭職，並且在次年過世。在2000年，當席哈克決定將總統任期由7年改為5年，並且只得連任一次之時，這是法國總統、國會與人民的共識，因此在取得國會的同意，隨即人民投票同意的程序上沒有遭到任何的阻礙就通過了。以下表格為法國

第五共和的歷次成功修憲簡單內容：

次序	經修憲後之憲法條文發布日期	該次修憲的宗旨	修改的憲法條文	所依據之法律程序
1	1960年6月4日	處理法屬非洲殖民地獨立後的問題	通過關於補充憲法第十章之60-525號憲法性法律	根據原憲法第85條透過國會進行修憲
2	1962年11月6日	更改總統選舉的制度，將法國總統由原來的間接選舉改為全民直接選制	通過關於共和國總統全民普選制之62-1292號憲法性法律	根據憲法第11條，透過公民複決修憲
3	1963年12月30日	更改議會召開會期	通過關於修正憲法第28條之74-904號憲法性法律	根據憲法第89條，透過國會修憲
4	1974年10月29日	擴大國會議員要求憲法法庭進行合憲性審查的權力	通過關於修正憲法第61條之74-904號憲法性法律	根據憲法第89條，透過國會修憲
5	1976年6月18日	將總統選舉方式改為「兩輪決選制」	通過關於修正憲法第七條之76-527號憲法性法律	根據憲法第89條，透過國會修憲
6	1992年6月25日	因應公民投票通過之《馬斯垂克條約》的批准	通過關於在憲法中新增〈歐洲共同體與歐洲聯盟〉一章之92-554號憲法性法律	根據憲法第89條，透過國會修憲
7	1993年7月27日	設立「法國共和法院」（la Cour de Justice de la République）	通過關於修改1958年10月4日憲法第8、9、10、13章之第93-952號憲法性法律	根據憲法第89條，透過國會修憲
8	1993年11月25日	新增憲法第53條第1項關於國際避難權的規定	通過關於國際避難權之93-1256號憲法性法律	根據憲法第89條，透過國會修憲
9	1995年8月4日	合併國會議期，提昇國會議員的議事品質與職權的行使	通過95-880號憲法性法律	根據憲法第89條，透過國會修憲
10	1996年2月22日	制定社會安全資金的法律	通過關於制定社會安全資金法律之第96-138號憲法性法律	根據憲法第89條，透過國會修憲

次序	經修憲後之憲法條文發布日期	該次修憲的宗旨	修改的憲法條文	所依據之法律程序
11	1998年7月20日	法國政府移交權力給予新喀里多尼亞之自治省議會	通過關於新喀里多尼亞之第98-610號憲法性法律	根據憲法第89條，透過國會修憲
12	1999年1月25日	因應《阿姆斯特丹條約》的通過	通過關於修訂憲法第88-2條與88-4條之第99-49號憲法性法律	根據憲法第89條，透過國會修憲
13	1999年7月8日	承認國際刑事法庭的判決	通過關於新增憲法第6章第53條第2項關於國際刑事法庭之第99-568號憲法性法律	根據憲法第89條，透過國會修憲
14	1999年7月8日	關於男女平等的規定	通過關於男女平等之第99-569號憲法性法律	根據憲法第89條，透過國會修憲
15	2000年10月2日	將總統任期由七年縮短為五年	通過關於總統任期之第2000-964號憲法性法律	根據憲法第89條，透過公民投票修憲
16	2003年3月25日	修憲以符合歐洲統一逮捕令的要求，以便於在歐盟會員國間進行刑事罪犯的逮捕與引渡	通過關於歐洲統一逮捕令之第2003-267號憲法性法律	根據憲法第89條，透過國會修憲
17	2003年3月28日	增加地方政府的權力：國家組織體制原則的補充完善、從屬原則的確認、實驗權、領土單位的財政自治以及平衡機制、地方直接民主的實現方式等	通過關於法蘭西共和國之第2003-267號憲法性法律	根據憲法第89條，透過國會修憲
18	2005年3月1日	因應《歐盟憲法條約》的通過	通過關於修訂憲法第15章之第2005-204號憲法性法律	根據憲法第89條，透過國會修憲
19	2005年3月1日	在憲法中新增〈環境憲章〉（Charte de l'environnement）一章	通過第2005-205號憲法性法律	根據憲法第89條，透過國會修憲

次序	經修憲後之憲法條文發布日期	該次修憲的宗旨	修改的憲法條文	所依據之法律程序
20	2007年2月23日	關於新喀里尼西亞的選舉人團	通過關於修正憲法第77條之第2007-237號憲法性法律	根據憲法第89條，透過國會修憲
21	2007年2月23日	國家元首的豁免權	通過關於修訂憲法第9章之第2007-238號憲法性法律	根據憲法第89條，透過國會修憲
22	2007年2月23日	在憲法中確定廢除死刑	通過關於死刑的廢止之第2007-239號憲法性法律	根據憲法第89條，透過國會修憲
23	2008年2月4日	因應《里斯本條約》的通過，修改原憲法第十五章關於歐洲聯盟的規定	通過關於修訂憲法第15章之第2008-103號憲法性法律	根據憲法第89條，透過國會修憲
24	2008年7月23日	因應法國政府組織再造與現代化改革	通過關於第五共和制度現代化之第2008-724號憲法性法律	根據憲法第89條，透過國會修憲

　　除了修憲之外，法國也針對許多重大政策而舉辦過許多公民投票，以同意重大政策之執行。到目前為止，法國第五共和總共舉辦了11次公民投票，分別簡單的以下列表格進行說明：

次數	原因	總統	日期	結果
1	建立法國第五共和憲法	第四共和總統 René Coty	1958年9月28日	同意
2	阿爾及利亞走向獨立之政策	戴高樂	1961年1月8日	同意
3	同意 Évian 條約，阿爾及利亞宣布獨立	戴高樂	1962年4月8日	同意
4	法國總統改為直接民選	戴高樂	1962年10月28日	同意
5	改革地方政府與參議院	戴高樂	1969年4月27日	不同意，戴高樂宣布辭職
6	接受歐洲共同體新成員，英國、愛爾蘭、丹麥、挪威	龐畢度	1972年4月23日	同意
7	法國海外領土新喀里多尼亞之未來走向獨立	密特朗	1988年11月6日	同意

次數	原因	總統	日期	結果
8	馬斯垂克條約建立歐洲聯盟	密特朗	1992年9月20日	同意
9	法國總統從七年任期改為五年，並且只得連任一次	席哈克	2000年9月24日	同意
10	歐盟憲法內容之通過	席哈克	2005年5月29日	反對

　　第五共和至今已經經歷了52個年頭，有許多專家提議建立第六共和，以處理第五共和所遇到的難題，為國會與行政權間的齟齬找到解套的方式。為此，法國國會也提出一些改革方式。首先，國會為了繼續維持對政府的監督，建立愈來愈多的調查委員會、常設委員會以及許多國會辦公室。自1995年起，國會會期從每年兩個會期，每個會期3個月，轉變為每年只有一個為期九個月的會期。這樣的體系改革，大大增加了國會工作的時間，也強化了國會監督政府的能力。透過法律的修改，從2005年開始，國會監督政府預算的能力與權力也大幅增加。本來是由政府主導國會討論的議程，但是自1995年以來，開放國民議會與參議院有訂定議程的專屬會議。在2008年7月23日修憲之後，憲法已經規定國會議程的訂定由政府與國會分享優先權。不過，政府仍然有權在特定議題（財政領域及社會安全議題的法律案）上，主導國會討論的議程。政府透過憲法第49條第3款（也就是說可以要求通過不需國會討論審查與投票的法律案）之能力開始受到限制。除了財政與社會安全領域方面的法律案，政府在每一個會期，只能提出一個不受國會監督的法律案。國會所設的常設委員會，由原來的6個（以國民議會為例，原來的6個分別為文化、家庭與社會委員會，外交委員會，財政、經濟與預算委

員會，國防委員會，生產與交換委員會，共和國憲法、法律與行政委員會）增加到8個（國民議會目前的8個委員會分別為文化委員會、經濟委員會、外交委員會、社會事務委員會、國防委員會、永續發展委員會、財政委員會、法律委員會），以強化國會對政府政策的了解與監督能力。最後，總統對一些重要政府官員的任命案，必須諮詢國會常設委員會的意見。政府決定派兵干預外國事務時，並需通知國會，並且持續與國會溝通及報告進度。這一項派兵干預政策，只能持續4個月，如果需要延長，必須得到國會的許可。

這些是法國在追求現代化的同時，對其第五共和所規範之立法與行政權互動所做的調整。第五共和自1958年建立以來，已經歷了24次修憲，為的是在有限的人口及領土中創造有效的政治制度，始能與國際強權平起平坐，更能因應愈來愈民主化、現代化的社會。

肆、結論

Il faut que les lois empêchent la constitution de vieillir, parce que la constitution ne se rajeunit jamais.

我們需要制定法律以避免憲法的老化，因為憲法永遠不會更年輕。

法國大文豪，Laurent Angliviel de La Beaumelle，1752

本文旨在探討法國從第一共和至第五共和歷經兩百多年來，有關憲法制定時之不同時空背景之探討。我們可以發現，自1789年法國大革命結束後，法國經歷了短暫的君主立憲制。但是由於王室對國會的不信任，使國會決定在1792年廢除王室制度，第一共和於焉產生，後因拿破崙發動政變而結束。

第一帝國結束後，法國王室復辟，經歷了路易十八、查理十世、路易菲力普的統治。在路易菲力普執政18年後，由於經濟危機使許多人民走上街頭表達抗議，卻遭到軍隊向手無縛雞之力的人民開火，引發人民更強烈的反彈，因而推翻法國王室的統治。在王室被推翻後，拿破崙的姪子路易拿破崙以74%的支持率當選為新任法國總統，建立了第二共和，但第二共和的壽命不及4年，就被路易拿破崙自己給推翻。也就是說，由於憲法制度設計不良，再加上總統貪圖權力而瓦解。之後，路易拿破崙建立了第二帝國，企圖證明自己與拿破崙一世一樣出色，卻在普法戰爭時被俘虜，使國會反對黨議員抓準時機成立防衛政府，帶領法國邁向第三共和時期。因此，第三共和的出現歸因於總統被俘虜，

國會自行發動政治革命建立臨時的防衛政府，以因應當時的軍事侵略。然而，第三共和雖然成立於戰爭的年代，也渡過了第一次世界大戰的危機，卻沒有能夠應付來自納粹德國興起之威脅。戰功顯赫的戴高樂在戰後成為臨時政府的元首，但卻因為政黨政治的利益分贓憤而下臺。直到1946年6月重新選舉、10月人民投票通過新憲法，才產生了第四共和。儘管政府的生成如此不易，後仍因政府更替頻繁，甚至無法組成政府，同時也受到阿爾及利亞獨立戰爭的影響，使得戴高樂在法國全國的期待之下重新掌權，才產生了第五共和的憲政制度。如今，第五共和更經歷了24次修憲，才有今日比較穩定之運作方式。

　　這些制憲與修憲之經驗告訴我們，憲法雖然是國家之根本大法，但是也需要配合整個國家環境的改變而進行適當的修正。以另外一個國家比利時為例，該國在歐洲各強權的妥協之下，於1830年建國。1831年，比利時通過第一部憲法。為了因應內部嚴重之族群與語言衝突，在1920年，比利時開始修憲。在1960年代之後，更幾乎每十年就進行一次重大的憲法改革，以便讓比利時內部荷語區與法語區居民之間的衝突得以舒緩。如今，比利時從一個單一語言之國家，變成為三種語言之國家。最有趣的是，每一語言地區只能使用當地唯一之語言當作官方語，並非是荷語、法語及德語在全國都通用，只有首都布魯塞爾是荷語及法語共用之地區。而該國之國家運作方式，仍然持續在改變當中，以取得人民之支持。就如同法國現代經濟與社會學家Alfred Sauvy所言：「民意是一股政治力量，是沒有寫在任何憲法裡之一股力量」，民意仍然是決定國家前途之最重要力量，憲法的制定與改變都必須是國家人民之所願。在台灣，任何政權或者外來

力量，都不能反對台灣建立一個適合自己國家發展的憲法。這是歷史發展的結果，也是 21 世紀的趨勢，更是人類文明發展之偉大展現。

第十章

韓國1987年民主化和憲政改革

政治大學韓文系兼任講師、華梵大學人文教育中心教授

朱立熙、林正順

壹、前言

　　韓國的近代憲政經驗雖然長達百年，若除去日本統治時期，實際的憲政經驗只有自二次大戰後韓國獨立建國後的60餘年。韓國憲政經歷多年艱難的歷程，其憲法在多次修改中不斷獲得經驗與進步，使政治制度在修憲中日益成熟。在這樣的發展脈絡下，韓國憲法自1987年修憲以來未再變動，故韓國憲政處於鞏固和穩定發展階段。

　　俯瞰韓國憲法變動的歷程，自第一部憲法頒布以來，韓國進行共9次憲政變革，其中第4次憲改將總統制改為責任內閣制，第5次修憲將責任內閣制改為總統制，1987年的第9次憲改則改為分立和制衡權力的總統制。從民主化的發展脈絡來看，1987年的第9次憲改為實現民主政治的轉型，其後盧泰愚與金泳三總統的交替結束軍人統治，實現文人政治的目標❶。其後經過金大中的「國民政府」❷、盧武鉉的「參與政府」❸的努力，使韓國民主政治得到鞏固，李明博政府亦持續鞏固政治民主化。這段民主鞏固的歷程可說是奠基於1987年的民主化和憲政改革。

❶ 金泳三任內的政府名為「文民政府」，以突顯他的「文人政權」，與前兩任的軍人政府劃清界線。參照蘇世岳，《韓國社會與文化》，新學林，2010年，頁147。
❷ 1997年底金大中當選為總統，金大中任內的政府名為「國民政府」，象徵以國為本，讓人民共渡時艱，這是韓國史上第一個由執政黨將政權和平移交給反對黨而產生的政府，韓國的民主化向前跨出一大步。何牧，《韓國四總統合傳》，中國社會科學出版社，2005，頁242。
❸ 盧武鉉任內政府則名為「參與政府」，除了以「世代交替」、「清算舊政權」的強力號召映射「三金（金大中、金泳三、金鍾泌）時代」已結束，也造就全民參與改革的良機。參考朱立熙，《國家暴力與過去清算》，台北：允晨文化，2007年，頁211-213。

雖然在韓國憲政歷程中，過去在民主化以前的總統都沒有遵守憲法，甚至將憲法當成實行權威主義統治的工具，造成民主政治的倒退，但由於韓國公民的參政、憲政意識極強，因此社會運動都會以憲政改革做為民主訴求的重點。韓國「憲法至上」原則的憲政經驗對台灣的憲政發展極富啟示性。基本上，加強公民的參政意識是實現人民主權的根本途徑，因此必須建立有效的參與機制。換句話說，若人民沒有憲法意識，就無法實現民主政治。

本文首先探討韓國憲政的歷史沿革，進而從韓國1987年民主化歷程，探討其推動憲政改革的經緯，最後闡述韓國現行憲法日益鞏固發展的情況。

貳、韓國憲政體制的歷史沿革

1897年朝鮮將國號改稱為大韓帝國，試圖通過改革國政，謀求韓國的進步。1899年，大韓帝國和大清帝國締結對等條約，兩國外交開始正常化，並頒布韓國最早的成文憲法－《大韓帝國國制》。《大韓帝國國制》這部由朝鮮高宗欽定憲法共有9個條款，其中闡明專制君主國的國家型態，並以《公法會通》列舉君主的重要權限。然而，1905年日本帝國在日俄戰爭獲勝以後，日本帝國強迫大韓帝國締結《日韓保護條約》，將大韓帝國納為保護國，並於1910年再強迫其締結《日韓保護條約》，從此奪取大韓帝國的國權。

在簽署《日韓保護條約》後，韓國人民並未就此服從日本的

統治❹，於1919年3月1日發表《獨立宣言》，引起「獨立萬歲運動」或「三一獨立運動」❺。三一運動其後遭到日本殖民當局的強力鎮壓，使韓國獨立志士們相繼出亡國外。1919年4月11日，韓國的獨立志士在中國上海制定《大韓民國臨時憲章》，共計10條，並於同年9月成立「大韓民國臨時政府」，李承晚博士獲選為最初大統領（以下稱總統）。1919年9月11日，大韓民國臨時政府模仿1912年《中華民國約法》制定《大韓民國臨時約法》。《大韓民國臨時約法》其後成為《臨時政府憲法》，其內容以主權在民為基礎，詳實規定人民的權利和義務，並以三權分立闡明統治組織的構成。《臨時政府憲法》在之後共被修改過4次，名稱也從「憲法」變到《約憲》，再變到《憲章》。在主權在民和三權分立的原則下，一直維持議會主義、法治主義及基本權尊重主義❻。《臨時政府憲法》在二次大戰後成為《大韓民國憲法》的母體。

　　1943年12月1日，美、英、中三國在《開羅宣言》決議讓朝鮮自由獨立。1945年7月26日，各國再於《波茨坦宣言》確認此原則。1945年8月15日，日本無條件投降，美國遂占領朝鮮半島南半部，北半部則由蘇聯占領。1947年12月12日，聯合國大

❹ 在第一次世界大戰後巴黎和會時，由於美國威爾遜總統提出14點和平原則，其中包括反殖民的民族自決原則，鼓舞當時在日本與俄羅斯留學的韓國學生。1919年，大韓帝國最後的皇帝—朝鮮高宗過世，由於認為其係受日本毒殺的傳聞廣泛流傳，於是1919年3月1日以高宗的葬禮為契機，33名韓國獨立運動參與者發表《獨立宣言》，引起群眾跟隨並高呼「獨立萬歲」，是為「獨立萬歲運動」或「三一獨立運動」。

❺ 其中的歷史沿革詳見，李基白著，林秋山譯，《韓國史新論》，台北：國立編譯館，1985年，頁354-360。

❻ Djun Kil Kim, *The History of Korea*（Greenwood, 2008）.

會通過決議，希望在聯合國韓國委員會的監視下，透過朝鮮半島全體的總選舉成立新政府 **❼**。其後，因為韓國委員會的監視團被阻止進入北半部，於是1948年5月10日僅在朝鮮半島全南半部實施國會大選。同年5月30日，新當選的198名國會議員組成國會，準備進行建國憲法的制定。

新國會於選後立刻組成憲法起草委員會，著手憲法制定工作 **❽**。這個委員會在完成憲法草案後，於同年6月23日提交國會第16次會議決議，且在7月12日以三讀通過《大韓民國建國憲法》。建國憲法在7月17日由國會議長李承晚的簽名後公布。根據附則的規定，建國憲法從公布日即實施。接著，制憲國會以壓倒性的多數票，選出國會議長李承晚博士，做為大韓民國第一任總統。1948年8月15日，李承晚總統宣布大韓民國政府正式成立。

建國憲法是以大韓民國臨時政府為母體，以威瑪憲法的基本原理和美國憲法的三權分立體制為骨幹，加上特別的國務總理制和國務委員制等責任內閣制的要素組成。 **❾**

---

❼ 李承晚在聯合國韓國委員會的監督下，以公民投票的方式，當選第一任民選總統。詳見劉德海，《南韓對外關係》，台北：作者自行出版，1997，頁7。

❽ 當時的討論是以俞鎮午的憲法草案為原案，以權承烈的憲法草案為參考案，而兩草案都是以議員內閣制為政府型態，以兩院制為國會的構成，違憲法律審查權賦予大法院。但是，憲法起草委員會完成憲法草案後，在被提交到國會本會議的階段，當時被推戴為國父的國會議長李承晚，對此提出強烈的反對意見。他強烈地希望總統制，他主張以總統制為政府型態，以單院制為國會的構成，違憲法律審查權一定要賦予憲法委員會。美軍政府當局也對此給與支援，結果按照李承晚的主張，採取大統領制和單院制，但多少增加內閣責任制的要素，實行當時多數黨的韓國民主黨所主張的國務院制和國務總理制。

❾ 參照〈憲政改革的國際比較〉，《台灣憲政改革方向研究案》，中華民國總統府，2008，頁61。

　　1950年2月，占國會多數的韓國民主黨，考慮到李承晚總統的獨裁，遂提出將總統制變為責任內閣制的修憲案，遭到國會其他議員的否決。❿ 同年6月25日，韓戰爆發，大韓民國改以釜山為臨時首都，但由於執政的韓國民主黨內鬨，使國會改選總統變得窒礙難行。韓國政府乃提出以兩院制及總統和副總統由國民直接選舉的修憲案，但出席的163名議員中計有143名反對，結果在國會遭到壓倒性的否決。

　　1952年4月，由123名國會議員聯名，再次向國會提出責任內閣制憲改案。韓國政府也將之前被否決的修憲案，進行部分修正後重新向國會提出。由於國會對這兩個修憲案發生爭執，迫使政府宣布非常戒嚴令，並將反對派國會議員視為國際共產黨。經歷月餘的政治動盪後，1952年7月4日，在166名出席議員中有163名贊成，3名棄權，沒有反對票的結果下，表決通過兩個憲法案的折衷案－「拔萃案」。拔萃修憲的重點是：（1）總統和副總統直選；（2）國會兩院制；（3）國會對國務院採不信任制；（4）國務委員任命時，國務總理擁有提請權等。由於拔萃修憲案的通過，李承晚遂通過直接選舉當選為總統。

　　透過直接選舉而成功連任的李承晚總統，考慮到國會需要有支持自己的政黨，因此另外進行自由黨籌建工作，並於1954年5月在第3次民議院大選中獲勝。

　　李承晚為使自由黨能長期執政，故再度提出修憲案，並於1954年8月6日獲得所屬136名議員的贊成通過。修正案的主要內容包括：（1）僅限於第一任總統，廢除三選限制，准許使用無

---

❿ 同前註❺，頁62。

限制參選；（2）關於主權的制約、領土變更和修憲須經國民投票；（3）廢除國務院不信任制，改採國務委員的個別不信任制；（4）總統缺位時，由副總統繼位；（5）經濟體制向自由市場經濟轉換等。

　　1954年11月27日，僅一票之差，自由黨的修憲案遭到否決。但是，在野的自由黨主張：修憲案所需全體議員的3分之2，以203名計算，透過四捨五入，應該是135名而非136名，因而取消前日的否決，宣布修憲案表決通過，此修憲案也因此被稱作「四捨五入修憲」**⓫**。

　　在「四捨五入修憲」通過之後，1960年3月15日實施的總統選舉中，由於在野黨候選人趙炳玉的死亡，李承晚單獨參選而順利當選。但副總統候選人李起鵬，為讓位給在野黨候選人張勉，因而在李承晚不知情的情況下，進行選舉舞弊的行為。此消息一出，抗議選舉不公的學生運動隨即擴散全國，此外，同年4月19日更發生警察開槍造成學生死傷的衝突事件**⓬**。在衝突越演越烈的情況下，李承晚總統宣布下台，使選舉必須重新實施。

　　1960年5月2日，大韓民國成立以許政為為內閣首腦的過渡時期政府。國會在「全面恢復誠實的政治自由」和「隨時對國民負責的國政」前提下，體認到總統制是獨裁政治的溫床，故推動以責任內閣制為要旨的修憲案。其後，憲法起草委員會提出採取責任內閣制的憲法修正案，事實上，其修正幅度相當於「制定新憲法」的程度。同年6月15日，國會以壓倒性多數通過這個修正

⓫ 參照李基白著，林秋山譯，《韓國史新論》，台北：國立編譯館，1985，頁400。

⓬ Kim, C. I. Eugene, and Ke-soo Kim, "The April 1960 Korean Student Movement," *The Western Political Quarterly* 17（1），1964.

案，是為「第二共和憲法」。

這個全面修改的新憲法，主要內容是：（1）由總統制變到議院內閣制，限定總統的禮儀性、形式性地位；（2）擴大並大幅度強化基本權，禁止對於言論、出版、集會、結社等自由採事先許可或審閱制；（3）加強多數政黨制的保障和政黨的憲法地位；（4）為了司法的民主化，大法院長和大法官由具有法官資格的選舉人團選舉產生，其他法官由大法院長任命；（5）廢止彈劾裁判所和憲法委員會，設定憲法裁判所；（6）為了保障選舉的公正，中央選舉管理委員會被設定為憲法機關；（7）規定公務員和警察的中立性；（8）直接選舉地方自治團體首長等❸。

因1960年4.19學生起義而繼承政權的民主黨，由於黨內紛爭，使得國家動盪。此外，放寬自由權保障的結果，更導致出現難以規範的社會混亂情況，並喪失國民解決民生問題的希望。在這種政府效能不彰與社會的混亂和批判中，1961年5月16日，少壯軍人大膽進行軍事革命。由「軍事革命委員會」掌握行政、立法和司法三權。其後，軍事革命委員會改名為「國家再建最高會議」，行使國會的權力，並組織「革命內閣」。革命內閣對國家再建最高委員會負責。同時，根據國家再建最高會議，大法院長和大法院法官皆由總統任命。政府公布〈非常措施法〉，「憲法裁判所」也從此停止運作，舊憲法僅與其不相牴觸者有效。

1962年7月11日，國家再建最高會議成立「憲法審議委員會」，由這個特別委員會審議修憲案。憲法審議委員會在全國各地舉辦公聽會，當時國民普遍的意見是希望設立強力的總統制。

---

❸ 詳見林秋山，《韓國憲政與總統選舉》，台北：台灣商務，2009。

於是，韓國政府遂以國民投票表決新憲法案，結果有百分之60以上的公民贊成新的憲法修正案。同年12月26日，韓國政府公布「第三共和憲法」。第三共和憲法與之前的部分修憲有所不同，它採取全面修正的形式，實際上等於是憲法的制定。與先前憲法最大的差異是第三共和憲法並非根據舊憲法規定的修憲方式進行修正，而是根據國家再建最高會議通過的〈非常措施法〉，以公民投票進行修憲案的表決，所以事實上稱其為「制憲」更為妥當。

　　同時，國家再建最高會議提議的修憲案通過後，實際上就是從此廢止第二共和憲法。根據革命政府所制定的第三共和憲法，其主張憲法必須確保和尊重它的一致性和延續性，此點早就規定於憲法前文中。第三共和憲法的主要內容如下：（1）在前言中宣布4.19學生起義和5.16軍事革命的理念，作為憲法的精神性基礎；（2）為了維持強力安定的政局，並快速實現行政福利國家，政府形態採取總統制；（3）採取一院制國會；（4）為了保證司法人事的獨立，設立法律推薦委員會，將法律的違憲審查權賦予法院；（5）為了實現政黨政治，訂定總統和國會議員候選人的政黨的公共推薦制，禁止國會議員在任期中脫離黨籍和政黨變更；（6）為了總統的經濟政策制定的諮詢，設立經濟科學審議會議，並直屬於總統管轄。總統的國家安全和軍事政策亦制訂諮詢單位，故設立國家安全保障會議，其也直屬於總統；（7）憲法的修改採取國民提案制和國民投票制。

　　1969年8月7日，在野的民主共和黨的122名國會議員，提出以延長朴正熙總統的連任次數為主旨的修憲案。這個修憲案在10月17日實施的國民投票中被確定，並於10月21日公布，使朴

正熙總統廢除禁止三選的規定，使其再一次連任成為可能。除此以外，這部經過修改的新憲法，加重對於總統彈劾訴訟的議決人數，並增加國會議員的人數。

第三共和國憲法廢止總統的連任限制，使總統得連任三期的憲法修正案，於1969年10月17日實施的國民投票中獲得通過。不久，朴正熙在第三次競選任中當選，並於1971年再任總統。但是朴正熙對此仍不滿足，朴正熙於1972年10月17日以對抗國際形勢變化和統一的名義，宣布全國實施戒嚴，實行親衛政變，解散國會，終止政黨政治活動，宣布其為永久執政的「維新體制」[14]。接著，他先前秘密準備的修憲案分別於10月27日、11月21日被確立，並於12月27日公布施行。這個維新憲法廢止第三共和憲法，在實際上是制定新憲法，但從追求憲法的一致性和延續性的問題而言，憲法前言中卻曾使用修正的用語。

在維新憲法中，為回應變動的國際秩序、祖國的和平統一以及鞏固安定繁榮的基調，斷然進行的維新改革並異常地強化總統的權限。維新憲法的主要內容包括：（1）首先為促進達成和平統一的民族願望，設定統一主體國民會議，作為國民的委任機關，總統也由國民會議選出，總統推薦的3分之1國會議員也由此選出；（2）總統在立法、司法、行政三部分極為強化。總統從統一主體國民會議中選出，任期6年，沒有連任的限制。總統有推薦3分之1國會議員的權力，還可以解散國會。總統提名大法院長得到國會的同意後任命，一般法官由大法院長提名，由總統任命，對法院也有極大的影響力；（3）控制政黨國家的傾向，廢除

[14] 詳見森山茂德著，吳明上譯，《韓國現代政治》，台北：五南圖書出版股份有限公司，2005年3月，頁26-35。

總統和國會議員候選人的政黨推薦制，統一國民主體會議的議員
也被禁止加入政黨。同時，總統是統一主體國民會議的議長，並
可統制國會議員提議的憲法改正案。

在這種絕對的總統中心制下，其目標是透過高效率的行政而
使經濟急速增長，但在國民的意識培養和政治自動淨化方面則有
所缺陷，特別是國家的意識決定，無法阻止機關間的衝突發生
❶ 。1979年10月26日，朴正熙在總統警護室和中央情報部的權力
鬥爭中，遭到同鄉的中央情報部長金載圭槍殺。

1979年朴正熙總統被弒後，由崔圭夏國務總理代行權限。同
年12月12日，國軍首都保安司令官全斗煥發動軍事政變，逮捕
陸軍參謀總長兼戒嚴司令官鄭昇和，成立「國家保衛非常對策委
員會」，成為能夠左右政局的軍事強人。在這種混亂的局勢下，
許多人懷疑反映被視為是朴正熙意志的維新憲法是否能夠維持，
但有鑑於新憲法的制定需要一段相當長的時間，因此崔圭夏在代
理總統期間表示，將先依據維新憲法的規定，在3個月之內進行
總統的選舉，並著手進行憲法改正工作。並按照這一方式，由統
一主體國民會議選出總統。

崔圭夏在代理總統期間即組成「憲法改正特別委員會」，並
透過公聽會聽取意見，進行憲法試案的起草工作。1980年 1月
20日，崔圭夏在法制處組成憲法研究班，對基礎資料進行調查研
究，同時於3月 14日設立由69位各界人士組成的憲法改正審議
委員會，其中的小委員會進行多次會議。

但在此期間，1980年 5月 18日卻發生震驚韓國的光州事

❶ Hyung-A Kim, *Korea's Development Under Park Chung Hee*（Routledge, 2003）.

件。戒嚴部隊對反對逮捕金大中的示威群眾進行過度鎮壓，導致激憤的示威群眾搶奪軍火庫武器，軍民間發生激戰，並造成數日間的無政府狀態。最後以戒嚴部隊掃蕩和示威群眾歸還武器告終，但其過程已犧牲諸多人命❶。8月16日崔圭夏下台，8月27日統一主體國民會議選出全斗煥繼任總統的權限代行，並於9月1日就任。

全斗煥繼續展開憲法的修改工作。憲法改正審議委員會小委員會於1980年9月6日報告結果，並由憲改審議委員會表決通過修憲案。同年10月22日實施國民投票，修憲案得到絕大多數國民的支持，而在10月27日發佈並開始生效，第五共和憲法開始。

隨著這第五共和憲法的實施，國會根據憲法附則第6條解散，改由「國家保衛立法會議」暫代國會的職能，國家保衛立法會議是由總統任命的81名議員所組成，直到1981年6月30日新國會組成為止。這部「全斗煥憲法」採取任期7年的總統單任制，取代先前的統一主體國民會議，並創造間接選舉方式的總統選舉人團制。全斗煥根據自己主導下制定的憲法，組成總統選舉人團，而於1981年2月25日以間接選舉方式當選總統，3月3日舉行就任儀式。

參、1987年民主化的憲政過程

全斗煥總統以武力鎮壓1980年光州事件後，根據其匆匆修訂的第五共和憲法，透過總統選舉人團的間接選舉當選總統，但

---

❶ 有關「光州事件」發展過程，詳見朱立熙，《國家暴力與過去清算：從韓國518看台灣228》，台北：允晨文化，2007。

由於其正統性非常薄弱。加上國會的權限被削弱，連司法也被從屬化，國民對於如此位居專制地位的總統，並不認同其統治權威。因此零星的示威抗議連日不斷，造成軍警長期駐屯大學校園，其憲法規定的國民基本權保障，基本上與維新體制時期大同小異。

1985年2月12日實施的第12屆國會議員選舉遂成為導火線，國民的不滿及民主化要求急遽浮出檯面，韓國社會開始動盪不安，修憲討論自1985年下半年開始白熱化。1986年2月4日，在野的新韓民主黨在李敏雨的領導下，決定發起一場要求全面修改現行憲法的「一千萬人修憲簽名運動」，要求將總統選舉人團選舉總統的辦法改為選民直接選舉，並實行其他政治改革。以漢城（今改名首爾）為首的各界民主人士，發起旨在建立民主政府的修憲簽名運動，推翻軍事獨裁政權的要求迅速在全國擴散。4月30日，全斗煥總統在青瓦台舉行的三黨代表會議中，表示只要國會同意，他不反對在任期內進行修憲，但他控制的國會當然不會簡單同意。由於經濟發展和國民政治意識的成熟，國民開始展開民主化鬥爭。

1987年1月14日，民主烈士朴鍾哲被員警逮捕，並被嚴刑逼供致死。消息傳出，韓國全國各地群情激憤。1987年2月7日，韓國主要城市同時舉行朴鍾哲的全國民追悼儀式和示威，並於3月3日舉行朴鍾哲第49祭和「拷問流放國民大遊行」。1987年4月13日，全斗煥總統態度轉趨強硬，發表禁止討論修憲的護憲講話。此做法等於是將至今為止的修憲努力化為烏有，使國民極為失望和憤怒。5月23日，韓國民主人士成立「朴鍾哲拷問殺人隱蔽操作糾彈國民大會準備委員會」，並決議於6月10日召開糾

彈大會。5月27日成立「爭取民主憲法國民運動本部」，並發表批評全斗煥護憲措施的時局聲明。6月10日，民主正義黨代表委員盧泰愚被公開提名為總統候選人的同時，「爭取民主憲法國民運動本部」在全國18個城市舉行大規模街頭集會。6月26日，「爭取民主憲法國民運動本部」更進一步舉行市民和平大遊行，政府陸續拘捕的示威者達3467人，但100萬餘人在全國37個城市示威至深夜。這項全國性的「民主化抗爭」迫使全斗煥不得不投降，隨即表示願意接受國民改憲要求。

1987年6月29日，被全斗煥指定為民主正義黨下屆總統候選人的盧泰愚代表委員為收拾時局，發表以採納包括總統直接選舉在內的8項國民民主化要求的重大宣言❶。他主張，以煽動光州事件的罪名被宣告死刑後被減刑，現正處於監禁狀態的金大中應當被赦免並復職，其政治活動應當得到保障；時局犯中除了極少數人都應當被釋放；政府應當伸張公民的基本權利，並保障言論自由，實施地方自治，實現大學自治，保障正當的自由活動等目標。這個內容即是「6.29民主化宣言」❶。

執政的民主正義黨隨即將「6.29民主化宣言」追認為黨的公開立場。全斗煥總統也透過特別講話的方式，闡明要採納盧泰愚宣言的立場。事實上，「6.29民主化宣言」被稱做避免全國性流血事件的「市民革命」。7月1日，全斗煥宣布接受盧泰愚的方案。7月10日，全斗煥辭去民正黨總裁職務，反對黨領導人金大

---

❶ 這8點方案的內容是：（1）實行總統直接選舉的制度；（2）實施公正選舉法；（3）對受監禁的政治犯實行大赦；（4）保證基本人權和法治；（5）保證新聞自由；（6）實施地方自治；（7）確保政黨的基本權利；（8）保障社會穩定，促進公共福利。這項宣布幾乎可說是全面接受反對黨的要求。

❶ 同前註❶，頁71。

中於同日獲得特赦，得以自由之身展開政治活動。

　　其後，韓國很快召開由執政黨和在野黨代表組成的8人政治會談，並由他們決定準備單一的修憲案。9月18日，由執政黨和在野黨合意而採納的總統直接選舉制憲法修正案，在「國會改憲特別委員會議」被提出，經逐條討論表決後，於10月12日在國會正式表決通過。其後，這項第9次憲法修訂在10月27日實施國民投票，結果得到93.1%投票者的贊成而確定，而於10月29日公布。按照1987年第六共和憲法附則第1條的規定，這部憲法於1988年2月25日開始實施，並一直延續到今天。

　　雖然按照第六共和憲法的前言，形式上將其描述為憲法修訂，但其本質是以「市民革命」為基礎❶，透過執政黨與在野黨的合意，彙集國民的共同意志而誕生，事實上是「憲法制定」。歸功於第六共和新憲法，國會和司法部得以恢復固有的權限，三權分立亦找回本來的面目，保障國民基本權利的措置得以建立，最重要的是政權交替成為可能。

　　現行第六共和憲法是由憲法序言、10章130條正文及6條附則所構成。曾因第四共和及第五共和採納總統中心制而被大大削弱的立法的權限，在現行憲法中被重新大幅強化，並保障司法的獨立，設置「憲法裁判所」，呈現出反映三權分立原理的新面容。

　　同時，現行憲法大幅除去第五共和憲法的議員內閣制要素，雖比較接近總統制，但仍同時包含議員內閣制和二元政府的要素。首先，體現總統制的要素有：（1）總統是國家元首，同時也是行使行政權的政府首長；（2）總統任期為5年，由國民直接選舉選出，非經彈劾不受罷免；（3）總統不對國會負責；（4）總

❶ Namhee Lee, *The Making of Minjung: Democracy and the Politics of Representation in South Korea*（Cornell University Press, 2009）.

統享有法案否決權；（5）總統掌握大法院院長及大法官的任命權。

　　其次，體現責任內閣制的要素則有：（1）採用國務總理制，國會享有對國務總理的任命權；（2）有對國務總理和國務委員的建議解任制；（3）允許國會議員和國務委員的兼職。

　　最後，體現二元政府的要素有：（1）總統享有緊急命令權、緊急財政、經濟處分命令權和戒嚴權；（2）總統為國務會議主席，對於總統的權力行使，國務總理及相關國務委員應背書。（3）總統享有針對國家主要政策的國民投票提案權。在韓國歷代憲法中，第六共和憲法與第三共和憲法的相似點最多[20]。

　　1987年12月16日的總統選舉中，在野黨的候選人金大中、金泳三與金鍾泌各得到一部分選票，使得盧泰愚以36.6%的支持率當選，並於1988年2月25日就任。但由盧泰愚領導的執政黨，在1988年4月26日實行的國會議員選舉中，卻沒有取得過半數的席位，國會中在野黨的總席位超過執政黨，成為韓國有史以來首次在野黨控制的國會，也因此將盧泰愚政權推到絕地。民間要求新設「聽證會」與「調查權」等的國會法修正案獲得通過，政府乃召開深究嚴查第五共和全斗煥政權不當行為的聽證會。戲劇化的是，為全斗煥創建第五共和政權助過一臂之力的盧泰愚總統，不得不進行「清算五共（第五共和）」工作[21]。

　　1988年6月27日，韓國在國會成立第五共和特別委員會[22]。

---

[20] 同前註[11]。

[21] Robert Bedeski, *The Transformation of South Korea: Reform and Reconstitution in the Sixth Republic Under Roh Tae Woo, 1987-1992*（Routledge, 1994）.

[22] Larry Diamond and Byung-Kook Ki, *Consolidating Democracy in South Korea*（Lynne Rienner Pub, 2000）.

同年 10 月，沉睡 17 年的「國政監查權」復甦，並開始一一披露第五共和的不當行為。隨著形勢繼續惡化，盧泰愚總統規勸全斗煥向全國民致歉並離開首爾。最後全斗煥於 11 月 23 日在家中發表對國民的道歉，被流配到江原道百潭寺。全斗煥的流配根據的不是判決，而是能讓人聯想起朝鮮時代流配刑的總統政治決定。儘管全斗煥被流配百潭寺、全氏親戚及第五共和勢力被司法處理，第五共和的清算工作仍沒有畫上句號。

1990 年 1 月 22 日，民主正義黨（執政黨）總裁盧泰愚和統一民主黨（在野黨）的金泳三總裁、民主共和黨（在野黨）的金鐘泌總裁，共同發表〈旨在創造新歷史的共同宣言〉，並宣布三黨合併成為「民主自由黨」。由於對利益交換政治的反彈，1992 年 3 月 24 日舉行的國會議員選舉中，執政黨以微小的優勢艱辛獲勝，不久經過所謂的「政界改編」，政黨再經離合重新回到「朝大野小」的局面，即執政黨所占席位多於在野黨所占席位的局面。在 1992 年 12 月 18 日舉行的總統選舉中，執政黨的代表金泳三候選人戰勝在野黨的候選人金大中，當選為總統。

1993 年 2 月 25 日，金泳三總統就任，隨即公開表明軍事政權到前任盧泰愚總統統治時期為止，自己的文人政府是真正實行民主主義的政府。同年 5 月 13 日，金泳三總統發表題為「獻給國民有關 518 光州民主化運動的話」的特別講話。他誓言將為了恢復光州事件中犧牲者的名譽，為了繼承發揚他們的精神而竭盡全力。他承諾要為此制定紀念日，將望月洞犧牲者墓地變為民主聖地，並建造紀念公園和紀念塔。

接著，國會開始通過制定特別法清算過去，以實現轉型正義的目標。1994 年 5 月 13 日由光州事件有關團體等組成的「糾

明518真相、繼承光州精神國民議會」，以「內亂及以內亂為目的殺人」罪名，向首爾地方檢察廳告發全斗煥、盧泰愚前總統等518事件當時大隊長級以上的35名軍官，以322名518光州抗爭有關的被拘捕者、負傷者、死亡者家屬等名義提交起訴狀。

1995年11月25日，金泳三總統考慮到國民輿論，表示自己「以第二次建國的心情，為糾正歷史作出決定」，並指示國會制定可以處罰鎮壓光州民主化運動相關者的〈518特別法〉和〈擾亂憲政秩序之公訴時效特別法〉。這項溯及立法確立1979年朴正熙總統被害後，從12.12軍事政變到518光州事件的整個過程，將成為特別立法的對象，並包括全斗煥和盧泰愚兩位前任總統在內。

1995年12月3日，12.12政變和518光州事件的主犯全斗煥、盧泰愚，因內亂罪和軍事叛亂罪的首犯嫌疑被逮捕並羈押。1996年2月末，檢察官依據調查結果，將全斗煥和盧泰愚等11名羈押起訴。在1997年4月17日舉行對12.12政變和518光州事件有關者的大法院公判，被告人全斗煥被判無期徒刑，盧泰愚被判有期徒刑17年，大部分被告都被宣告實刑，並得出12.12政變和518光州鎮壓行為是擾亂國家憲法、為篡奪政權而謀劃的內亂，和以內亂為目的之殺人行為的法律最終結論。1997年5月9日，韓國政府將518光州事件紀念日定為國家紀念日，透過舉行政府主辦的紀念活動，對17年來被誣衊為暴徒的光州事件受害人－光州市民們，得到「為民主化作出貢獻的市民」這一名譽稱號❷❸。

---

❷❸ 同前註 ⓫。

肆、韓國民主化檢討

　　二次大戰戰後韓國的第一部共和國憲法於1948年7月17日公布，而現行「第六共和憲法」於1987年10月經公民投票通過後實施，迄今為止韓國憲法共歷經9次修改。這9次的修憲內容主要集中在憲政的形式、總統的產生方式以及總統的權力和任期。就此而言，韓國等於平均不到5年，即進行過一次憲政體制的調整，這也顯示韓國憲政發展歷程的高度不穩定性，以及政治領袖與社會民意，對於政治競爭規則的缺乏共識。然而，值得注意的是，現行的第六共和憲法頒行迄今，維持超過20餘年的穩定，成為戰後韓國建國以來最長壽的憲法，並且帶領著韓國順利完成民主轉型，堪稱韓國憲政發展史上的奇蹟。然而，這樣的奇蹟是民主與獨裁長期對抗下的產物，因此我們必須透過歷史分析韓國的憲政發展經驗，方能真正掌握韓國憲政成功的關鍵因素。

　　首先，本文以扼要敘述南韓的憲政改革歷程。藉由上述史實的梳理，我們可以發現，在1987年民主化以前，韓國憲法徒有憲法之名，卻無憲政之實。除了第9次的修憲外，每一次的憲法更迭，皆與當時執政強人的意志有關，因此整個憲政體制是朝向擴大行政權，弱化立法權的方向發展。特別是維新憲法的統一主體國民會議與全斗煥時期的選舉人團，其選舉過程只是為朴正熙與全斗煥的政權正當性背書，並非民主憲政體制下的全民意志的代表。

　　然而，1987年的全國性國民改憲的要求是進行「民主化抗爭」，由100萬餘人在全國37個城市持續示威至深夜的市民和平

大遊行，迫使全斗煥政權不得不投降。緊接著，韓國政府召開由執政黨和在野黨代表組成的8人政治會談，共同草擬單一的經由執政黨和在野黨共同合意的總統直接選舉制憲法修正案，並得到公民投票93.1%超高支持度的贊成。

第六共和憲法對於韓國憲政發展的意義特別重大，因為它是第一個建立在執政黨和反對黨達成協議的基礎上修改的憲法。其中，最引入注意的變化是實行總統直接選舉的辦法，此外，總統任期5年，不能連任；取消總統宣布緊急狀態和解散國會的權力。憲法還規定基本人權，恢復每屆任期4年的國會審查政府機構的權力，並建立一個獨立的司法系統。因此，這部憲法可說是奠基在韓國全體國民的共識之上，從而擁有高度的正當性與合法性，並為韓國全體國民所重視與遵守，一直持續到今日。

除了國內因素之外，值得注意的是，影響韓國民主轉型亦有兩個不容忽視的重要因素，即處於分裂國家的事實和美國等國際強權的介入。這兩個情況也使得韓國民主化的轉型不易進行。由於分裂國家的現狀，迫使韓國政府在進行民主轉型時，對內必需面對國家統一或國家認同的問題，政府也因此特別重視政權的穩定與軍事安全的考量。此外，南韓在冷戰時期被納入美國對共產政權的全球軍事協防的圍堵戰線之內，也使得韓國政權的穩定，深受美國與敵對政權等國際強權的介入與主導 [24]。

另一方面，南韓獨裁體制自1945年後歷經多次政權移轉，但其中發動光州事件的全斗煥政權，最居南韓民主轉型的關鍵地

---

[24] 詳見劉德海，〈南韓民主化與國家安全〉，《臺灣民主季刊》，第1卷第3期，2004年9月。

位 ❷ 。全斗煥振興南韓的經濟，並藉由亞運與奧運的舉辦，提升
南韓的國際地位，同時倡導北進政策，與共產國家建立正常化的
外交關係。但是全斗煥的政經革新，卻因側重大企業的利益，而
無法平息政治異議分子對其軍事政權正當性的質疑 ❷ 。30年來，
一般民眾對民主革新的渴求，並未被其嚴密的社會控制所壓制，
南韓終於在1987年7月爆發學生與民眾的大型街頭示威運動，自
此確立南韓民主轉型與政治改革的基礎。

　　最後，韓國的民主憲政體制的最終確立，歸功於韓國人民不
屈不撓為理想而奮鬥的熱情，以及不怕犧牲、排除萬難的獻身精
神。在韓國實現民主憲政的過程中，金大中、金泳三等政治家和
人民群眾的奮勇抗爭給人留下深刻印象。早在60、70年代，韓
國的民主化運動便已展開。1960年，在專制政府總統府附近對遊
行群眾開槍，而且實行軍事管制，但人民的憤怒終於迫使李承晚
下臺。這是韓國歷史上第一次成功的民主運動，這場運動的成果
很快體現在第二共和的憲法修正中。1980年5月18日，韓國光州
市各界群眾幾十萬人發動抗爭，遭到當局殘酷鎮壓，引發著名的
光州事件。進入1980年代，民主化運動更是此起彼伏，不斷高
漲，到1987年達到高潮。據不完全的統計指出，僅在1987年6
月10日至26日的半個月間，韓國各地共爆發2,145次示威，參加
人數達830多萬；警方逮捕示威群眾17,244人，向示威群眾施放
催淚彈35萬發；在示威群眾與員警的流血衝突中，有6,000多名

---

❷ Charles K. Armstrong, *Korean Society: Civil Society, Democracy and the State*（*Asia's Transformations*）（Routledge, 2006）.

❷ 詳見蔡增家，〈南韓經濟發展的政治經濟分析：1963-1997〉，《問題與研究》，第 37卷第11期，1998年11月。

員警和示威群眾受傷，近300個員警機構被示威群眾搗毀；164輛汽車被炸毀。這是史上僅見參加人數最多、規模最大、衝突最激烈、持續時間最長的一次政治鬥爭，是民主勢力與專制統治集團的一次最大衝突，史稱「6月抗爭」。在持續高漲的民主化運動打擊下，韓國國家機器幾近崩潰，員警士氣低落，士兵紀律渙散，當時有人估計若民主化運動再持續一周以上，政權就很可能要垮臺。在韓國民主化運動不斷高漲和專制統治集團內外交困的背景下，執政黨不得不進行改革以順應民眾的民主要求。

伍、結語：韓國憲政的特徵

二次大戰後的韓國作為新生的獨立國家，透過仿效先進國家的憲法，制定自己的憲法。但是，薄弱的民主主義基礎，再加上南北對立及戰後社會混亂的形勢，迫使韓國試圖透過修憲來打破難關。由於大部分的執政者都是意圖將修憲作為延長執政的手段，所以在制憲後不滿40年內提出12次修正案，其中9次斷然完成憲法的修訂。

但是，1987年6月的市民革命後，執政黨與在野黨合意下制定的第六共和憲法法案，在國會上依和平民主的程序，最大限度的反應國民的願望，透過公民投票得以確立。正因為如此，第六共和憲法與那些獨裁者為延長政權而修訂的前期憲法不同，得以在韓國20多年來一直被尊重❷。

當然現行憲法並不能說沒有缺陷。作為市民革命後執政黨與

---

❷Dae-kyu Yoon, *Law and Democracy in South Korea: Democratic Development Since 1987*（*Explorations in Korean Studies*）（Lynne Rienner Pub, 2010）.

在野黨妥協的產物，現行憲法沒有採納純粹的總統制或議員內閣制，而反應國民對一人長期掌權的痛惡心情，採納任期為5年單人制的總統制也存在著弊端。由於這與任期4年的國會議員任期不一致，因此在國民意志的反應上容易產生混淆❷❸。

　　此外，在議會內閣制下，國會享有對內閣的不信任權、內閣享有國會解散權，權力制衡、互相牽制方能正確反映民意。美國總統制下健全的三權分立，也能形成完善的權力制衡，由於每兩年進行包括下院選舉在內的一系列選舉，民意也由此得到反應。但由於韓國同時具有總統制和議會內閣制的要素，因此有難以落實三權分立問題，再加上前述總統與國會議員任期交錯，造成反映民意和政局穩定的問題。

　　由於總統的任期為單任制，又沒有國民選舉的副總統，只有任命的國務總理，像1979年朴正熙總統被暗殺時一般，總統缺位時會產生政治上的混亂。同時，由於對國務總理的地位沒有明確規定，其地位和威望隨著總統的不同而不同，缺乏穩定性。此外，作為民主國家，立法部的權限當然應當強大，然而長期的獨裁壓迫使國會只是侷限於單院制層面上，而無法完全行使其原本的權限。韓國要想成為以議會中心的國家有必要採納兩院制，並嚴格按照權力分立原理進行再次修訂憲法。

　　最後，大法官與憲法裁判所法官的人選上，同樣存在不能正確反應民意的問題。2004年初，由於執政黨的內部矛盾，盧武鉉脫離曾助其當選總統的新千年民主黨，並帶領支持他的國會議員另組「開放我們的黨」，於是深感背叛的新千年民主黨所屬議員

---

❷❸ 同前註 ⑪。

激憤之下，與在野黨大國家黨一同決議彈劾盧武鉉，使得盧武鉉
總統工作隨即被停止。彈劾審判程序在憲法裁判所進行過程中，
國會議員選舉也同時展開，結果盧武鉉總統創建的「開放我們的
黨」獲得壓倒性勝利，使得此前國會所作的彈劾決議失色。憲法
裁判所駁回彈劾，盧武鉉隨即恢復正常工作。此後，盧武鉉總統
在大法官及憲法裁判所法官的人選上更加慎重。

　　自1980年代第三波民主化展開以來，亞洲的日本、南韓、
菲律賓、泰國、印尼等國家都出現政黨輪替。其中，韓國與台灣
的民主發展進程相近，1987年台灣才解嚴，同年南韓人民公投通
過新的「憲法」。1997年12月，與李登輝總統同世代、長期被迫
害的在野黨領袖的金大中，在IMF紓困危機中當選總統 ㉙。金大
中的當選給亞洲各國反對黨莫大的鼓舞，台灣也在2000年首次
實現政黨輪替，同時也完成世代交替。同時，陳水扁的當選又刺
激南韓，2002年韓國的網路族群選出戰後世代的盧武鉉。台韓兩
國民主發展的軌跡相似，兩國有很多可以互相觀摩、學習、引用
的事例 ㉚。因此，本文針對南韓憲法發展與修憲歷史，以及南韓
當前憲改議題進行簡述與評析，提供作為台灣進行改革的經驗或
範例。

㉙ 同前註21，頁26。

㉚ 倪炎元，《東亞威權政體之轉型－比較台灣與南韓的民主化歷程》，台北：月旦
　出版社股份有限公司，1995年11月。

第十一章

泰國憲法變遷之研究

國立暨南大學東南亞研究所教授

陳佩修

摘要

2007年8月20日，泰國透過「公民複決」頒行了2006年9月19日軍事政變後的新憲法，這也是泰國自1932年民主革命以來的第18部憲法。

「憲法」之概念，最初源自於「契約論」的觀點，作為統治者與被統治者間的一部「契約」而存在，並在18世紀後以「成文」的形式問諸於世；其功能主要分為三個層面：象徵的功能、結構的功能與規範的功能。憲法作為一個國家的根本大法，規範著政府的基本結構並賦予統治權力的合法基礎，是所有實行憲政體制的國家所不可或缺。正由於憲法的重要性非比尋常，因此在憲法的變遷上更是有嚴格的規範限制；就「成文」憲法而論，其具有「剛性」憲法的特質，在制訂或修改方面都具有極高的門檻，藉此防範被統治者（人民）的權益受到損害。

然而，泰國自1932年實行君主立憲制後迄今77年間，共經歷了24次的政變與17次的憲法更替；在泰國所施行的18部憲法中，更有8部因軍事政變而廢止。詭異的是，泰國歷部「新憲」皆尊崇君主立憲的制度，僅在政府組成的規範與限制中有所變更。這種憲法變遷的模式迥異於一般國家的憲政經驗，「憲法」僅是徒具型式的條文；無怪乎泰國研究（Thai Studies）學者認為，泰國的憲法只是統治者用以維持權力的工具。

學理上，憲法的變遷依其「機能」不同可分為：「鏡映」（constitutional reflectionalism）、「基石」（constitutional foundationalism）與「結織」（constitutional constructivism）三種

模式，以表示影響憲法變遷過程的因素。針對泰國多達18部憲法，依泰國獨特的「半民主」作為類型化標記，則可分為：「民主型」憲法、「半民主型」憲法與「非民主型」憲法，藉此說明泰國歷部憲法的類型。

本文擬就學理上憲法變遷的類型以及憲改實踐的普遍性規則，檢視泰國憲法變遷的動因、路徑與影響，並探討憲法變遷當時的泰國政治演變意涵。

關鍵詞：泰國憲法、憲法變遷、憲法類型

壹、前言

泰國全名「泰王國」（The Kingdom of Thailand）。最早的歷史可追溯至自13世紀中葉所建立的「素可泰」王朝，其後經歷了「阿瑜陀耶」王朝、「吞武里」王朝與「卻克里」王朝的更替，並在「卻克里（曼谷）」王朝第七世王—Prajadhipok在位期間完成「君主立憲」體制的民主改革；然則，革新後的泰國，其內部的政治紛擾卻從未停歇過。

泰國自1932年的「六月革命」❶後，建立了「君主立憲」（constitutional monarchy）的政體，並引進西方的「責任內閣」制度，開啟了民主的序幕；然而早期的泰國徒具民主形式，不但未能落實「民主政體」（democratic polity）建立，反而落入軍人

---

❶ 1932年6月24日，由「人民黨」（*Khana Ratsadorn*; People's Party）所發起的成功政變，終結了泰國的絕對君主制度（absolute monarchy），展開君主立憲政體（constitutional monarchy）時代。

干政與政變頻繁的「惡性循環」❷之中。在「惡性循環」（1932-1973）的42年間，泰國共經歷了17次的政變與9次的憲法更迭；而在這9次的憲法更迭之中，更有4次的變遷是因為軍事政變而產生的。

1973年時，由學生運動所引發的「十月革命」❸，是泰國得以脫離「惡性循環」困境的一大關鍵；而「十月革命」之後，泰國的政治發展雖比起先前「惡性循環」時期相對好轉，但政治的動盪與憲法的更迭卻沒有因此而消逝。1992年3月的大選後，由於軍人的背信引發群眾不滿，終而導致「黑色五月」（Black May）事件❹的發生。「黑色五月」事件後，軍人被迫遠離政治；同年9月的國會大選中，文人政黨在國會獲得過半席次，而軍方對政治的影響力則驟降，由主動參與轉為被動的角色。❺由「十月革命」到「黑色五月」事件發生為止，泰國共經歷了近20年的時光才由軍事威權統治漸漸走向民主政治；然而這期間亦經歷了7次的憲法更迭，其中則有3次是因軍事政變而終止其效力。

1992年的「黑色五月」事件發生後，學界普遍認為泰國已

---

❷ 泰國政治學者猜安南（Chai-Anan Samudananija）與立希（Likhit Dhirayegin）以「惡性循環」（vicious circle or vicious cycle）一詞指稱1973年以前的泰國政治動態。參見Chai-Anan Samudananija, "The Thai Young Turks," Singapore: Institute of Southeast Asian Studies, 1982, pp.1-5. ; Likhit Dhirayegin, Demi-Democracy: The Evolution of the Thai Political System（Singapore: Times Academic Press, 1992）, p.147.

❸ 有關1973年10月的學生暴動事件始末，請參閱：Ji Ungpakorn, *The Struggle for Democracy and Social Justice in Thailand*（Bangkok: Arom Pongpangan Foudation Press, 1997）, pp.88-90.

❹ 有關1992年「黑色五月」事件始末，請參閱：Khien Theeravit, *Thailand in Crisis: A Study of the Political Turmoil of May 1992*（Bangkok: The Thailand Research Fund & The Institute of Asian Studies, Chulalongkorn University, 1997）.

❺ 陳佩修，〈泰國的軍人與文人關係〉，政治大學政治學研究所博士論文，台北：政治大學，1999年，頁95。

走出軍人干政的困境而邁入文人政府時代；然而在2006年9月，
泰國軍方趁總理塔信（Thaksin Shinawatra）出國之際，發動相隔
十五年後的另一次軍事政變，並凍結自1997年以來所施行的憲
法，著手制訂另一部新的憲法。這次的軍事政變動搖了學界對泰
國已邁入「民主化」的認知，軍人重新回到政治的舞台並扮演幕
後黑手的角色主導新憲法的修訂。自1992年至2009年，泰國共
經歷了4部的憲法，其中僅1997年的憲法是因軍事政變而遭到終
止。

　　泰國自1932年實行「君主立憲」的民主體制後至今，共發
生20次的軍事政變（另有4次非軍事政變）與17次的憲法變
遷，而在泰國所施行的18部憲法中，更有8部是因軍事政變後而
終止其效力。泰國憲法變遷之快速、歷程之奇特，全然不同於其
他國家，然則學界在探討泰國憲法時，多半將之視為泰國政治變
遷的附屬研究；因此，本文擬以泰國歷屆憲法的內容作為研究主
體，就學理上憲法變遷的類型與憲改實踐的普遍性規則檢視泰國
至今的憲法變遷過程，並就歷次憲法變遷的動因、路徑與影響來
探討憲法變遷當時的泰國政治演變意涵。

貳、泰國憲法變遷之歷程

　　泰國自1932的「六月革命」後，開啟了「君主立憲」的
「責任內閣」體制。然而發展至今的七十餘年中，憲法的更替卻
仍不間斷地在發生；以下筆者將泰國憲法變遷之歷程區分為三個
時期作簡要的說明。

（一）軍事威權時期（1932－1978）

1932年6月24日，由「人民黨」（*Khana Ratsadorn*; People's Party）所發起的不流血政變，終結了泰國的「絕對君主制度」，並催生泰國的第一部憲法，展開「君主立憲政體」時代。同年6月27日，泰國的第一部憲法（Interim Charter for the Administration of Siam B.E. 2475）問世；這部臨時憲章是由5章39個條文所組成，並對王國政權的性質和組成、國王與國民議會之權限與職能做了明確的規定。這部憲法的主要特點在於：1.確立國民主權原則；2.實行君主立憲制度；3.確立三權分立制度；4.憲法對人民之權利隻字未提。❻

1932年12月10日，由制憲委員會著手編定的正式憲法（Constitution of the Kingdom of Siam B.E. 2475）公布實行；這是泰國首部的「永久憲法」（permanent constitution）。然則事實上這部憲法並不具有民主憲法的性質，關鍵在於許多關於國王的權力都被恢復了 ❼。這部憲法的特點在於：人民大會（國會）席次的一半由泰王任命，另一半經由間接選舉產生；除此之外，這部憲法並未賦予人民組織政黨的權力。

1932年的「永久憲法」一共施行了13年之久，直至1946年的新憲法宣告實行後方停止其效力；在這13年間，這部憲法共經歷了3次的修正案，分別為：1939年10月7日，將國號由「暹羅」改為「泰國」；1940年10月5日，修改憲法條文的過渡性

---

❻ 張希哲，《戰後各國憲法之趨勢》，台北：台灣商務印書館，1968年，頁200。

❼ 何勤華、李秀清，《東南亞七國法律發達史》，北京：法律出版社，2002年，頁591。

質；1942年12月4日，舉行全國國會大選。❽

　　1946年大選後，由文人組成的政府進行了新憲法的擬定，並在同年5月9日公告實行（Constitution of the Kingdom of Thailand B.E. 2489），這部憲法的特點在於：將國會由一院制改為兩院制，並全面由選舉產生；值得一提的是，本部憲法首次賦予人民得以組織政黨的權力。

　　1946年所訂定的憲法雖然極具有「民主憲法」的意涵，然而在權力政治不對稱的情況下，很快便遭軍事政變所推翻。1947年11月9日，一場由退役將領策劃的軍事政變，成功推翻文人所領導政府，並廢止1946年憲法，改施行臨時憲法（Interim Constitution of the Kingdom of Thailand B.E. 2490），這部臨時憲法的特點在於強化了國王的權力 ❾，並恢復參議院議員由任命產生。這部憲法在新憲法生效前，共進行了3次的修正法案：1947年12月10日，規定舉行全國大選；1948年2月4日，規定組成「憲法起草大會」；1948年8月25日，賦予「憲法起草大會」特權。❿

　　1949年3月23日，新憲法（Constitution of the Kingdom of Thailand B.E. 2492）頒布實行，但仍舊維持著1947年臨時憲法中關於參議員任命制的規範；雖然這部憲法給予人民較大的參政權，然而在軍人掌握絕大部分權力的情況下，國會仍舊是為軍方所控制。

---

❽ Parichart Siwarraksa, Chaowana Traimas, and Ratha Vayagool, *Thai Constitution in Brief*（Bangkok, Institute of Public Policy Studies, 1997）, p.4.

❾ 同前註❻，頁592。

❿ Parichart Siwarraksa, Chaowana Traimas, and Ratha Vayagool, op. cit., p.7.

　　1951年11月29日，共享權力的「三巨頭」❶因視1949年的憲法為鞏固軍事統治的障礙，遂發動一場被稱為「自我政變」（self-coup）的軍事政變，解散國會與內閣，並廢止1949年憲法。「新憲法」（Constitution of the Kingdom of Thailand B.E. 2475 as amended by the Constitution Amendments B.E.2495）於1952年3月8日頒布施行，然而此部憲法是以1932年的憲法為藍本，恢復國會的一院制並將議員的產生方式改為選舉及任命兩種方式產生。

　　1952年的憲法其後因軍事政變而於1958年10月20日被終止其效力，政變後的軍事政府隨後於1959年1月28日頒布名為「治國憲章」（Charter for the Administration of the Kingdom B.E. 2502）的臨時憲法；這部憲法禁止一切的政黨活動與政治集會，並規定一院制國會的所有議員皆由任命產生。

　　1968年6月20日，新憲法（Constitution of the Kingdom of Thailand B.E. 2511）頒布施行取代原本的臨時憲法；這部新憲法採兩院制國會，參議院議員由任命產生，而眾議院議員則為民選產生，此外，並開放原本遭到禁止的政黨活動。然則1968年的憲法最終還是因1971年11月17日的「自我政變」❷而終止其效力。

　　1972年12月15日，政變後的軍事政府發佈了新的臨時憲法（Charter for the Administration of the Kingdom B.E. 2515），禁止

---

❶「三巨頭」是指當時握有權力的三個集團，其領導人分別為：總理披汶（Phibun songkhram）、警察總監乃拋（Phao Sriyanond）與陸軍總司令沙立（Sarit Thanarat）。

❷ 1971年的政變，是由總理他儂（Thanom Kittikachorn）所發起，目的在於排除文人機制的障礙與抑止軍方內部敵對派系的企圖奪權。

了所有的政黨活動，並恢復由全面任命的一院制國會。此部憲法規範下的專制統治引起全體國民的反抗，最終在1973年爆發了「十月革命」事件，軍人強權也因此被迫離開政治的權力核心。

1974年10月7日，新憲法（Constitution of the Kingdom of Thailand B.E. 2517）頒布實行。這部新憲法採兩院制，其中眾議院由民選產生，參議院則由眾議院領袖推薦，泰王任命產生（1975年1月24日的修正案，通過內閣總理對王室任命的參議員具有「副署權」。）；政黨活動也重新獲得開放。❸ 此外，新憲法亦規定，除非除去軍籍官職，軍官不得入閣；這是首度透過憲法禁止軍人介入政治。然則這部憲法最終還是因為軍事政變而於1976年10月6日終止其效力。

政變後，新憲法（Constitution of the Kingdom of Thailand B.E. 2519）於1976年10月22日頒布實行，但這部憲法禁止所有的政黨活動並恢復全面任命的一院制國會。1976年的憲法同樣因軍事政變而於1977年10月20日終止其效力。

1977年11月9日，「臨時憲法」（Charter for the Administration of the Kingdom B.E. 2520）頒布實行，直至1978年12月22日新憲法頒布後才失其效力；這部臨時憲法同樣也採行全面任命的一院制國會，並禁止所有的政黨活動。

自1932年到1978年的46年間，泰國共更換了12部的憲法，其中半數是因軍事政變而廢止，平均一部憲法的效力不到4年，憲法變遷之快速令人瞠目結舌。

---

❸ Parichart Siwarraksa, Chaowana Traimas, and Ratha Vayagool, op. cit., p.16.

表 11-1　泰國憲法（1932 – 1978）

	憲法名稱	生效期間	終止原因
1	Interim Charter for the Administration of Siam B.E. 2475 (1932)	1932.06.27 - 1932.12.10	新憲法生效
2	Constitution of the Kingdom of Siam B.E. 2475 (1932)	1932.12.10 - 1946.05.09	新憲法生效
3	Constitution of the Kingdom of Thailand B.E. 2489 (1946)	1946.05.09 - 1947.11.08	軍事政變後終止
4	Interim Constitution of the Kingdom of Thailand B.E. 2490 (1947)	1947.11.09 - 1949.03.23	新憲法生效
5	Constitution of the Kingdom of Thailand B.E. 2492 (1949)	1949.03.23 - 1951.11.29	軍事政變後終止
6	Constitution of the Kingdom of Thailand B.E. 2475 (1932) *	1952.03.08 - 1958.10.20	軍事政變後終止
7	Charter for the Administration of the Kingdom B.E. 2502 (1959)	1959.01.28 - 1968.06.20	新憲法生效
8	Constitution of the Kingdom of Thailand B.E. 2511 (1968)	1968.06.20 - 1971.11.17	軍事政變後終止
9	Charter for the Administration of the Kingdom B.E. 2515 (1972)	1972.12.15 - 1974.10.07	新憲法生效
10	Constitution of the Kingdom of Thailand B.E. 2517 (1974)	1974.10.07 - 1976.10.06	軍事政變後終止
11	Constitution of the Kingdom of Thailand B.E. 2519 (1976)	1976.10.22 - 1977.10.20	軍事政變後終止
12	Charter for the Administration of the Kingdom B.E. 2520 (1977)	1977.11.09 - 1978.12.22	新憲法生效

參考資料：Parichart Siwarraksa, Chaowana Traimas, and Ratha Vayagool, *Thai Constitution in Brief*（Bangkok, Institute of Public Policy Studies, 1997）.

（二）半民主時期（1978 – 1991）

　　1978年12月22日所頒布實行的「永久憲法」（Constitution of the Kingdom of Thailand B.E. 2521），重新允許政黨的活動（1981年成立政黨法），而國會採兩院制，眾議院由民選產生，參議院則仍由任命產生。這部憲法在實行期間，共經歷兩次的修正案：

1985年8月15日通過修改選舉相關規定；1989年8月30日通過國會主席由眾議院議員出任的規定（然因1991年政變而未能實現）。**⓮** 1978年的憲法最終於1991年2月23日因軍事政變而終止。

　　1991年3月1日，由軍方高級將領組成的「全國和平維護會議」（National Peace-Keeping Council）所任命的「國家立法會議」（National Legislative Assembly）通過臨時憲法（Charter for the Administration of the Kingdom B.E. 2534），作為新憲法實行（新憲法於同年12月9日頒布實行）前的過渡憲法。這部臨時憲法採全面任命的一院制國會，雖然開放政黨活動，但在其實行期間並未舉行國會選舉也未規定選舉的相關制度。

　　1978年的憲法規範，被認為具有「半民主」的意涵**⓯**，而這部憲法之所以能實行12年之久，主要是因為在普瑞姆（Prem Tinsulanonda）政權時期（1980-1988）能落實軍、文的權力平衡**⓰**；而1991年發生的政變，便是因文人政府與軍方的權力角力所造成，此次政變使得泰國的憲政發展逐漸走向另一個面向。

⓮ Parichart Siwarraksa, Chaowana Traimas, and Ratha Vayagool, op. cit., pp.20-21.

⓯ Chai-Anan Samudavanija, "Thailand: A Stable Semi-Democracy," in Larry Diamond, Juan J. Linz, and Seymour M. Lipset, eds., *Politics in Developing Countries*. Boulder, CO: Lynne Rienner Publishers, 1995）p. 342.

⓰ 同前註❹，頁90-91。

表11-2　泰國憲法（1978－1991）

憲法名稱	生效期間	終止原因	
13	Constitution of the Kingdom of Thailand B.E. 2521（1978）	1978.12.22 - 1991.02.23	軍事政變後終止
14	Charter for the Administration of the Kingdom B.E. 2534（1991）	1991.03.01 - 1991.12.09	新憲法生效

參考資料：Parichart Siwarraksa, Chaowana Traimas, and Ratha Vayagool, *Thai Constitution in Brief*（Bangkok, Institute of Public Policy Studies, 1997）.

（三）民主化後的泰國（1991 - ）

　　1991年12月9日，新憲法（Constitution of the Kingdom of Thailand B.E. 2534）頒布實行，並於隔年3月舉行大選；其中眾議院議員由民選產生，參議院議員則仍為任命產生。本部憲法一共經歷3次的修法修正案，分別是：1992年7月1日通過1.國會主席由眾議院出任，2.刪減參議院權力，3.總理必須具備眾議員資格；1995年2月11日完成大幅度的修憲（自第24條至第211條）；1996年10月23日修正第211條有關修憲之規定並成立「憲法起草會議」。**⓱**1996年的修正案為1997年新憲法的催生起了關鍵性的作用。

　　1997年10月11日，新憲法（Constitution of the Kingdom of Thailand B.E. 2540）公告實行；這部憲法規定：參眾兩院的議員皆由民選產生，並改革過去的選舉制度，以防範貪污舞弊的選風再現**⓲**。然而，這部憲法共有366條條文，其中涵蓋許多一般法律的規範事項，這暴露出立法機制的虛弱以及立法品質的低落；許

⓱ Parichart Siwarraksa, Chaowana Traimas, and Ratha Vayagool, op. cit., pp.23-25.

⓲ 譚國安，〈泰國政治改革的原因、理念和新憲法內容〉，《東南亞季刊》第3卷第3期，1998年，頁9-11。

多無關憲政的法令都被塞入新憲法之中，但那些法令卻從未被執行過。此外，1997年憲法創設「憲法法庭」用以處理憲政相關問題[19]；「憲法法庭」的設立，主要是為防範如過去軍人干政的情況一再發生而設置的裁決機構。

然則2006年9月19日，陸軍高階將領趁總理出國之際，發動相隔15年的另一次軍事政變，並凍結1997年的憲法；同年10月1日，軍政府頒布臨時憲法（Constitution of the Kingdom of Thailand（Interim）B.E. 2549），採用全面任命的一院制國會，施行戒嚴，並著手新憲法的訂定。而在1997年憲法中所增設的「憲法法庭」，在這次的政變中卻完全無法發揮原本預期的效力。

2007年8月24日，新憲法（Constitution of the Kingdom of Thailand B.E. 2550）在人民公投通過後頒布實行；這部憲法雖然仍以1997年的憲法為藍本，然則其中關於人民參政權利的部分卻大為縮減（主要是針對「泰愛泰黨」成員的參選限制）；而過去用以裁決憲政糾紛的「憲法法庭」，亦因軍方勢力的介入，已成為政治角力鬥爭中的一環。[20]

1992年的「黑色五月」事件後，一般認為泰國已邁入「民主化」的歷程，軍方勢力將逐漸淡出政治權力的核心；然而2006年的政變再次打翻原有「民主化」的認知，泰國的政治再度陷入軍人干政的疑雲。憲法的角色也由原本的「國家基本大法」再度變為政治鬥爭的工具。

---

[19] 參見泰國憲法（ Constitution of the Kingdom of Thailand B.E. 2540 ）。

[20] 2008年的泰國政治紛擾最終即是由「憲法法庭」對「人民力量黨」的解散判決後獲得平息；然則「憲法法庭」在此次事件中的效率之高，卻不禁令人質疑其公平性。

表11-3　泰國憲法（1991－2009）

	憲法名稱	生效期間	終止原因
15	Constitution of the Kingdom of Thailand B.E. 2534 (1991)	1991.12.09 - 1997.10.10	新憲法生效
16	Constitution of the Kingdom of Thailand B.E. 2540 (1997)	1997.10.11 - 2006.09.19	軍事政變後終止
17	Constitution of the Kingdom of Thailand (Interim) B.E. 2549 (2006)	2006.10.01 - 2007.08.23	新憲法生效
18	Constitution of the Kingdom of Thailand B.E. 2550 (2007)	2007.08.24 -	—

參考資料：筆者整理（取材自：http://www.senate.go.th/th_senate/English/index.htm，參議院網站。）

參、泰國憲法變遷的文獻探討

　　憲法做為一個國家的根本大法，規範著政府的基本結構並賦予統治權力的合法基礎，是所有實行憲政體制的國家所不可或缺。而要探討泰國憲法之變遷，則不能忽略憲法學理上之規範；本文欲以憲法學理之規範，探究泰國憲法的變遷模式，並由學者對泰國憲法之見解作分析研究，輔之以泰國的政治發展歷程，藉此了解泰國憲法的變遷類型與變遷過程之動因、路徑及影響。

（一）憲法學理的文獻探討

　　對於憲法的定義，Keith Banting與Richard Simeon認為：憲法作為一政治秩序最根本也最權威的規範，憲法制定本身，自有建立並同時確立此一政治秩序的功能。[21] 這說明了憲法作為維繫

---

[21] Keith G. Banting & Richard Simeon, Redesigning the State: *Politics of Constitutional Change in Industrial Nations*（London: Macmillan, 1985）, pp.8-9.

一個政權的正當性與合法性有必要之存在。

學理上，關於憲法的變遷方式，普遍認為有幾種模式：（1）制定新憲，（2）修改原有的憲法條文，（3）國會立法補充，（4）依據憲政慣例的改變，（5）憲法的解釋變更。其中，關於制憲與修憲之間的差異，漢娜‧鄂蘭（Hannah Arendt）認為，制憲定位為主權者事實上之政治決定，目的再創設一個全新的政治秩序，並於其上建立規範制度；相對地，修憲則是在最根本的規範秩序（即憲法）建立後，由憲法所創設的權力。[22]

而關於憲法之所以產生變遷的因素，學理上有四種模式：主權因素、政權更迭、憲政傳統與國際干預。[23] 就泰國而言，18次的憲法變遷多半是因為政權的更迭（政變）所導致；政變成功後的軍政府，為了彰顯權力的重組或變更權力的運作，於是以制憲做為達成目的的手段。

至於憲法變遷的類型，葉俊榮依憲法變遷的時間及同質性，將之劃分為四種類型：「轉型初期一次制憲」、「轉型初期一次大幅度修憲」、「階段式制憲」與「漸進式修憲」。[24] 以泰國的憲法變遷類型而論，其雖被劃分為「階段式制憲」，但泰國憲法變遷的因素卻全然不同於其他國家；類型學的劃分固然有助於加以歸納分析一個國家的憲法變遷，然則不可忽略的還是各個國家採取不同憲改路徑的原因及其憲改的成效。

而關於憲法變遷在政治演變中的意涵，學理上有三

[22] Hannah Arendt, On Revolution（New York: Penguin Books, 1963）, pp.141-178,180-241.

[23] 葉俊榮、張文貞，〈路徑相依或制度選擇？論民主轉型與憲法變遷模式〉，《問題與研究》第45卷第6期，2006年，頁14-16。

[24] 同前註[22]，頁3-4。

種的分析模式，分別為：「憲法鏡映主義」（constitutional reflectionalism）、「憲法基石主義」（constitutional foundationalism）與「憲法結織主義」（constitutional constructivism）。在「鏡映模式」下的憲法變遷，憲法僅是反映相互競爭勢力間具有優勢者所主導的結果；而「基石模式」下的憲法變遷，則被視為新民主政治秩序的基礎，其所代表的是民意的展現；至於「結織模式」下的憲法變遷，則認為憲法在各個變遷階段中，不斷地凝結上一階段之共識並引導下一階段的變遷。[25] 就泰國的憲法變遷而論，雖然多數皆是政治角力下的附屬品，然則每部憲法的制定皆有其不同的時空環境；因此，關於泰國憲法在變遷中的政治演變意涵，筆者將試著以每部憲法的制訂背景及其內容加以探討。

（二）泰國憲法相關文獻

關於泰國憲法的論述，憲法權威學者Samuel E. Finer認為，泰國是「習慣性、持續性以撕毀舊憲的方式來創造新憲法的國家。」[26] 之所以有這樣的見解，關鍵便在於泰國的憲政制度一再遭受摧毀，「憲法」形成各方政治角力中「領先隊伍所踢來踢去的政治足球」（a 'political football' to be kicked around by the winning team）。[27]

---

[25] 葉俊榮，《民主轉型與憲法變遷》，台北：元照出版社，2003年，頁41-44。

[26] "Thailand is one of those countries where constitutions 'are constantly and continually torn up to make a new one'." Samuel E. Finer, Vernon Bogdanor, and Bernard Rudden, *Comparing Constitutions*（Oxford:Oxford University Press, 1995），p.2.

[27] Duncan McCargo, "Alternative Meanings of Political Reform in Contemporary Thailand," The Copenhagen Journal of Asian Studies, Vol.13, 1998, p.6.

　　此外，John Girling認為，泰國的歷屆「憲法」，是「重複、徒勞無功的一種試圖為泰國政治欠缺合法性尋求解決之道的嘗試。」[28]；泰國的政治學者猜安南（Chai-Anan Samudavanija）也認為，「泰國的憲法並不能規範政治參與以及政治競爭，只是統治者用以維持權力的工具而已。」[29]。猜安南指出：打「憲法牌」是泰國停滯型「惡性循環」政治的核心部分。[30]陳佩修亦認為：基於這一認知，立憲主義似乎是泰國政治精英之間的共同價值之一；然而，在實際政治操作過程中，立憲主義的精神不僅未深植落實，修憲競逐反而成為泰國政治的宿疾，立憲主義也就成為的一種「政治症候群」（political syndrome）。[31]

　　對於泰國歷部憲法在類型上的分析，猜安南以泰國特有的「半民主」作為區分的標的，將1990年以前的泰國歷部憲法分之為「民主型憲法」、「半民主型憲法」與「非民主型憲法」。[32]猜安南認為，所謂的「民主型憲法」指的是：允許政黨存在、舉辦選舉、符合內閣制精神，依選舉結果組成國會，由眾議院多數黨領袖出任內閣總理；而「半民主型憲法」則是：允許政黨存在、

[28] John L.S. Girling, Thailand: Society and Politics（Ithaca, Cornell University Press, 1981）, p.151.

[29] Chai-Anan Samudavanija, *Thailand: State-Building, Democracy and Globalisation*（Bangkok, Institute of Policy Studies, 2002）, pp.15-17.

[30] Chai-Anan Samudavanija, Thailand: State-Building, Democracy and Globalisation, pp. 19-21.

[31] Pei-Hsiu Chen, "The Development of Representative Democracy in Thailand after May 1992: The 'Vicious Circle' Revived?" paper presented at the 2001 Taiwan Annual Conference on Southeast Asian Studies, Nantou, Taiwan, 3-4, May, 2001.

[32] Chai-Anan Samudavanija, "Thailand: A Stable Semi-Democracy," in Larry Diamond, Juan J. Linz, and Seymour M. Lipset, eds., Politics in Developing Countries（Boulder, CO: Lynne Rienner Publishers, 1995）pp. 340-343.

舉辦選舉、惟內閣總理不一定須要具備民選眾議員的資格、國會
採兩院制，任命產生的參院與選舉產生的眾院分享立法權；至於
「非民主型憲法」則是指：禁止政黨運作、不舉辦選舉、國會採
一院制，全數議員由行政部門（總理）任命。

表11-4　泰國憲法分類（1932-1990）

憲法 ＼ 類型	民主型	半民主型	非民主型
1932 (provisional)		√	
1932		√	
1946	√		
1947		√	
1949	√		
1932 (amended 1952)		√	
1959			√
1968		√	
1972			√
1974	√		
1976			√
1977			√
1978		√	

資料來源：Chai-Anan Samudavanija, "Thailand: A Stable Semi-Democracy," in Larry
Diamond, Juan J. Linz, and Seymour M. Lipset, eds., Politics in Developing
Countries（Boulder, CO: Lynne Rienner Publishers, 1995）p. 342.

　　猜安南所採取的分類法固然可將泰國多部的憲法加以分類作
研究，然則其對於「民主」、「半民主」與「非民主」的界定，
實務上確有待商榷；以1932年的「臨時憲法」為例，當時的國
會全由任命的臨時議員所組成，即便是由當時推翻君王制的「人
民黨」所任命，也不應該將之歸類為「半民主型憲法」。此外，
猜安南對於「半民主型憲法」的界定，在於採取兩院制與國會

（部分）選舉上，但在實際的政治運作卻不列入考量範圍內；這樣的分類模式間接地排除了當時的政治運作情形，將使得研究者無法藉由憲法的變遷了解當時的泰國政治演變意涵。

一般而言，在探討泰國憲法變遷的論述時，都會以泰國政治的演變為前提，而單純探討泰國憲法變遷及其內容的文獻相對不多；筆者欲以泰國歷部憲法中所規範的政府組成方式與施行成效作為研究核心，並藉由憲法變遷的因素、路徑及影響來探討泰國政治演變的意涵。

（三）泰國政治研究相關文獻

關於泰國政治的相關研究，筆者將著眼於1932年的「君主立憲」體制成立，泰國實施「責任內閣制」之後至今的相關政治文獻。泰國自1932年的「六月革命」後，建立了「君主立憲」（constitutional monarchy）的政體，並引進西方的「責任內閣」制度，開啟了民主的序幕；然而早期的泰國民主徒具形式，並未能落實「民主政體」（democratic polity）建立，反而落入軍人干政與政變頻繁的「惡性循環」[33]之中。

針對「惡性循環」的政治過程說明如下：泰國軍方在成功發動政變後，軍事精英通常會掌控政治權力一段時間，然後組成臨時政府。臨時政府的總理可能是軍事將領或委由具崇高聲望的文

---

[33] 泰國政治學者猜安南（Chai-Anan Samudananija）與立希（Likhit Dhirayegin）以「惡性循環」（vicious circle or vicious cycle）一詞指稱1973年以前的泰國政治動態。參見Chai-Anan Samudananija, *The Thai Young Turks*（Singapore: Institute of Southeast Asian Studies, 1982），pp.1-5; Likhit Dhirayegin, Demi-Democracy: The Evolution of the Thai Political System（Singapore: Times Academic Press, 1992），p.147.

人出任。聯合政府隨即公布憲法，並接著舉行大選。大選結束後由參、眾兩院議員組成政府。新政府成立一段時間（所謂的「蜜月期」）之後，接踵而至的各種體系內的衝突 ❸ 將可能升級為政治危機，嚴重阻礙新政府的正常運作。政府的效能不彰、貪污腐敗，以及兩院的權力衝突，導致政治體系呈現失序狀態。在這種狀況下軍方的態度就成為左右政局發展的關鍵因素，但此時軍方的態度經常是曖昧的。若軍方立刻宣布介入，則軍人在政治體系內的影響力足以遏阻政治衝突的惡化；但軍方經常等待情勢惡化成為政治危機之際，才順應輿情出面恢復政治秩序。國家安全是軍人以政變形式介入政治的最佳理由。因此，「惡性循環」的過程繼續推進，危機的下一個階段—「政變」也就無可避免。❸

　　1973年10月所發生的「十月革命」，使得泰國的政治發展史進入了另一個時代；誠如美國威斯康辛大學（University of Wisconsin-Madison）歷史學者頌猜（Thongchai Winichakul）所述：「1973年的十月事件是泰國史無前例的全國性群眾暴動，它的型態雖然類似一種政治革命，但事實上卻以文化及知識革命的內涵持續發揮它的影響力。……1973年以前的泰國歷史是王室及舊政權的編年史；但自1973年起，泰國進入以人民為主體的歷史新紀元。」❸

---

❸ Likhit Dhiravegin 將泰國政治體系內的衝突區分為五種類型：一、政治領導階層的權力爭奪；二、對重大政經政策的意見分歧；三、新舊政治勢力的衝突；四、軍方內部派系的衝突；五、軍方（特別是陸軍）、警察系統與文人政客之間的衝突。請參閱：Likhit Dhiravegin, "The Postwar Thai Politics," Monograph Series, no.11（Bangkok: Faculty of Political Science, Thammasat University ,1986）, pp. 40-42.

❸ 陳佩修，《泰國當代政治：選舉制度的改革與政黨政治的發展》，台北：五南出版社，2004年，頁10。

❸ Thongchai Winichakul, "The Changing Landscape of the Past: New Histories in

圖11-1 泰國「惡性循環」的政治過程

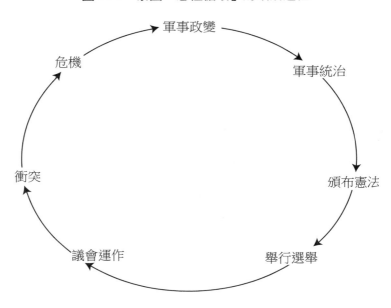

資料來源：Likhit Dhiravegin, *Demi-Democracy: the Evolution of the Thai Political System*（Singapore: Times Academic Press, 1992.）, p 145.

「十月革命」後泰國，政治發展進入了另一個時期，普訕（Prudhisan Jumbala）從「民主化」的角度將之區分為：（1）民主實驗時期（Democratic Experiment, 1973-1976）；（2）反動與和解時期（Reaction and Reconciliation, 1976-1978）；以及（3）半民主時期（Half Democracy, 1980s）。❸ 民主實驗時期經歷了短暫3年的文人統治，隨後又遭軍事政變終止。而半民主時期的界定，主

Thailand Since 1973," *Journal of Southeast Asian Studies*, Vol.26, No.1, March 1995, pp. 99-101.

❸ Prudhisan Jumbala, *National-Building and Democratization in Thailand: A Political History*（Bangkok: Social Research Institute, Chulalongkorn University Press, 1992）, pp. 49-52.

要在於當時總理普瑞姆安定政局的展現；普瑞姆並非民選議員卻
出任閣揆，因而界定為「半民主」。

　　1991年軍事政變後，憲法重新制定並在隔年舉辦大選；1992
年3月的大選後，由於軍人出身的蘇欽達（Suchinda Kraprayoon）
違背選前承諾擔任總理，引發群眾的不滿，終而導致「黑色五
月」（Black May）事件的發生。「黑色五月」事件發生後，成為
泰國軍人脫離政治的一個開端；同年9月的國會大選中，文人政
黨在國會獲得過半席次（360席中獲得185席），擊敗親軍方的政
黨取得組閣權，而軍方對政治的影響力則驟降，由主動參與轉為
被動的角色。❸❽由「十月革命」到「黑色五月」事件發生為止，
泰國經歷了近二十年的時光才由軍事威權統治漸漸走向民主政
治；然而這期間亦經歷了7次的憲法更迭，其中則有3次是因軍
事政變而廢止。

　　1992年的「黑色五月」事件發生後，普遍認為泰國已走出軍
人干政的困境而邁入文人政府的時代；然而15年後發生的軍事
政變卻動搖了學界對泰國已邁入「民主化」的認知，軍人重新回
到政治的舞台並扮演幕後黑手的角色主導新憲法的修訂。

　　關於泰國的政治研究，一般以歷史事件作為區分，以利於做
細部的探討，筆者欲藉由泰國政治的發展，對照泰國憲法變遷之
歷程，以從中瞭解泰國憲法變遷時的泰國政治演變意涵。

---

❸❽ 同前註 ❸，頁95。

肆、泰國憲法變遷之內涵

泰國自實施「君主立憲體制」後，至今已經歷了18次的憲法變遷；在研究泰國憲法變遷之際，筆者欲從幾個面向加以分析探討，分別從泰國歷部憲法變遷的緣由、各部憲法規範的政府組織結構以及從憲法變遷的機能模式探討歷部憲法形成的類型。

（一）憲法變遷的背景因素

在泰國憲法變遷的方式中，絕大部分與政變息息相關；學理上憲法的變遷方式包含制憲、修憲、憲法增修條文、憲法解釋及憲政慣例，在泰國的憲法變遷過程中，經由修憲及增修條文的方式並非從未發生 ❸，然則政變卻成了泰國憲法變遷最頻繁的理由，其中問題何在？

在泰國的歷部憲法變遷中，包括：1947年（第4部）、1952年（第6部）、1959年（第7部）、1972年（第9部）、1976年（第11部）、1977年（第12部）、1991年（第14部）與2006年（第17部）的憲法，皆是因政變後而頒布的憲法；其中除了1952年與1976年的憲法為「永久憲法」外，其餘皆為「臨時憲章」。

泰國的政變因素主要來是權力關係的不穩定，然而其中較為特別的，則屬1951年與1971年所發動的「自我政變」；1951年「自我政變」的原因在於當時的現行憲法（1949年憲法）阻礙了

---

❸ 包括1932年、1947年、1974年、1978年與1991年的憲法皆有修正案的通過；參見 Parichart Siwarraksa, Chaowana Traimas, and Ratha Vayagool, *Thai Constitution in Brief, Bangkok*（Institute of Public Policy Studies, 1997）.

當權者的利益（鞏固軍事統治），因此而發動政變；1971年的另一次「自我政變」，則由於當權者受到在野力量的日漸壓迫，因而引發政變，改實行專制統治。

　　而在其他的「永久憲法」中，僅1946年（第3部）與1997年（第16部）的憲法是在沒有政變的前提下，為符合民眾期盼而做的憲法變遷（制憲）；其餘的「永久憲法」則皆是為了取代原有「臨時憲章」而做的憲法變遷❹。

表 11-5　泰國憲法變遷的因素

類型	憲法
政變後頒布	1947（4）1952（6）1959（7）1972（9）1976（11）1977（12）1991（14）2006（17）
接替臨時憲法	1932（2）1949（5）1968（8）1974（10）1978（13）1991（15）2007（18）
符合人民期盼的制憲	1946（3）1997（16）

資料來源：筆者整理（1932年第一部的臨時憲法，是推翻「君主制」後所制定，故此不列入。）

　　然而，在為接替臨時憲法而產生的永久憲法中，亦有部分是考量人民的期盼後而修訂的；如1974（10）年的憲法，其內容的制定便無法忽視人民對於政治訴求高漲的聲音。因此，在討論憲法制定的內容時，除了參考其制定的因素外，也不能忽視其制定的時空背景與政治環境，如此才能探究期限法變遷的真諦。

❹ 1932年6月所頒布的憲法屬「臨時憲章」，同年12月所頒布的憲法則為第一部的「永久憲法」。

（二）憲法變遷的制度類型

　　泰國的政府體制為「內閣制」，因此關於政府組織的相關規則主要呈現於國會的設定，在泰國歷部的憲法中，一院制與兩院制的規範皆有，而其國會的組成方式也大不相同，以下便為其歷部憲法之規範作分析研究❹。

　　歷部憲法當中，採一院制的憲法有：1932年（第1部）、1932年（第2部）、1952年（第6部）、1959年（第7部）、1972年（第9部）、1976年（第11部）、1977年（第12部）、1991年（第14部）及2006年（第17部）；這其中僅1932年的兩部憲法與政變因素無關。而在這9部憲法當中，僅1932年的兩部憲法與1952年的憲法規定國會議員需由選舉及任命兩種方式產生外，其餘的國會組成方式皆為全面指派任命而產生。此外，較為特別的則是，除1952年、1991年及2006年的憲法外，其餘皆禁止政黨的活動。

　　而在採取兩院制的憲法當中，包括：1947年（第4部）、1949年（第5部）、1968年（第8部）、1978年（第13部）與1991年（第15部）這5部憲法，皆採用民選的眾議院與指派任命的參議院作為國會的組成方式；而在這5部憲法當中，僅1947年的憲法為政變後的「臨時憲法」。

　　同樣採取兩院制的還有：1946年（第3部）、1974年（第10部）、1997年（第16部）與2007年（第18部）這4部憲法；1946年的憲法規定眾議院由民選產生，參議院則由眾議院選舉產生；而1974年的憲法規定，眾議院由民選產生，參議院雖是任

❹ 參照 Parichart Siwarraksa, Chaowana Traimas, and Ratha Vayagool, Thai Constitution in Brief（Bangkok, Institute of Public Policy Studies, 1997）.

命產生，但內閣總理具有參議員任命的「副署權」；其餘兩部憲
法的參、眾兩院議員則皆為民選產生。

表 11-6　泰國憲法的制度規範

類型	憲法
一院制（任命產生）	1959（7）1972年（9）1976（11）1977（12）1991（14）2006（17）
一院制（選舉＆任命）	1932（1）1932（2）1952（6）
兩院制（選舉＆任命）	1946（3）1947（4）1949（5）1968（8）1974（10）1978（13）1991（15）
兩院制（選舉產生）	1997（16）2007（18）

資料來源：筆者整理

（三）憲法變遷的機能類型

　　關於泰國憲法變遷的類型研究，除了上述的分類方法外，筆
者還欲以「變遷的機能」做劃分；在憲法變遷的過程中，變遷當
時的背景往往影響憲法條文的制定，而學理上針對這種情況將
之區分為：「鏡映模式」、「基石模式」與「結織模式」。然則一
部憲法在其變遷過程中，往往受到許多因素的影響，這也造成在
分析憲法變遷時無法完全將一部憲法的變遷歸納於其中單一種模
式；以下即就這三種模式對泰國憲法的變遷作簡明的概述。

　　在「鏡映模式」下的憲法變遷，其憲法條文所呈現的是權力
鬥爭後得勝者一方的意識展現；以泰國歷部的憲法觀之，政變之
後所頒布的憲法多屬此類，然則訂立憲法者在制定憲法的同時，
亦不能忽略民間的感受，因此或多或少開放部分的權力（如選舉
及組織政黨的權力）給予民間，但當權者在政府組織的運作上，
仍舊握有絕對的權力（當權力遭受反抗時，即引導下次憲法變遷
的產生）。

　　而「基石模式」下的憲法變遷，其憲法的制定來自於民間的力量；在泰國歷次的憲法變遷中，以1946年、1974年與1997年的憲法最具代表性；此外，「基石模式」的展現亦表現在若干的憲法修正案，如：要求總理必須具有眾議員身分（1978年憲法第2修正案）、舉行全國大選等等。

　　「結織模式」的憲法變遷主要指憲法在變遷的過程中能承接上一次的變遷並引導至下一次的憲法變遷，以泰國歷部憲法而論，1991年第15部憲法的第3修正案（修正有關修憲之規定並成立「憲法起草會議」）最能代表此類的模式。

　　泰國的憲法變遷歷程與政治的角力息息相關，然而在人民的期望日漸高漲的同時，當權者也不能完全忽略人民的感受；以2007年所頒布的憲法為例，政變後的軍政府已經無法漠視人民的要求，因此在制定憲法時，雖仍舊以1997年的憲法為藍本 ❷，但加入了排擠政治鬥爭對象之條文，即可以視為是「鏡映模式」與「基石模式」的共同展現。

伍、結語

　　憲法的變遷是作為改變憲法既有規範以符合社會實況的重要方式，然而多數國家在進行憲法變遷時都採取較溫和的手段，如：憲法解釋的變遷或憲政慣例的改變；又或者採取修憲或增修條文的方式來達成憲法變遷之目的。然則泰國的憲法變遷模式卻是採用最為激烈的制憲模式，並在18次的憲法制定中重複實行

❷ 參見李明峻、陳佩修，〈泰王國憲法〉，《亞太研究論壇》第41期 ，2008年9月，頁166-251。

77年的「君主立憲」體制，可說是憲法變遷模式中的異類。

　　儘管泰國的「憲法」被視為權力鬥爭下的工具，並反覆不間斷地被摧毀及重建，然而泰國的政治卻依舊執著於「君主立憲」的精神並貫徹執行「責任內閣制」，直至利益產生衝突後方才經由政變的方式再度制定新憲；從結果看來，泰國的歷屆憲法，確實是重複、徒勞無功的一種試圖為泰國政治欠缺合法性尋求解決之道的嘗試，然則在長達77年的憲政運作下，憲法的「工具性」也漸漸因人民力量的覺醒而產生變化。

　　在回顧泰國多達18次的憲法變遷歷程後，筆者認為，泰國的憲法變遷在近幾次的過程中產生了新的變化。早期的泰國憲法變遷模式，除了1946年所頒布的憲法外，其餘皆為政治鬥爭後的產物，憲法只不過用以是宣示當權者合法性的工具罷了；然而自1978年的「半民主」憲法後，泰國的政治逐漸走入穩健的發展，在1991年的政變之後，同年年底公布的「永久憲法」便納入排除軍人干政的條文，並在隔年「黑色五月」事件後貫徹實行。1997年所頒布實行的憲法，其本身更是凝聚民間意識而產生；在這部憲法實行的近9年時光中，泰國人民對於自身應有的政治權利自然是有更深刻的體認。因此，當2006年泰國再次發生軍事政變並凍結憲法時，新憲法的制定已不能像過去軍事政變後的憲法般剝奪人民的參政權；縱使軍方有意壓制原「泰愛泰黨」的參政權力，也只能透過選舉及國會議員等相關條文的制定作「排他性」的限制，而不能將國會組成的方式再度回歸到早期的「任命制」。

　　憲法的變遷，往往是反映某些需求而產生，本文的泰國憲法變遷研究，在於以學理上憲法變遷之類型（模式）及憲改實踐的

普遍性規則檢視泰國憲法變遷的動因、路徑與影響，藉此探討泰國憲法變遷時的政治演變意涵；泰國在實行「君主立憲」體制後，雖經歷長期的軍事威權統治，但在人民力量一次又一次的反抗後，軍事威權的實質統治逐漸衰弱，而民主體制的實行逐漸被落實。在2006年的軍事政變後，軍人的影響力雖仍舊左右著泰國的政治，但已無法像過去般直接操控著國會，並隨時受到社會輿論的制衡。雖然泰國憲法中已明文規範軍人不得干預政治，然則在實際運作上，軍人左右政治的情況卻並未完全消失；每當泰國陷入「憲政危機」時（多數是利益的分配不均），總是利用政變的方式加以平息，並再次制定新的憲法以抑制反抗當權者的力量，不同之處只在於軍人早已藏身幕後。從近次憲法變遷的動因及路徑，發覺泰國軍人在政治上的干預已從早期的直接管控到現在的間接影響；然而泰國的軍人一日不遠離政治，相信關於泰國憲法的變遷（再度制憲）仍舊會持續進行。

第十二章

1987年菲律賓的憲改經驗

淡江大學亞洲研究所教授

陳鴻瑜

壹、制定新憲之背景

　　菲律賓最早的一部成文憲法是由菲人組成的馬洛洛斯國民議會（Malolos Congress）於1898年11月29日通過的馬洛洛斯憲法。後因美國占領菲群島，而摧毀該第一個由菲人組成的短命的共和國。在美國統治菲島的48年（1898～1946）期間，依其民主理念及三權分立的政治制度對菲人實施訓政，在1935年5月14日制定自治憲法，並經菲人投票通過。該部憲法允許菲律賓於10年後獲得完全獨立，第二次世界大戰結束後，菲島依該憲法之規定，於1946年7月4日獨立，仍以該憲法做為獨立後的憲法，不過增加了一個修正案，即讓美國人在菲境享有與菲人一樣平等地位的「菲美人民地位平等修正案」（The Parity Amendment）。(Jose M. Aruego. 1982:24-33)

　　依照1935年憲法之規定，總統僅能連任一次，馬可仕（Ferdinand Marcos）總統於1969年第二度當選總統，依規定應於1973年12月屆滿，不得再競選連任。但他為了維持其權位，企圖透過修改憲法途徑，把總統制改為議會制，俾能繼續以總理職位掌握大政，遂在1971年召開修憲會議，研擬修改政府體制的新憲法。1972年9月，鑑於內部左右派之叛亂及伊斯蘭教民鬧獨立運動，馬可仕在軍方將領之支持下，宣布實施戒嚴統治，集行政與立法大權於一身。他沒有停止制憲委員會的修憲工作，至11月30日完成新憲法草案。1973年1月10至15日，全菲召開地方議會，18歲以上公民即有資格參加「公民議會」（Citizen's Assembly），有權投票表決重要的憲政問題。全菲有45,000個

村，每村有一位村長，「公民議會」即由村長召集，以舉手的方式，表示贊成或反對。表決結果，有1,498萬人投票贊成新憲法，占總投票數95%，有743,869人投票反對，占總投票數5%。（陳鴻瑜，1980:206-207）

在馬可仕執政的20年期間（1965～1986），他經常利用公民投票的方式來支持他的政策，例如，1973年7月27日，他要求「公民議會」複決投票支持總統於1973年法定任期屆滿後延長任期，以及同意設立臨時國民議會；1975年2月27日，要求公民投票授權總統任命新省長和市長（這些職位過去是民選產生的）；1976年10月17日，要求「公民議會」複決投票賦予身兼總統和總理的馬可仕緊急權力；1981年4月7日，要求公民複決投票贊同修改憲法，把議會內閣制改為強有力、直接民選的總統制。(*The Japan Times*, April 12, 1981)從以上頻繁的複決投票可知，在戒嚴統治期間，菲國依然制定新憲法及修改憲法，並沒有完全中止憲法的效力，祇是這些立憲及修憲行為完全為馬可仕一人所操縱。

1986年2月7日，舉行大選，反對黨推派艾奎諾夫人（Corazon Aquino）和勞瑞爾（Salvador Laurel）為「民族民主統一組織」（United Nationalists Democratic Organizations, UNIDO）的正副總統候選人，與馬可仕和陶倫迪諾（Arturo Tolentino）競爭。在這次選舉中，有二個全國計票單位，一個是官方的中央選舉委員會，一個是經中央選舉委員會授權，由約50萬名社會人士自願參加組成的「全國公民自由選舉運動」（National Citizens' Movement for Free Elections, NAMFREL）。依法律之規定，當這二個單位計票有爭議時，應以國民議會之計票為準。國會內設立一個由9人組成的計票委員會，負責計票工作，人員包括4名執

政黨議員、4名反對黨議員，主席是國會議長。各省市選舉委員會必須在72小時內將選舉報告書送至議長辦事處，議長享有強制各省市選舉委員會提交選舉報告書的權力。此外，菲政府允許（或邀請）美國官方派遣一個20人觀察團到菲國各投票所觀察投票的過程。另有一個由哥倫比亞前總統帕士特拉那（Misael Pastrana）與英國議員休姆（John Hume）率領的19國45人國際無黨無派觀察團抵菲，分別派人至各地投票所觀察投票情形。❶

開票結果，官方的選舉委員會和民間的「全國公民自由選舉運動」的計票數不一致，遂改至國民議會開票，重新計算選票。支持艾奎諾夫人的群眾聚集在魯妮塔廣場，艾奎諾夫人鼓舞群眾進行公民不服從運動(civil disobedience)、不繳稅、杯葛政府計畫。由於官方和非官方對於計票結果不一，乃將計票工作移交國民議會重新計票。國民議會陸續開票，顯示是馬可仕獲勝。

2月14日，當菲國因總統選舉糾紛而陷入對峙時，美國總統雷根（Ronald Reagan）派遣特使哈比（Philip Habib）前往馬尼拉進行協調。❷馬可仕為迎合美國之意旨，在美國特使哈比抵馬尼拉時，趁勢宣布接受參謀總長維爾（Fabian C. Ver）將軍之辭職，另任命美國支持的副參謀總長羅慕斯（Fidel V. Ramos）將軍為代參謀總長。菲國軍方的反馬可仕不滿分子曾試圖發動政變，但未發動前被揭發而告失敗，這些軍人匿居在亞奎那多營區（Camp Aguinaldo）。美國國會議員也向雷根總統施加壓力，認為

---

❶ Reforming the Philippines Electoral Process: Developments 1986-88, National Democratic Institute for International Affairs,1991, p.20. http://www.ndi.org/files/233_ph_reforming.pdf 2011/1/4 瀏覽

❷ http://en.wikipedia.org/wiki/Corazon_Aquino 2011/1/4 瀏覽

菲國總統選舉如有嚴重瑕疵，則美國政府應停止援助菲國。國際貨幣基金組織（IMF）視察團，原訂前往菲國視察，亦宣布無限期展延訪菲。

2月15日，國民議會公布選舉正式計票結果，宣布馬可仕當選總統，陶倫迪諾當選副總統。馬可仕在當天致函菲律賓天主教主教會議，要求提供有關該主教會議指責總統選舉有嚴重舞弊情事的證據資料。

2月17日，美國特使哈比在馬尼拉兩度會見了馬可仕和艾奎諾夫人，了解菲國情勢的發展。22日午後哈比特使離菲，國防部長恩里烈（Juan Ponce Enrile）和副參謀總長羅慕斯則在下午宣布接管國防部大廈和國家警察總部，支持艾奎諾夫人擔任「臨時政府」總統、勞瑞爾擔任副總統。恩里烈揭發總統選舉舞弊，宣稱選舉獲勝者應是艾奎諾夫人。他們兩位呼籲軍隊不要聽從馬可仕的命令。情勢發展至此，不得不使人聯想到哈比特使帶給艾奎諾夫人、恩里烈和羅慕斯的訊息內容，可能與籌組「臨時政府」有關。

菲國樞機主教辛海美（Cardinal Jaime Sin）透過國營的真理電台，鼓動人民聚集在邑沙（EDSA）。群眾開始前往邑沙集合。2月22日午夜，邑沙擠滿了人群。2月23日，馬可仕與恩里烈透過電話談判，恩里烈和羅慕斯拒絕馬可仕給予特赦的和解條件，堅持馬可仕應讓位給艾奎諾夫人。馬可仕調集軍隊準備進攻恩里烈駐守的亞奎那多營區。恩里烈則移至較容易防守的克南美軍營（Camp Crame）。羅慕斯宣稱他們已組成「新人民武裝部隊」。艾奎諾夫人領導的「公民不服從運動」聚集大規模的人群在街頭進行反馬可仕集會。

2月23日，美國白宮發言人表示，美國總統雷根贊成菲國兩

位呼籲馬可仕總統下台的高級軍事領袖之指控選舉舞弊，並說美國支持迅速解決菲國的政局動盪。

　　馬可仕則下令軍隊開往邑沙驅離群眾，神父、修女以及數萬名平民組成人牆，阻擋開往亞奎那多營區、克南美軍營的6輛坦克車、8輛吉普車和13輛卡車的政府軍，以保護投向革命的變節軍人。群眾甚至拿花、食物和飲料獻給軍人。人民力量阻止軍隊進行，政府軍撤退回到營區。變節的軍隊切斷了馬尼拉和其他各省的傳輸線，控制電視台第二和第四頻道。同時軍人、退休將領、菲國駐洛杉磯領事、駐夏威夷領事、駐蘇大使等駐外使節陸續倒戈投向反對黨。

　　2月24日晚上8時，馬可仕透過電視台宣布全國進入緊急狀態，並執行從下午6時到隔天早上6時的宵禁。24日下午，美國白宮發言人史畢克士（Larry Speakes）表示，「美國人民正以重大關懷與熱心觀察長期盟友菲律賓之局勢的演變。雷根總統於今日較早呼籲馬可仕總統避免攻擊菲國軍之其他分子。可惋惜的，目前正獲得有攻擊的報告，企圖以武力來解決此形勢，必將造成流血與傷亡，使菲律賓社會更分裂，此對我們兩國政府間的關係，造成無法言明的損失。………我們不能繼續現所提供的軍援，如果菲國政府用該項援助來對付得到大量民眾支持的菲律賓軍方的其他成員。」該發言人又說：「我們頃接到令人擔憂的報告說，效忠於維爾將軍的軍隊，可能攻擊投奔支持羅慕斯將軍和恩里烈部長的菲國軍隊。我們呼籲那些考慮這些行動者，應予停止。馬可仕總統曾保證不會主動引起暴力，我們籲請他與那些效忠於所有其他菲律賓人民者，繼續這樣做。以暴力要延長現政權之生命是無用的。一項解決此危機的辦法，只可透過和平過渡到

一個新政府來達致。」美國政府的意思非常清楚，就是要求馬可仕下台。美國政府並提供一架飛機供受困的馬可仕使用，以便他撤退。當時傳言在克拉克空軍基地（Clark Air Base）有兩架美國軍事飛機正待命準備接送馬可仕到美國尋求庇護。

　　2月25日上午10時50分，艾奎諾夫人比馬可仕早1小時，在菲律賓人俱樂部宣誓為革命政府的總統，勞瑞爾為副總統，她由一位大法官鄭建祥監誓。儘管人民抗議要求馬可仕下台，但他仍決定在當天中午12時在馬拉坎燕宮舉行就職典禮，由首席大法官拉蒙‧艾奎諾(Ramon Aquino)監誓，但陶倫迪諾在曼谷並未出席宣誓為副總統。在菲國史上同時出現兩位總統，一位是依據1973年當選的總統馬可仕，另一位是依據「人民力量革命」當選的艾奎諾夫人總統。當天晚上，由於群眾聚集包圍總統府周圍，隨時有侵入總統府之危險，美國為避免馬可仕家族遭暴民攻擊，美國駐菲國大使波斯華斯（Stephen W. Bosworth）與馬可仕取得聯繫，由美國駐菲大使館安排4架直升機在9時5分載馬可仕家人、親近好友、維爾將軍及其眷屬等離開馬拉坎燕宮（Malacañang）（總統府），前往克拉克空軍基地。再搭機前往關島，從關島轉往夏威夷。至此，菲國完成了邑沙革命或「人民力量革命」，瓦解了馬可仕的獨裁統治政權，艾奎諾參議員的遺孀科拉蓉‧艾奎諾成為菲國新總統。美國雷根政府立即給予正式承認。1989年，馬可仕病死於夏威夷。

　　值得注意的，艾奎諾夫人雖然亦在2月25日比馬可仕早數小時經大法官鄭建祥監誓出任總統，但她並未依憲法規定由國民議會正式公布為總統當選人，因此她擔任總統的合法性有問題。當艾奎諾夫人執政後，鑑於國民議會的大多數議員是屬於親馬可

仕的新社會運動黨員，而且所有省鎮市首長亦均為親馬可仕的人員，在施政上勢必會遭到掣肘，因此乃決定宣布她領導的新政府是革命政府，俾便順利地更換地方首長。3月25日，她以第3號令公布臨時的自由憲法，廢止1973年舊憲法，同時解散國民議會，以解決她的政府所遭到的合法性問題。關於這項決定，她強調：「在2月7日的選舉中，由於國民議會涉及『陰謀欺詐』而『強行非法頒布』馬可仕當選，因此我認為如果政治權力要歸回到其適當的界線，及我們的社會要消除近年來之罪惡與壓制，則我們必須割除在我們政治體系上的這顆毒瘤。」（《菲律賓聯合日報》，1986年3月26日，版1）

貳、頒布過渡的自由憲法

艾奎諾夫人領導的新政府欲一舉推翻舊制度，但制定新憲法又需耗費時日，乃先頒布臨時的自由憲法，做為過渡時期的大法。在自由憲法的前言，開宗明義的指出頒布臨時憲法的宗旨，它說：「新政府是在人民直接行使權力與在菲律賓新國軍單位的協助下而建立起來的，人民無視1973年憲法的規定而採取行動，要求改革政府，尊重人權和基本自由。」她即是在此情勢下依人民委任之權力而頒布臨時憲法。

自由憲法條文很少，只有6章，對於1973年憲法及其修正條文分三部分予以規定，第一部分是完全保留1973年憲法的若干條款，如第1章（國家領土）、第3章（國籍）、第4章（權利典章）、第5章（國民之權利與義務）、第6章（參政權）；第二部分是與自由憲法未牴觸者，予以保留，如第2章（總綱及國

策）、第7章（總統）、第10章（司法制度）、第11章（地方政
府）、第12章（憲法委員會）、第13章（公務員之責任）、第14
章（國家經濟與資源）、第15章（通則）；第三部分是廢止1973
年憲法部分條款，如廢止第8章（國民議會）、第9章（總理、
內閣及行政委員會）、第16章（憲法之修正）、第17章（臨時條
款）。

在自由憲法下，總統享有極大的權限，不僅擁有行政權，也
享有立法權（第2章第1條），不僅可自由任免政府部長，也可自
由任免地方政府首長，如第3章第2條規定：「所有依照1973年
憲法規定民選及委任的官員和雇員，應繼續留任原職，直到有行
政命令另作規定；或者在他們的繼任者被委任與獲得資格後，而
這項委任是在1986年2月25日起1年內所宣布的。」艾奎諾夫人
即據此規定撤換民選的省、鎮、市長，而引起國會議員及被撤換
的地方官員的抗議。國會議員表示他們是1984年由民選產生的
代表，依憲法規定他們的任期應至1990年屆滿，新政府無權以
命令撤換民選代表。（《菲律賓聯合日報》，1986年3月27日，版
1）4月14日，前國會議員陶倫迪諾發動反新政府的運動，他堅持
1973年憲法仍然有效，新政府不具合法地位。他召開一項反對會
議，會中做出三點決議：（1）促請新政府尊重地方民選官員的任
期；（2）譴責新憲法不尊重合憲與有銓敘資格的官員和雇員的安
全和任期；（3）司法是一個平等、互相協調的部門，法官應享受
任期的保障。（《菲律賓聯合日報》，1986年4月15日，版1）

菲律賓省長聯盟和菲律賓市鎮長聯盟亦分別向法院提出控
訴，抗議地方政府部長彭敏直濫用權力更換地方官員，他們辯稱
他們有權可留任原職到1986年6月30日或甚至超過該日，直到

他們的繼任者被選出或獲得資格為止。最後，菲律賓最高法院依據自由憲法第3章第2節之規定，判決政府有權更換地方官員，（《菲律賓聯合日報》，1986年4月17日，版1）而暫時解除了地方權力接替的衝突危機。

為了使新憲法能順利擬訂，自由憲法特別規定制憲委員會的組成方式，如依第5章第1條規定：「總統應於本頒令發表之日起的60天內委派一個委員會，草擬新憲法，該委員會應由不少於30人，不超過50人組成，彼等應為天生菲人，有為人正直、獨立、民族主義與愛國主義思想等聲譽。由總統在與社會各階層諮商後選出。」反對黨對於這條規定卻提出嚴厲的批評，因為過去制定1935年和1973年兩部憲法之制憲委員均係民選產生，而非由總統委派，即使獨裁如馬可仕之流，亦不敢由委派行之，反對黨乃大肆抨擊艾奎諾夫人比馬可仕還獨裁。

參、制憲程序

依自由憲法第5章第1條規定，制憲委員會由總統委任產生，人數在30到50人之間。4月30日，艾奎諾夫人總統頒布第9號令，設立制憲委員會，規定擔任制憲委員的資格要件如下：（《菲律賓聯合日報》，1986年4月25日，版1）

（1）天生菲國公民，為合格的選民，其廉潔、正直、國家觀念和愛國主義受到公認。

（2）下列人士不得被委為制憲委員：

Ⅰ.政府官員，除非他們於受委為制憲委員時辭去職位。

Ⅱ.因犯罪而被判刑者。

（3）被委為制憲委員者，不得於新憲法通過後舉行的第一次地方級選舉與第一次中央級選舉中參加競選，亦不得於制憲委員會開會期間及休會後的一年內受委公職。

同時規定從4月23日起至5月5日止為公開接受各方推薦制憲委員的期限，受推薦者必須繳交本人的學經歷證明、推薦團體或個人的推薦書、被提名者在被委為修憲委員時將辭去公職的同意書等文件。推薦名單歸由司法部長召集的一個委員會負責甄審，最後由總統決定名單。由總統提名的制憲委員自5月10日起在政府公報及對外發行的報紙公布3天，民眾至遲可在5月20日前將意見反應給總統辦公室，再轉呈總統本人。此一套甄選程序，顯係在彌補制憲委員非由民選產生的不足，也反應新政府相當注意民意的反應。

5月25日，總統公布45位制憲委員的名單，另外預留5席給反對派人士，以維持和諧精神。制憲委員來自各階層人士，包括：大學教授和教育家、前任修憲代表、前任法官、律師、教會人士、勞工領袖、電影導演、學生領袖（為菲律賓大學學生會主席）、人類學家、經濟學家、大使、退役軍官、報人和民間領袖。（《菲律賓聯合日報》，1986年5月26日，版1）艾奎諾夫人總統後來又增委2名委員。制憲委員會設立15個小組，負責討論憲法之主要章節。6月2日，制憲委員會正式揭幕，艾奎諾夫人總統在會上致詞時表示：「……一部正確又能持久的憲法必須相當的廣泛，能夠應付每一種意外事故的需要；也必須是相當的具體，能保護真正民主的要素。簡言之，它必須是一部開明的文件，能應付時需。」（《菲律賓聯合日報》，1986年6月3日，版1）

制憲委員會原訂8月25日完成新憲法草案，但因對重要問題

曾經過冗長的討論，而稽延至10月12日制憲委員會始以44票對
2票通過新憲法草案，另有一位制憲委員缺席。制憲委員會在10
月15日通過第42號決議案，宣布將完成的新憲法草案以菲文本
及英文本各一份呈交總統。制憲委員會又通過另一項決議案，向
總統建議於1987年1月29日舉行新憲法公投。（《菲律賓聯合日
報》，1986年10月16日，版1）自由憲法沒有規定完成新憲法的
期限，只規定「制憲委員會應於儘量短的期間內完成工作，以加
速恢復正常的憲法政府……。」（第5章第2條）。制憲委員會原
預訂在90天內完成新憲法草案，結果費時133天才告完成。

另依自由憲法第5章第5條之規定，新憲法草案應在呈交總
統後60天內舉行的複決投票中以多數票追認後生效。結果又因
與共黨和談一直未有進展，而稽延至1987年2月2日舉行投票。
制憲工作未能依法定期限完成，顯示菲政局開展不易。

新憲法草案完成後，選民已無變更或修改憲草內容的機會，
只能對該憲法草案做可否表決。因此選舉委員會發布第1804號
決議案，訂1986年11月3日到1987年1月31日為宣傳憲法的期
間，政府及反對黨均可在此一期間進行宣傳及批評活動。以前任
國防部長恩里烈為首的反對黨，極力批評新政府的作法及新憲的
內容，譬如批評新憲法一如1973年憲法一樣，人民毫無選擇餘
地，艾奎諾夫人仍將以命令實施統治；她任命的制憲委員會的成
員大多數是她的親友及競選功臣；新憲法草案放棄了菲律賓的世
有財產，如沒有規定沙巴主權及領海範圍；新憲法草案對文官
任期沒有保障規定，可任意被撤走。（James Clad. 1987：20-23.）
當然，也有許多支持新憲法草案的團體和教會人士積極在活動，
以期使新憲法草案獲得更多選民之支持。

　　對於選民之投票行為，選舉委員會也有規定，如規定每位合格選民必須在1986年12月6、7、13、14日前往指定地點辦理選民登記，否則罰款100披索。憲法公投日之前二天（從1月31日午夜到2月2日午夜止）禁止買賣酒及飲酒，惟旅社與其他商店由觀光部證實為服務旅客的商店，得免受此一禁令之規範，外國遊客在獲授權的旅店喝酒，亦免受禁令的規範。凡違犯選舉法規者，將被監禁1至6年，不得假釋。違犯此禁令者，將褫奪其選舉權及不得擔任公職。（《菲律賓聯合日報》，1987年2月1日，版1；1987年2月2日，版1)

　　在這次的憲法公民投票中，選民有2,500萬人，實際投票率達90%，顯示人民望治心切，對新憲法寄以厚望。據選舉委員會統計已開出的99%的投票站的選票，贊成新憲法者有17,059,495票，占總投票數75.45%，反對票有5,058,714票，占總投票數22.37%。其他位在杜威、東三描、南三寶顏和巴牙連市等地約490,173張選票（占總投票數2.18%），則因無法計算而失效，但不影響整個投票結果。(《菲律賓聯合日報》，1987年2月8日，版1；1987年2月11日，版1）

　　新憲法的條文比過去三部憲法長，除序言外，共18章，306條，基本憲政架構係模仿1935年憲法的規模，部分則保留1973年憲法的規定，另外又增加三章以前憲法所無的規定，包括第13章社會正義和人權，第14章教育、科學、藝術、文化和體育，第15章家庭。

肆、制憲經驗評析

菲律賓在美國統治之下已擁有相當豐富的民主經驗，從1935年起即享有自治地位，選舉自己的總統、副總統和國會議員。不過，1935年自治憲法是在美國訓政指導下頒布的，並非菲人獨立制憲，1946年獨立後頒布的憲法是承襲美國統治時期的自治憲法。1973年，馬可仕總統重新制憲，將總統制改為議會制，然後透過「公民議會」（類似台灣的村里民大會）方式複決新憲法，此一制憲過程並非民主常態。馬可仕在1972年9月21日頒布戒嚴令，因此在制憲時剛好是在戒嚴時期，制憲委員由遴選產生，「公民議會」採用舉手表決，在馬可仕威權統治下制憲，其經驗並不足以做為民主憲政國家之參考。

直至馬可仕政權被推翻後，由艾奎諾夫人主導的制憲過程，其因處於革命環境，亦有異於一般民主程序。茲將其制憲程序特殊性歸納如下：

第一，艾奎諾夫人之所以能取得政權，除了獲得大多數人民和軍方將領的支持外，亦獲得美國和東協國家的支持。艾奎諾夫人政權獲得國內外的承認，其據以取得合法性才能進行制憲程序。

第二，艾奎諾夫人的政權是建立在革命的基礎上，在掌權後以命令頒布「自由憲法」。艾奎諾夫人宣稱她是在人民和軍隊的支持下宣布「自由憲法」，而不管1973年憲法的規定。最高法院判決她領導的政府是革命政府，所以有權依據該一臨時憲法命令解除民選首長的權力。菲國在此一過渡時期，呈現法治的混沌不明，既然艾奎諾夫人政權是革命政權，為何還要經過司法判決其

是革命政權？因為在革命政權下，司法是處於非常態下，它將聽命於革命政權，而無法獨立判決。

　　第三，「自由憲法」賦予艾奎諾夫人政權合法性，總統享有極大的權限，不僅擁有行政權，也享有立法權，不僅可自由任免政府部長，也可自由任免地方政府首長。艾奎諾夫人政權跟其他國家不同，一般軍事政變後取得政權的國家，大都頒布臨時措施，凍結憲法，而艾奎諾夫人政權除了凍結國會和更換民選首長外，一切措施照舊，1973年憲法大部分條文繼續有效。

　　第四，制憲委員的產生並非經由民主程序，而係由總統遴選方式產生。在正常情況下，一般民主國家都是經由民選方式產生制憲委員，但艾奎諾夫人擔心若是由民選產生制憲委員將可能由親馬可仕的人當選，最後將無法制定出合乎其想法的憲法，菲國仍將繼續由寡頭世家控制政局的後果。

　　第五，遴選產生的制憲委員可說是來自各方面的精英和專家，這次制憲可謂是專家制憲。由於制憲委員都是專家，所以將當時流行的憲政觀念都納入憲法條文，諸如限制總統、眾議員和參議員的任期、限制總統親屬出任官職、非核化、人權、全面土改、少數民族高度自治、重視家庭等，該部憲法堪稱是當時全世界最為現代化的憲法。然而，有現代化的憲法不見得就有現代化進步的政治，菲國依然充斥官員貪污、政治和社會治安不靖。

　　第六，原先規定有讓各界對於憲草內容提出批評意見的廣納意見期，但在期限屆滿後並無任何公眾意見被接納放入憲草中，憲草仍按照原先的條文內容交由人民公投通過。顯然該項制憲過程並未能實踐民意導向的特色，貫徹艾奎諾夫人的意旨成為最後定奪憲草的基礎。

　　在2月份當選副總統的陶倫迪諾，為了爭取其「合法」地位，他在1986年7月6日夥同40餘名軍官發動一場為時40小時的「政變」，自稱他是經合法程序被選出來的副總統，現在馬可仕「總統」流亡在外，他有權「代理」總統職位。艾奎諾夫人對此一事件表示的態度相當溫和，她說，只要陶氏等人宣誓效忠「自由憲法」，即不予指控。至9月1日，包括陶氏在內所有參與「政變」的人，均宣誓效忠新政府，而獲艾奎諾夫人寬赦。此一事件，顯示艾奎諾夫人新政府存在著「合法性」的弱點。

伍、結論

　　菲律賓是一個戰後獨立的新興國家，也是在美國訓政下相當典型的一個民主國家，但國家發展卻一直未走上正軌，左派共黨和南部伊斯蘭教民進行叛亂、社會貧富懸殊、經濟停滯不前、官員貪污成風、社會治安不良等問題相繼不絕，幾乎達到了所謂腐敗竊政的地步。尤其是在馬可仕執政的後半期階段，他的家族及「膩友」（crony）幾乎搜括盡國家財富，弄到民窮無以聊生的地步，國家積欠外債260億美元，而馬可仕個人在國外的財產竟然高達10億美元。(《菲律賓聯合日報》，1986年6月13日，版1)為此，艾奎諾夫人在執政後立刻下令凍結馬可仕及其親友在國內外的資產，並派人赴國外追索匿藏的財富。同時，艾奎諾夫人亦積極向外國尋求經濟援助，鼓勵外國廠商來菲投資，與債權銀行談判延緩償債期限。但沉痾大病，非短期內能以速藥治癒，再加上共黨及伊斯蘭教民動亂不已，新政府成立1年以來，幾乎是把大部分時間和精力投注在與這些叛軍的談判上及安撫軍方的不

滿，整個社會輿論的焦點也放在對新憲草內容的爭議上，至於國家建設則少有建樹。

一國徒有憲法而未能為民謀利，則不如無憲法。馬可仕曾利用公民投票方式修改憲法，實施「憲政獨裁」統治，結果導致政治衰退。艾奎諾夫人為期恢復菲律賓的民主體制及建立更公平正義的社會，於是任命制憲委員會重新制定一部新憲法，以促使菲律賓脫胎換骨，走上坦途。現在新憲法已獲人民4分之3的支持，新政府將依照新憲法之規定，於5月舉行中央國會議員選舉，9月舉行地方官員之選舉，屆時將逐步展開復原及建設工作。整體而言，新憲法是相當進步的，舉凡有關人權、社會公平正義、政黨分配議席及都市和農村土改等都是相當新穎的規定，尤其難能可貴的是艾奎諾夫人為菲國政治前途所表現的誠意與大公無私的器度亦體現在新憲法中。然而進步的憲法並不保證能有進步的政治和社會，此仍有待菲國新政府及人民上下精誠團結，才能推動改革工作。

菲國在1987年的制憲經驗，是菲國特殊環境下的產物，其所進行的制憲程序並非一般民主國家的程序。艾奎諾夫人之所以採取此一特殊之制憲程序，最重要的關鍵因素是她獲得人民和軍人之支持，所以先頒布臨時憲法，授權她採用遴選方式產生制憲委員，最後再透過公投通過憲草。嗣後歷經羅慕斯和艾洛雅（Maria Gloria Macapagal Arroyo）等總統試圖修改菲國憲政體制為議會制，均未能成功，顯見1987年憲法有其堅固的民意基礎。

新台灣國策智庫TBT 政策論叢13

台灣制憲之路 — 邁向正常國家

主　　編　許志雄 李明峻

發 行 人　吳榮義
執行編輯　邱振瑞

出 版 者　新台灣國策智庫有限公司
地　　址　台北市衡陽路51號3樓
h t t p ：　//www.braintrust.tw
e-mail ：　info@braintrust.tw
電　　話　（02）2313-1456
傳　　真　（02）2313-1678

內頁排版　宇瀚電腦排版公司
印刷裝訂　松霖彩色印刷公司

初版一刷　2012年2月

定　　價　350元

ISBN　978-986-6040-29-0

國家圖書館出版品預行編目資料

台灣制憲之路－邁向正常國家／許志雄，李
明峻 主編 - 初版 - 臺北市：新臺灣國策智
庫；；2012.02
面：公分．（新台灣國策智庫： 政策論叢
13）

ISBN 978-986-6040-29-0（平裝）

1.中華民國憲法 2.憲法制定 3.憲法修改 4.文集

581.27　　　　　　　　100025457